南明史

錢海岳撰

第二册 本紀

卷一至卷五

中華書局

南明史卷一

本紀第一

安宗

無錫錢海岳撰

安宗奉天遵道寬和靜穆修文布武温恭仁孝簡皇帝諱由崧，小字福八，神宗孫、福恭王常洵長子。生母姚氏，萬曆三十五年秋七月乙巳誕於京邸。四十二年，隨常洵就藩河南。四十六年秋七月甲辰，封德昌王，進福王世子。崇禎十四年春正月，李自成破河南，常洵薨，王縋城走懷慶，屢疏請簡重臣專任河防，以固京東。十六年夏五月，襲封福王，威宗手擇宮中寶玉帶付内使賜之。

十七年春正月庚寅朔，聞警，依潞王常淓衛輝，與太妃鄒相失。三月己丑朔，隨常淓南至淮安，寓湖嘴杜光紹園。橐匱，貸常淓千金以濟。三月，北京破，威宗崩，平西伯吴三桂以山海關、寧遠畔附於清。是月，總督路振飛治兵淮安。

夏四月戊午朔，南京兵部尚書史可法誓師勤王，次於浦口。壬申，總督路振飛執李自成官淮安。威宗凶問至南京，諸大臣議紹述未定，總督馬士英遽發兵扈王次儀真。甲申，文武諸臣以王告廟。乙酉，魏國公徐弘基等迎於江浦。丙戌，舟泊觀音門。丁亥，百官謁見龍江關，王素衣角帶哭，侍茶款語。羣臣啟請監國，王曰：「人生以忠孝爲本，今大仇未報，孤不能事君；先王殉國，國母播越，孤不能事親，無遽登大寶禮。且聞東宮、二王尚陷寇中，或可致之；又瑞、惠、桂王皆諸父行，惟諸先生擇賢迎立。」言訖，淚哭失聲。

是月，周王恭枵薨。總兵劉永昌卒。李自成自北京西走。知縣蘇芳起兵高密。都司李景隆起兵安丘，死之。武舉王奇謀起兵新泰。總兵孫守法起兵終南山。慶王倬漼、韓王亶堉等薨。靖南伯黄得功殺副總兵莊朝樑。

五月戊子朔，王乘馬自三山門環城而東，謁孝陵。從臣請自東門御路入，王遜避，自西門入，至享殿，祭告隕泣。禮畢，次謁東陵。自朝陽門入東華門，徒謁奉先殿，出西華門，駐内守備府。先一日，有兩黄星夾日而趨，是日鍾山五色雲見。始江南聞變，多懷疑懼，至是士民始欣欣有固志。

己丑，羣臣謁行宫勸進，箋三上，不許。羣臣以「天下不可一日無君，臣等不得命不敢起。」王始允遵景皇帝故事監國。

庚寅，自大明門入内朝，行告天禮，祝文飄入雲霄。升武英殿，行監國禮。諭曰：

我國家二祖開天，昭宣鴻烈，列宗纘緒，累積深仁，歷今三百年來，民自高曾以逮子孫，世享太平，代受亭育。其在大行皇帝，躬行節儉，勵志憂勤，宵旰十有七載，力圖剿寇安民。昊天不弔，寇虐日猖，乃敢震驚宮闕，以致龍馭升遐。英靈訴天，冤氣結地，嗚呼痛哉！賊因而屠戮我百官，殺掠我百姓，滔天之惡，蓋載不容，神人共憤。

孤避亂江、淮，驚聞凶訃，既痛社稷之墟，益激父母之仇，矢不俱生，志圖必報。然度德量力，徘徊未堪，終夜拊膺，悲涕永嘆。乃茲臣庶，敬爾來迎，謂倡義不可無主，神器不可久虛，因序謬推，連章勸進，固辭未得，勉徇輿情，於崇禎十七年五月三日暫受監國之號，朝見臣民於南京。孤夙夜兢兢，惟思汛掃妖氛，廓清大難，上慰在天，下對四海，忠孝之道，庶幾無虧。期道深愆，敢不戮力；德涼任重，如墜谷淵；同仇是助，猶賴爾臣民。其與天下更始，可大赦天下，所有應行事宜共三十款。

於戲！自有乾坤，鮮茲禍亂之慘；凡爲臣子，誰無忠義之心？漢德可思，周命未改，惟爾臣民，尚其勗哉，匡余不逮。布告遐邇，咸使聞知。

是日，降將吴三桂引清攝政王多爾衮入北京。秦王存樞、晋王求桂，嘉定侯周奎、恭順侯吴惟華，大學士馮銓，李建泰，尚書張忻，侍郎王正志、金之俊、沈惟炳、任濬、党仲雅、劉餘祐、葉初春，總督高斗光，巡撫劉漢儒，總兵駱養性、唐珏、謝弘儀、王衍範、賈三省、鄭四維、吴紹禮、竇三畏、韓應琦、白廣恩、左勷、王鵬沖、劉有實等畔降於清。

壬辰，史可法、高弘圖禮部尚書、東閣大學士，王應熊禮部尚書、文淵閣大學士，預機務；馬士英，兵部尚書、副都御史、東閣大學士，仍總督鳳陽；張慎言吏部尚書；周堪賡户部尚書；顧錫疇禮部尚書；黄配玄兵部右侍郎；畢懋康户部右侍郎，總督倉場；顔渾文選郎中；王若之、淩世韶户部郎中。總兵張應元鎮守承天，總兵惠登相鎮守襄陽，員外郎萬元吉宣諭各鎮。大學士吴甡疏請練水陸師，分守要害，以衛京師。魏國公徐弘基疏陳五事。御史祁彪佳疏陳致治大本。涂可登復光州，死之。遊擊曹鳳鳴等敗績唐縣，死之。

癸巳，爲大行皇帝舉哀哭臨。

甲午，姜曰廣、王鐸禮部尚書、東閣大學士，預機務；吕大器吏部左侍郎；練國事，户部右侍郎；總督倉場。

乙未，劉宗周左都御史。巡撫鄭瑄移駐鎮江。給事中錢增疏陳劉澤清、劉良佐避寇南掠，請嚴處以申國法。華允誠驗封員外郎。巡撫何騰蛟復隨州。寧南伯左良玉復荆州、承天、德安、華容。將軍姜瓖、總兵王鉞自大同畔降於清。定京營兵制，罷錦衣衛、南北兩鎮撫司。

丙申，大學士馬士英率兵入朝。

丁酉，陳泰來、董養河給事中；梁士濟、楊仁愿、鄭崑貞、潘世奇、吴文瀛、鄭封、阮振中御史；夏允彝考功主事。

戊戌，尚書張慎言疏陳中興要務十事。大學士高弘圖疏陳新政切要八事。總兵趙光遠鎮守四川。分淮、揚、鳳、廬爲四鎮，靖南伯黄得功，總兵高傑、劉良佐、劉澤清分轄之。罷鳳陽總督，設九江、京口二鎮。貴州民何兆仰變。羣臣勸進，箋三上，不許。

己亥，大學士史可法自請督師江北。

庚子，張國維兵部尚書，協理京營戎政；張有譽户部右侍郎，總督倉場，疏劾内官張執中杖斃解户，收其胥役逮治。尚書張國維疏請建三輔以衛南京。王廷梅應天府尹；徐石麒右都御史。侍郎王家楨卒。御史陳賡招募雲南。御史任天成巡按浙江，總兵鄭鴻逵鎮守九江，總兵黄蜚鎮守鎮江。許譽卿光禄卿，袁愷、莊葵、熊開元、姜埰、楊時化給事中，詹爾選、李長春、成勇、李日輔、張煊御史。

壬寅，王即皇帝位於武英殿。詔曰：

我國家受天鴻祚，奕世滋昌，保大定功，重熙累洽。自高皇帝龍飛奠鼎，而已卜無疆之曆矣。朕嗣守藩服，播遷江淮，羣臣百姓，共推繼序，跋涉來迎，請正位號。朕暫允監國，攝理萬幾。乃累箋勸進，拒辭弗獲，謹於五月十五日，祇告天地宗廟社稷，即皇帝位於南京。

猥以藐躬，荷兹重器。惟我大行皇帝英明振古，勤儉造邦，殫宵旰以經營，希蕩平之績效。乃潢池盜弄，鐘簴震驚，燕薊掃地以蒙塵，龍馭賓天而上陟。三靈共憤，萬姓同仇。朕惟涼德弗勝，遺弓抱痛，敢辭薪膽之瘁，誓圖俘馘之功。尚賴親賢，戮力匡勷，助朕敵愾。其以明年爲弘光元年，與民更始，大赦天下。所有應行事宜二十五款，詔到之日，星速頒行；匿隱支飾者，訪明究問。

於戲！弘濟艱難，用宣九伐平邦之政；覃敷闓澤，並沛三驅解網之仁。新綍焕頒，前徽益懋。布告天下，咸使聞知。

是日，韓贊周司禮掌印太監；盧九德司禮秉筆太監，提督京營。降順臣項煜混入朝班，衆逐之。

癸卯，大學士馬士英掌兵部，入閣辦事。侍郎黄道周疏陳進取九策。羅大任國子祭酒；侯峒曾左通政。分應天、蘇嵩爲二巡撫。鄭瑄大理卿；左懋第僉都御史，巡撫應、徽。

甲辰，忻城伯趙之龍總督京營戎政；路振飛副都御史，巡撫東江援遼，贊理軍務；田仰兵部右侍郎、副都御史，總督漕運，巡撫淮揚。晋左良玉寧南侯，黄得功靖南侯；封高傑興平伯、劉澤清東平伯、劉良佐廣昌伯。禁北來逃官不得入京。

乙巳，命參將王之綱迎太妃河南郭家寨。通政使劉士禎疏請申封駁參治之令。大學士史可法陛辭，諸生盧渭等疏留。祁彪佳僉都御史，巡撫蘇、嵩、嘗、鎮。督師丁啟睿起兵歸德，加兵部尚書。

丙午，應天府丞郭維經疏請諸臣洗滌肺腸，盡去刻薄偏私，及恩怨報復故習。

丁未，尚書張慎言疏薦舊輔吴甡尚書，鄭三俊、王重文選郎中，姜應甲都給事中。大學士馬士英疏陳開國四大計。誠意伯劉孔炤疏請追論封疆失事諸臣。監軍僉事宋劼疏陳人才多壞於門户。詔封疆失事各官不許起用。給事中李沾疏薦侍郎錢謙益。太嘗少卿陳良弼疏糾李沾、錢謙益。總督袁繼咸疏陳守邦致治大計。給事中錢增疏陳東南第一隱憂，請濬劉河。

己酉，總督路振飛敗李自成兵淮上，疏請大駕親征，願爲前驅。

庚戌，誠意伯劉孔炤訐奏尚書張慎言於朝。

辛亥，復疏陳慎言薦吴甡、鄭三俊之罪。大學士史可法疏辨，大學士高弘圖、姜曰廣並乞退。上兩解之。御史王孫蕃疏劾誠意伯劉孔炤。萬元吉太僕少卿，監江北軍，疏陳：

「主術無過寬嚴，道在兼濟；官嘗無過任議，義貴相資。」設勇衛營，司禮太監李國輔監督，司禮秉筆太監韓贊周節制。大學士史可法遣官訪大行皇帝、皇后梓宮，并太子、二王。御史鄭友玄督理兩淮鹽法。

壬子，詔卹北京殉難諸臣。魏國公徐弘基疏薦尚書熊明遇等。論翊戴功，進勳臣、內官祿蔭；國子典籍李模疏諫。懷寧侯孫維城疏訐舊輔吳甡、尚書鄭三俊。光祿卿沈廷揚疏請練水師。

癸丑，召對大學士高弘圖、馬士英、姜曰廣。大學士史可法祭告祖陵、皇陵，疏請上戰兢惕厲。

甲寅，大學士馬士英疏陳恢復四因。李沾疏言勳臣憤激有因。

乙卯，猶封吳三桂薊國公。侍郎賀世壽疏請肅紀綱而慎刑賞。吳偉業少詹事。命江淮振卹北歸難民，嚴禁掠奪。安遠侯柳祚昌疏訐詹事徐汧等，乞逮問。御史朱國昌疏劾河督黃希憲、齊撫丘祖德、晉撫郭景昌棄地罪。給事中李沾疏訐侍郎呂大器定册時懷貳心。上曰：「朕遭不造，痛深君父，何心大寶。直以宗社攸關，勉承重任。效忠定策諸臣，朕已鑒知，餘不必深求。」職方郎中劉若宜疏陳戰守事宜。司務陳璧疏陳救時八策。御史米壽圖疏陳諸臣結黨把持，力逐大臣，諠譁御前，大褻體統。應天巡按賀登選疏陳儀、揚、句、

六、江浦鎮兵焚殺。周之璵祠祭員外郎。

丙辰，御史袁弘勳疏言李沾薦人調停，從來誤國宿套。命議河督黄希憲、齊撫丘祖德、晋撫郭景昌罪。行人羅其鼎疏陳大勢，請縞素倡義。陳子壯禮部尚書，掌詹事府。給事中熊汝霖疏陳文武爭角殿廷，無人臣禮。

是月，巡撫李鑑起兵宣府。尚寶卿程正揆起兵復滄州。諸生王立賢復興、濟、東、光、青、獻。劉扁子敗績長垣，死之。張鳳臺敗績高陽，死之。冉材美等敗績曲陽，死之。尚書田維嘉起兵饒陽。李本吾起兵南宫。吴甲起兵攻東明，圍清豐，復内黄。王鼎鉉復開州。劉致和敗績隆平，死之。總兵李守汾敗績鉅鹿，死之。千户張光再復開州。李聯考起兵河間，復易州，死之。康文斗起兵饒陽，死之。胡明午起兵寧晋。陳白初起兵束鹿。守備李景隆等敗績束鹿，死之。韓夏子起兵新河。吴三唐起兵深州。馬魁等起兵元氏西山，死之。郭世光起兵冀州。吴雙堂復衡水。李筱周謀攻高陽，死之。守備張治邦敗績曲周，死之。王成宇起兵深澤，死之。參將丁啟宗敗績易州，死之。訓導馬元騄奉知縣朱帥欽起兵德州。許來春等起兵泰安，死之。遊擊高桂起兵泰安。主事淩駉起兵復臨清。總兵王國棟復東昌、高唐。員外郎宋祖法起兵東平。都御史房可壯奉衡王由櫆復青州。侍郎謝啟光起兵章丘。都司李允和奉侍郎潘士良起兵濟寧。總督李化熙起兵長山。侍郎張鳳翔起兵東昌。諸生周啟魯起兵汶上，死之。推官宋璜起兵萊陽。徐春龍起兵東平。練總張茂才起兵嶧縣，死之。僉事胡士棟起兵冠縣。主事左懋泰起兵登州。姜弘通起兵單縣。推官鍾性樸起兵濟南。御史高允兹起兵萊州。劉顯起兵青州。李顯化起兵高唐。張條父起兵館陶。巡撫曾化龍疏陳東昌等二十七州縣復。巡撫宋權起兵歸德。監紀朱恕起兵河南。胡守龍起兵西安，死之。劉天亮起兵咸寧，死之。永康天主亂平。大學士孔貞運、將軍王承恩卒。總兵張誠自密雲畔降於清。湖南大旱。紫微樞星忽隱忽見，天市臨艮位光微弱。

六月丁巳朔，日有食之。禁匿名蜚語。撫治王永祚遵旨下獄。

戊午，上大行皇帝、皇后廟謚。追尊皇祖妣鄭貴妃太皇太后。上皇考福恭王謚，皇妣姚貴妃爲皇帝、皇太后；遥上呈繼母鄒太后尊號；追封黄妃、李妃皇后。

己未，將軍陳洪範疏請北使。給事中羅萬象疏請肅朝儀，和文武，以票擬歸内閣，參駁予言路。進士梁于涘疏陳四事。都給事中章正宸疏陳江左形勢，請駐蹕淮上。阮大鋮嗾副總兵王伯時疏陳太皇太后、恭皇帝受朋奸陷害，今報復當不在闖後。甘撫林汝經等起兵林縣，死之。

庚申，頒河北、山東詔。余颺考功主事；文德翼稽勳主事；文震亨、胡正言中書舍人。

侍郎錢謙益疏頌大學士馬士英功，并薦戍籍蔡奕琛等。清以肅王豪格侵北直、山東、河南。尚書郭允厚，都御史曹思誠，侍郎王公弼，總督江禹緒，巡撫李鑑、宋權、王鼇永、王點、苗胙土、李嵩，定西伯唐通，將軍王承胤，總兵劉芳名、葛汝芝、黑雲龍、張致雍、杜允登、張汝行、高第、王應暉、土國寶、馬科、吴勝兆等，畔降於清。都御史劉宗周疏陳時政四事，詔付史館。

壬戌，總兵杜弘域提督大教場；總兵牟文綬提督神機、巡捕營；總兵楊振宗提督江南、北，鎮守安慶。知縣李盤疏陳金湯借箸十二籌。中書舍人周永年疏陳東南戰守、中興建置事宜。廩生何光顯疏請正國體以正人心。

癸亥，鍾斗、馮可賓太常少卿。大學士馬士英疏薦逆案阮大鋮；命冠帶陛見。又力攻侍郎吕大器、大學士姜曰廣諸人護持局面。少卿萬元吉、陳良弼，都給事中章正宸，給事中羅萬象、熊汝霖、陳子龍，淮揚巡按王孫蕃，御史左光先、米壽圖，大理左丞詹兆恒，郎中尹民興、李模，府丞郭維經，懷遠侯常延齡交疏諫。大學士高弘圖、姜曰廣爭之不得，乞罷，不許。撫寧侯朱國弼提督神威營，護孝陵。廣昌伯劉良佐率兵攻臨淮不克。命議殉難從逆諸臣功罪。御史朱國昌疏請督撫便宜剿撫。廣昌伯劉良佐遂移駐壽州。職方主事吴國琦疏陳渡江八策。命法司及巡城御史甦獄，分應釋應豁者爲三等，從公舉行。總兵趙光遠提督川、陝，鎮漢中。御史周元泰疏劾總督王永吉罪。安遠侯柳祚昌疏請以定策功，爵賞大學士馬士英。命潞王常淓居杭州。將軍陳洪範疏陳一代興亡。

甲子，工部尚書程註罷；何應瑞工部尚書。都給事中李清疏請廢無用之金玉，罷不時之傳奉。

乙丑，將軍陳洪範提督沿海五鎮水師，駐瓜洲、泰興。

丙寅，御史米壽圖巡按四川。起戍籍錢謙益禮部尚書，協理詹事府。尚書張慎言罷。太僕少卿萬元吉疏陳先帝寬嚴之用偶偏，任議之途太鯩，請以爲鑒。御史郭貞一疏陳屯田、保甲事宜。都給事中沈胤培疏請選中宫；詔列聖先帝之仇未報，不許。侍郎吴履中上疏自理。

丁卯，徐汧禮部右侍郎。尚書錢謙益疏陳四事。大學士馬士英疏辨薦阮大鋮事，并請申大逆之誅。上慰士英，切責科道。

戊辰，總兵吴志葵鎮守吴淞。楚王華壁陳中興議。李承芳司禮秉筆太監。

己巳，侍郎吕大器疏劾大學士馬士英。東平伯劉澤清疏陳保邦八款，請誅侍郎吕大器、僉事雷縯祚，薦戍籍張捷、鄒之麟、張孫振等。葛徵奇光禄卿；蔣拱宸御史。職方主事吴易疏陳中興四議。

庚午，大學士姜曰廣疏陳導內傳、停會推之弊。都給事中李沾疏請假楚、鄖、江、皖諸督撫便宜，以壯藩籬；天子內總六師，以重根本。選貢王兆熊疏陳八事。御史郝錦疏陳各鎮村落打糧，東平伯劉澤清尤狂，掃蕩民舍幾盡。

辛未，鳳陽守陵太監谷國珍自增敕書字於御前。

壬申，命嚴核從逆諸臣。大學士□□□疏陳恢復大計，必先從山東始。

癸酉，大理左丞詹北恒進欽定逆案，大學士馬士英亦進三朝要典。侍郎呂大器罷，顧錫疇兼署吏部。給事中陳子龍疏請募練水師。

甲戌，李自成攻濟寧，都司李允和拒卻之。

乙亥，追復懿文太子帝號，追崇建文帝、后，景皇帝、后廟謚。僉事淩駉疏陳扼塞之要。

丙子，阮大鋮疏陳聯絡、控扼、進取、接應四策，及防江二合三要十四隙。湖廣巡按黃澍入朝，面糾大學士馬士英權奸誤國。士英罷，尋復令視事。澍再疏劾士英可斬罪十。

丁丑，巡撫左懋第疏請北使。張獻忠破重慶，瑞王常浩薨，巡撫陳士奇等死之。太僕少卿萬元吉疏請申諭大小臣工毋急不可居之功名，毋冒不可違之清議，捐去成心，收集人望。議設緝事衙門，巡撫祁彪佳、御史朱國昌、大學士姜曰廣疏諫。

戊寅，改內官監爲朝殿，命肅朝班。巡漕御史白抱一疏陳時政。諸生王光承疏陳時務五策。尚書錢謙益疏請雪逆案冤。

庚辰，徐石麒吏部尚書。御史鄭友玄疏請奪大學士温體仁官蔭資産，顯斥痛追。徐人龍兵部右侍郎，王心一刑部右侍郎。

辛巳，大學士馬士英疏薦大學士謝陞，侍郎張捷、王俞讜、馬直齎詔北方。

壬午，鎮江軍亂，殺副總兵李大開，詔兵將調集聽本處撫臣節制。王燮僉都御史，巡撫山東。尚書張國維疏請增防三輔。何楷户部右侍郎；程世昌僉都御史，巡撫應安；蔣德璟户部尚書、文淵閣大學士，召未至。謝陞禮部尚書、建極殿大學士，黎玉田，兵部尚書，盧世㴶工部右侍郎，充大行山陵使。下監生陸濬源於獄。莽塞起兵天津唐官屯。

癸未，清兵入德州，大學士謝陞、尚書黎玉田、侍郎盧世㴶畔附於清。

甲申，命設山東、河南、山西各官。總兵丘磊鎮山東，將軍黄斌卿防禦鎮江。總兵陳謙疏陳諸臣宜盡滌積習，忘爾我門户之私，中外交應，以贊中興。太僕卿沈廷揚疏請練水師衛長江。

乙酉，命魯王以海居處州。提督趙光遠以漢中畔附於李自成。清兵入濟南，德王由櫟、泰安王由𣏌畔降於清。尚書田維嘉、都御史房可壯以饒陽、青州畔降於清。太僕卿李魯生起兵霑化，畔降於清。康玉環起兵濟陽，死之。趙慎寬攻昌樂，葛東方等死之。張廣攻萊州，倪思齊等死之。

是月，淮安風霾；太平星隕；四川日月無光，赤如血，仰望北斗不見，有大星出西方，芒燄閃爍不定。

秋七月丙戌朔，命暫停緝事衙門，以五城御史糾察，添設兵部侍郎二員。羅汝元刑部右侍郎；劉呈瑞御史。考功郎中葛含馨疏陳清吏、用人、請賑三事。

丁亥，巡撫何騰蛟疏陳守楚要着，以固長江。陳龍正祠祭員外郎，張采儀制主事。

戊子，舉人葛麟疏陳便宜十二事。巡撫曾化龍棄官南下，逮問。金光辰左僉都御史，徐殿臣御史，李之椿光禄丞。

己丑，都給事中章正宸疏陳國是，命大學士史可法鼓勵四鎮，扼防江、淮。清兵陷臨清，尚書張鳳翔棄東昌。廣西巡撫方震孺等募兵入衛，不許。大學士高弘圖疏陳北使七議。

庚寅，大學士蔣德璟疏陳中興三策。左懋第兵部右侍郎、副都御史，經理河北，聯絡關東軍務，與將軍陳洪範等使清。懋第臨行，疏陳必渡河而戰，而後能扼河而守；必能扼河而守，而後能拱護南京於萬一。給事中陳子龍疏請下詔親征，六師並發。李如璨給事中，黄宗昌御史。寧國知府錢敬忠疏請灑淚誓師，不俟終朝。總兵金聲桓駐防淮、揚。

辛卯，陳燕翼給事中。

壬辰，給事中熊汝霖疏請喚起羣迷，以昭臣分。都給事中李清疏陳諸臣泄沓，水火玄黃，將舉半壁江山供諸臣之全擲不止。

癸巳，開援納事例。總督川、貴改巡撫貴州，巡撫偏沅改總督川、貴、雲、廣。尚書徐石麒疏陳七事。劉之勃僉都御史，巡撫四川；范鑛，僉都御史，巡撫貴州。

甲午，以六等定從逆諸臣罪。命各鎮舉用大帥俱聽大學士史可法題請。李際遇、劉洪起總兵，防禦河南。青浦知縣陳爊疏陳中興大務四事。倪嘉慶給事中。

丙申，都御史劉宗周疏陳文武將相未盡調和，宮府表裏多出權宜，當以紀綱法度、風俗人心爲重。真定知府丘茂華間歸，疏請命兵部速設法救援畿南。管紹寧禮部左侍郎，吴太沖禮部右侍郎。撫寧侯朱國弼疏請諸勳與吏部枚卜會推，不允。

丁酉，依舊制爲五軍、神樞、神機三大營，杜弘域、楊御蕃、牟文綬等各總兵。總兵杜文焕提督巡邏、巡捕二營。都御史劉宗周疏劾大學士馬士英等，優詔答之。

戊戌，大學士馬士英乞休，不允。東平伯劉澤清、廣昌伯劉良佐疏訐都御史劉宗周，乞與大學士姜曰廣、吴甡三奸逮付法司。

己亥，職方員外郎李向中疏請荆、襄速設重鎮，與淮、鳳犄角。

庚子，萬壽節，御殿受百官朝賀。史可法疏請用徵辟。給事中陳子龍疏陳凡百政令因循遵養。御史陳潛夫巡按河南。

辛丑，撫寧侯朱國弼、誠意伯劉孔炤疏陳新政四事，革從逆諸臣職，命法司察有實據者，先行撫按解京正罪。

甲辰，給事中陳子龍疏糾漕道莊應會，革職。諸生楊三傑疏劾大學士馬士英，下獄。

丙午，給事中陳子龍疏陳防守要策。

己酉，尚書周堪賡久不至，中旨張有譽户部尚書，都給事中章正宸封還詔書，大學士高弘圖，給事中陳子龍、李維樾復疏爭，不聽。

辛亥，釋高牆罪宗前唐王聿鍵等七十五案、三百四十一人。東平伯劉澤清疏訐大學士史可法。宗貢朱統鑏疏訐大學士姜曰廣。涂仲吉、諸永明待詔。行人徐復儀疏請諸臣宜義戰，毋利戰；宜力戰，毋舌戰；宜公戰，毋私戰。撫寧侯朱國弼、宗貢朱統鑏疏訐巡撫路振飛。通政使劉士禎，都給事中熊維典，給事中熊汝霖、袁彭年，總督袁繼咸，疏糾宗貢朱統鑏罪，不報。

壬子，諭曰：「朕痛百六之運，車書間阻，方資羣策，旋軫故都，時復秋高，共茲舟漏。乃自殿爭啟衅，馴至穴鬬成風，封事雖勤，廟算安在？先帝神幾獨斷，彙納衆流，天不降康，咎豈在上？朕本涼德，與爾文武大小諸臣，鑒於前車，匡復王室。昔漢宣起於艱難，丙、魏合志；唐肅興於靈武，李、郭同心。今若彼盾此矛，爾虞我詐，祖分左右，口搆玄黄，天下事不堪再壞，且視朕爲何如主！兹特諭爾諸臣，和衷集事，息爭圖功。刎頸之交，仇忘廉、藺；同車之雅，嫌弭復、恂。朝廷以此望爾諸臣，爾諸臣以此體卹朝廷，庶君臣之間禮全終始；不則，祖宗成憲弗尚姑息。各宜欽承，朕言不再。」命都察院嚴禁各衙門訶瀆。都給事中章正宸疏陳銓政十二事，給事中熊汝霖疏陳時政，忤旨罰俸。

乙卯，東平伯劉澤清、廣昌伯劉良佐疏訐左都御史劉宗周有逆謀。誠意伯劉孔炤疏陳吴三桂效忠，請加殊禮。大學士高弘圖乞休，不允；請召還大學士史可法，亦不報。尚書馮英卒。太僕少卿萬元吉疏陳清兵已出濟寧南犯，請上下戒備；大學士馬士英謂款使已行，不爲意。

是月，將軍吴星等敗績獲鹿，死之。蘇自興等攻清豐，死之。都司楊威起兵招遠。徐偉起兵登州。趙承運攻安丘。毛苞起兵臨朐。蘇邦德等起兵昌邑，死之。王禎起兵淄川，死之。劉珙起兵沂水。高珍等攻濰縣、平度，死之。總兵張輿、張廣再攻濰縣、平度，敗績入山，死之。總兵王遵坦起兵青州。韓繼本起兵靈山，死之。嘗山寇亂。懷遠瑞麥一莖雙穗。

八月丙辰朔，日有食之。上受朝。給事中吴希哲疏陳都城假宗、冒戚、僞勳、奸弁横行虐民，請旨嚴緝，命掌錦衣衛馮可宗遣役緝事。

丁巳，王廷垣禮部左侍郎，易應昌左副都御史，熊維典都給事中。

戊午，楊鶚兵部右侍郎、僉都御史，總督川、湖、雲、貴、廣西，駐嘗德。給事中陳子龍疏請減監司，重郡守權。巡撫祁彪佳疏請定三吴財賦。

己未，楊廷麟左庶子，劉正宗左中允。

辛酉，李長春太僕少卿；丁魁楚兵部右侍郎，總督湖廣、河南，兼巡撫承天、德、襄。清兵陷開州，吴甲等死之。

壬戌，賀世壽户部尚書，總督倉場。復東廠，給事中袁彭年疏爭，外謫；給事中陳子龍、御史喬可聘疏陳廠衛之弊。李右讜御史。命寧南侯左良玉鎮武昌，毛顯文、盧鼎、李國英署總兵。

甲子，革山東巡按余日新職。大學士史可法疏請各鎮兵餉，以圖進取，命户部速發。江西巡按周燦疏劾宗貢朱統鑽讒人誤國。巡撫秦所式、楊進、郝士膏卒。張獻忠破成都，蜀王至澍、太平王至渌薨，巡撫龍文光、劉之勃，侍郎莊祖誨，總兵劉佳胤、張奏功、羅大爵、劉鎮藩等死之。

乙丑，徐一范鴻臚卿。給事中馬嘉植疏陳國本四事，奉旨回話，已置之。

丙寅，都給事中熊惟典疏劾宗貢朱統𨦟。

丁卯，濟寧知州朱光疏請兵，不行。辜朝薦都給事中。

戊辰，太后至自河南，上迎於午門。文安之詹事；楊士聰左諭德。

己巳，侍郎管紹寧疏請落文學博士方孝孺等子孫教坊司故籍。廣昌伯劉良佐移駐壽州。

庚午，夜月食。

壬申，樊一蘅兵部右侍郎，總督川、陝恢剿；越其杰僉都御史，巡撫河南，兼轄潁、亳軍務；朱之臣刑部右侍郎；劉士楨工部右侍郎；賈必選虞衡郎中。

癸酉，命修西宮之西園第一所爲皇太后宮。尚書徐石麒疏陳銓政七款。諸生陳邦彥疏陳中興政要三十二事。知府錢敬忠疏陳齊、魯重輕之勢。陳子龍疏陳人情泄沓。都給事中熊維典疏陳目前大勢即偏安亦未可穩，命嚴申紀律，如四鎮縱兵淫掠，一律糾參。

乙亥，東平伯劉澤清疏訐大學士姜曰廣、都御史劉宗周謀危社稷，不問。中旨張捷吏部左侍郎，都給事中章正宸爭之，不聽。

丙子，朱統𨦟疏訐姜曰廣、雷縯祚、周鑣。逮給事中光時亨、詹事項煜、郎中周鑣、僉事雷縯祚下獄，革尚書陳必謙職。御史淩駉巡按山東，疏請恢復。

丁丑，屈尚忠、田成、張執中司禮秉筆太監。命四鎮得糾有司。

戊寅，王永吉戴重罪總督山東、河北軍務。

己卯，史可法疏請餉。

庚辰，命選淑女、内官。王心一工部左侍郎，成勇御史，姚思孝大理少卿，李模、張煊、楊一儁御史。

壬午，巡撫程世昌移駐池州。王之晋都給事中。大學士王應熊兼兵部，總督川、湖、雲、貴，駐遵義。職方主事王真卿疏請以河南歸附之衆爲前驅。

癸未，章正宸疏陳用張捷非制。錢元慤尚寶少卿。東平伯劉澤清疏陳進取之計。封鄭芝龍南安伯。郭維經左僉都御史，王志道、申紹芳户部右侍郎，沈猶龍兵部右侍郎。停文武官薦舉，禁非言官上疏。革楚撫王揚基職，聽勘。

乙酉，中旨阮大鋮兵部右侍郎，巡閱江防；都御史劉宗周劾奏，切責之。侍郎左懋第疏陳山東人心亟可收拾。福建巡按陸清源疏請立賜屏斥太僕少卿馬紹愉、侍郎阮大鋮。御史王懩疏頌侍郎阮大鋮、東平伯劉澤清、宗貢朱統鑘之忠。

是月，尚書張縉彦起兵新鄉。武恩等起兵鄒縣，死之。楊三元等起兵嶧縣，死之。馬應試起兵濮州。姜楷復萊陽、福山。總督李化熙以長山畔降於清。總兵馬登洪以石城島畔附於清。總兵魯宗孔自懷慶畔降於清。胡向化復洋縣。

九月丙戌朔，王揚基、李乾德帶罪赴王應熊軍前理餉。興平伯高傑襲靖南侯黄得功於儀真土橋，大學士史可法和解之。王期昇職方郎中。

丁亥，大學士史可法疏請進兵恢復；詔以北使方行，大兵繼渡，未使，命詳酌行。廣西巡撫方震孺遣兵入衛。莊元辰、粱應奇給事中，王化澄、吴春枝御史，郭之奇詹事。

戊子，大學士高弘圖疏請開史館，搜羅羣籍。詹北恒大理少卿，李日輔御史。

己丑，纂修玉牒。給事中李維樾疏陳民有七害、吏有三反，請敕各撫按釐奸剔弊。蘇嵩巡按周一敬以貪削籍。侍郎沈猶龍疏陳安置四鎮，不宜以廬、鳳、淮揚遽與擁兵自衛之人。僉都御史郭貞一疏糾内監不遵朝班。副都御史王夢錫用賄遷官。御史沈宸荃疏陳五事。巡按淩駉疏請乘機恢復。御史周元泰巡按蘇、嵩、嘗、鎮。給事中吴适疏陳維新五事。巡撫何騰蛟疏陳天象，命申飭内外。援剿河南總兵劉洪起開府汝寧。張成福援剿河北、山東總兵，屯徐州。以加派殃民，追削原任户部尚書李待問官。

辛卯，命撰起居注，裁各布政司右布政使。

壬辰，留用例轉給事中陸朗、御史黄耳鼎，尚書徐石麒疏糾，不理。

癸巳，中旨逮湖廣巡按黄澍，不至。修思宗實録。陳濟生太僕丞，陳良弼、周元泰、朱國昌太僕少卿。

甲午，大學士姜曰廣罷。尚書徐石麒疏糾給事中陸朗、御史黄耳鼎贜私，不問。徐之垣御史，余颺文選主事。

乙未，都御史劉宗周罷。臨行，復疏陳五事，優詔報聞。給事中吴适疏請申明祖制以議論歸言官，并留大學士姜曰廣、都御史劉宗周。司禮太監高起潛提督京營，駐浦口。總兵黄斌卿移鎮九江，總兵鄭鴻逵鎮鎮江，總兵黄蜚鎮蕪、采。

丙申，給事中陸朗、御史黄耳鼎疏訐尚書徐石麒、大學士姜曰廣、都御史劉宗周、都給事中章正宸、御史喬可聘。

丁酉，蕩虜將軍王之綱鎮守河南。

戊戌，追予建文死節諸臣謚蔭。御史徐養心疏請收拾山東。都給事中熊汝霖疏陳侍郎左懋第請兵請餉，望眼尚懸；侍郎阮大鋮當置有用之地，不宜處中朝。

己亥，給事中倪嘉慶疏陳開屯田應限撫標。何楷户部右侍郎。給事中吴适疏陳憂勤節愛四款。定從逆六等條例。

庚子，王瀠僉都御史，巡撫登、萊、東江，備兵援遼，恢復金、復、海、蓋。章正宸大理左丞。總兵牟文綬鎮荆州。

辛丑，給事中林時對疏請大學士史可法進戰退守，當假便宜；都御史劉宗周應置左右。尚書徐石麒疏糾給事中陸朗、御史黄耳鼎規避年例。

壬寅，晋朱國弼保國公。給事中陸朗復疏訐尚書徐石麒。總兵王允成鎮岳州，總兵馬進忠、吴學禮鎮荆州。命靖南侯黄得功移鎮廬州，與廣昌伯劉良佐合復黄、汝；興平伯高傑移鎮徐、泗，進復開、歸。興平伯高傑率兵赴鎮。御史游有倫疏陳和衷。知州劉城疏陳恢復十策。

癸卯，畿輔旱。都給事中李清疏請備荆、襄以固金陵。黄道周禮部尚書，掌詹事府；陳盟、謝德溥禮部右侍郎，協理詹事府。御史鄭瑜疏薦原任巡撫李喬清能。

甲辰，追贈開國功臣、武熹忠諫諸臣封謚。左夢庚挂平賊將軍印。

乙巳，宗敦一右通政，張鼎延大理丞。

丙午，總兵杜弘域提督池、太。蕭士瑋太嘗少卿。大學士史可法視師清江浦以復中原。僉都御史巡撫湖廣何騰蛟，仍舊職。

丁未，都給事中熊汝霖疏陳大計。

戊申，總督王永吉赴山東，與巡撫王燮、王瀠料理戰守事宜。布衣方翼明疏劾大學士馬士英，下獄。

己酉，以旱，命修省。都給事中李清疏陳公私交困，請量入爲出。主事張采疏陳時事四款。

庚戌，開佐工事例。

辛亥，許都黨丁汝璋復亂，陷義烏；革浙江巡撫黄鳴俊、巡按任天成職，逮前任巡按左光先。

壬子，河決汴口。李沾左都御史，張希夏都給事中。侍郎吕大器削籍。修惠宗實録。

癸丑，葛寅亮太嘗卿。總兵盧鼎鎮武昌。追巡撫朱一馮贓銀。再逮問巡按黄澍，亦不至。

甲寅，御史沈宸荃疏陳戰守兵餉之宜。給事中林沖霄疏陳時政六事。將軍李成棟鎮徐州，總兵李世春、李朝雲鎮泗州，總兵賀胤昌鎮揚州。減大學士周延儒贓銀三萬。尚書徐石麒罷。給事中林沖霄疏陳六事，禁諸臣拜客宴會，令專理各衙門諸務。東平伯劉澤清殺副總兵劉孔和。

是月，侯五拒守潞安，死之。守備莊鼐起兵莒州，屯諸城九仙山。推官丁耀亢起兵日炤。宫文彩等起兵滿家洞，死之。總兵王越、將軍王定自山、陝畔降於清。張奇起兵雒川，死之。

冬十月乙卯朔，日正中食既。併巡上、下江御史爲一差。僉都御史郭貞一疏劾郎中劉應賓依附大學士馬士英。應安巡按何綸疏劾大學士馬士英、侍郎阮大鋮黷貨。是日，清兵陷太原。清主福臨自瀋陽遷都北京。

丙辰，皮熊鎮守貴州、湖北、川東提督土漢官兵總兵，鎮沅江。梁雲構兵部右侍郎，錢元慤太僕少卿。

戊午，進士朱廷埍謀起兵陽城不克，王緒弘死之。李之椿尚寶卿。錦衣衛捕得行賄於都御史李沾者，詔勿問。

己未，張縉彦兵部尚書，總督北直、山西、河南軍務，兼巡撫開、歸、河南，都給事中錢增、李維樾疏糾之，不報。都給事中張希夏疏請令督撫司道有巧騙規卸者，吏科參處。起戍籍張孫振御史，掌河南道印。

庚申，大學士高弘圖罷。大學士史可法疏請大小臣工并力恢復，命部議築塞黃河決口。

壬戌，清兵陷豐縣，知縣劉燧死之。待詔鄭賡唐疏請四路出師，督輔駐壽州。東平伯劉澤清疏薦降臣黃國琦、施鳳儀；御史胡時亨疏糾之，不報。

癸亥，廣信龍見。

甲子，鳳陽地震。

丙寅，再震。揭重熙驗封主事，張采精膳員外郎。

丁卯，侍郎張捷疏陳時事。進士潘應斗疏陳時政。郎中劉應賓疏訐僉都御史郭貞一挾嫌妄言，貞一外謫。

戊辰，總兵卜從善領戎政提督營。

己巳，皇陵一日三震。先寶鼎中有聲如雷，東西動蕩者數十晝夜，而震乃發，有聲如吼。誠意伯劉孔炤弑其祖母胡氏。總兵黃斌卿駐蕪湖，總兵周敬執鎮惠、潮。

庚午，炤磨張明弼疏訐郎中周鑣險惡。劉應賓太嘗少卿。都給事中張希夏疏請嚴計處諸臣不得濫薦。總兵王遵坦屯登萊，總兵許定國鎮睢州。清兵陷海州。

辛未，宿遷陷。

壬申，陳于鼎左庶子，程正揆右庶子，趙士春左中允，張居，李景廉右中允。

癸酉，丁魁楚兵部尚書，總督兩廣。參將蕭應訓復南陽、泌陽、舞陽、桐柏。

甲戌，中旨張捷吏部尚書，蔡奕琛吏部右侍郎，楊維垣通政使。

乙亥，命靖南侯黃得功、廣昌伯劉良佐合兵駐鳳、壽。都督同知李誠矩疏請取三朝要典宣付史館。張秉貞僉都御史巡撫浙江。誅僞定王王裔。安遠侯柳祚昌疏訐侍郎徐汧等。御史何綸巡按淮、揚。命五城御史及錦衣衛緝逐罪廢諸臣在京鑽售者。

丙子，監紀推官吴脈鬯疏陳中興恢復議。中旨彭遇颽御史，巡按浙江。

丁丑，户部郎中沈廷揚料理江防。命總督王永吉暫駐徐州，料理山東、河北戰守事宜，俟北使還日奏請進止。尚書丁啟睿罷。侍郎阮大鋮疏訐僉事雷縯祚，命嚴訊。解學龍刑部尚書，陳盟吏部右侍郎。

戊寅，停今年决囚。

己卯，張鳳翔兵部尚書、管左侍郎事。

壬午，給事中吴适疏糾尚書丁啟睿。總兵曹友義管黄河水師；總兵金聲桓恢剿豫、楚；劉安行僉都御史提督浙、直屯田市舶魚鹽，兼理海防；劉若金僉都御史，提督閩、廣屯田、市舶、魚鹽橋税珠池，兼理海防。給事中吴适疏請就見丁實加抽練。

癸未，大白星晝見，光芒中有刀劍旗幟兵馬似戰鬬象，大小贏縮不嘗。宗貢朱統鑕行人。

甲申，南贛巡撫林一柱卒。御史張孫振疏訐大學士吴甡、尚書鄭三俊、都御史劉宗周、巡撫祁彪佳。偏沅巡撫吴麟瑞卒。巡按彭遇颽疏請用遼將招遼兵爲戰守備。

是月，于弘起兵武邑。李如琮復長垣。韓國賢敗績寧晋，死之。郭世先敗績冀州，死之。錢子亮敗績香爐營，死之。趙建英敗績喬家寨，死之。于永安敗績深州，死之。馬肅敬敗績晉州，死之。李庫敗績保定，死之。李君相敗績内黄，死之。袁三才敗績順德，死之。襄陵王逵梚自平涼畔降於清。侍郎謝啟光以章丘畔附於清。總督熊奮渭自商城畔降於清。自五月至於是月，軒轅絶續不嘗，大小失次，至是乃復。天狗下尾，長白竟天。

十一月丁亥，陳麟署總兵，管理江督標下水師。王化澄巡按廣東。

戊子，西宫慈禧殿成。桂王常瀛薨。

己丑，皇陵災，嵩柏俱燼。

庚寅，命淮上輔鎮，楚、豫督撫，嚴備清兵。封聿鍵南陽王，居平樂。

辛卯，東平伯劉澤清殺鎮東將軍丘磊。

壬辰，敕慰德、魯、衡各王。

癸巳，寧南侯左良玉復監利、華容、石首。設起居注官六員，輪珥筆以紀實事。

甲午，清兵陷贛榆，都司王有年等死之；陷海州。改滁州太僕寺於應天。給事中陸朗再疏訐尚書徐石麒、都御史劉宗周。陳潛夫巡按河南。韓所德敗績武鄉，死之。李虎等敗績平遥，死之。

乙未，夜，端門外火。清兵攻邳州，推官沈冷之固守。大學士史可法疏，痛陳時事。御史游有倫疏陳國計。

丙申，總兵劉肇基復宿遷。琉球國世子尚賢入貢求封。總兵鄭鴻逵節制京口至海門。

丁酉，巡按陳潛夫疏陳山東、河南豪傑結寨，出兵潁、壽、淮、徐，恢復可望。巡撫祁彪佳罷。興平伯高傑率師北伐，次徐州。

己亥，朱繼祚禮部尚書，協理詹事府。東平伯劉澤清疏請分汛防河；命自安東至徐州屬尚書田仰、總督王永吉、巡撫王燮，蕭、碭屬大學士史可法，開、歸屬巡撫越其杰。

庚子，李永茂僉都御史，巡撫南贛、汀、韶；總兵王之仁挂鎮倭將軍印；屈動給事中。

張獻忠建號於成都。

辛丑，沈廷揚光禄少卿，仍理餉務；宋劼、李猶龍太僕少卿。大學士史可法疏陳恢復事宜。

甲辰，梁羽明太嘗少卿；曹勳禮部右侍郎；沈延嘉左諭德；陳之遴左中允；劉同升右中允；總兵劉復生提督九門軍務；總兵徐大受、劉伊盛、趙民懷提督小教場，領勇衛營。

乙巳，命魯王以海移居台州。

丁未，長至節，受百官朝賀。淮安地震。清兵陷宿遷。北京有思宗太子事，太監楊玉等死之。侍郎高倬疏請節儉。張鳳翔兵部尚書、副都御史，總督浙、直水陸軍務，巡撫蘇、嵩、嘗、鎮；盧若騰僉都御史，督理江北屯田，巡撫盧、鳳；司禮太監高起潛提督江北兵馬糧餉、沿江水師。提督操江羅元賓卒。

己酉，御史沈宸荃疏劾尚書張縉彥，總督王永吉，巡撫何謙、丘祖德、黃希憲、曾化龍輕棄封疆罪；命逮何謙等，張縉彥等勿問。

庚戌，總兵黃斌卿移駐安慶，總兵許定國挂鎮虜將軍印，鎮開封，與將軍王之綱合剿。

辛亥，御史蘇京駐廟灣防海，王國賓光禄卿。

壬子，御史沈宸荃疏劾大學士馬士英十二大罪。

癸丑，上不豫幾殆，輔臣入候起居，與羣奄竊竊私語，外廷莫敢詰。

甲寅，楊公翰太僕卿。

自五月至於是月，不雨，河流竭，太湖可涉人。

十二月乙卯朔，練國事兵部尚書，御史沈向巡按湖廣。清以豫王多鐸爲定國大將軍，率兵入河南侵南直。通州總兵王伯時疏請追論妖書及三案諸臣；上諭：「已經大赦，不究。」

丙辰，都給事中李清疏陳虜寇相持，請申飭中外亟圖自修。琉球國使臣金應元入朝。

丁巳，晉劉澤清東平侯。命總督王永吉防河，東平侯劉澤清、興平伯高傑聯絡尚書張縉彥、巡撫王燮分戍河北；移巡撫王瀠淮上，靖南侯黃得功、廣昌伯劉良佐就近地援邳、宿。禁巡按御史訪拏。

戊午，鄧起隆太僕少卿。

己未，黃雲師大理右丞，韓四維右諭德。給事中王士鑅疏陳守令火耗虐民。

辛酉，何騰蛟兵部右侍郎，總督川、湖、雲、貴、廣西軍務。召楊鶚回。

壬戌，興平伯高傑、給事中衛胤文疏薦舊臣黃道周、吴甡、鄭三俊、金光辰、姜埰、熊開元、金聲等。清兵陷邳州。御史秦鏞疏請禁錦衣僉堂擅受詞訟，拿禁平人。侍郎徐汧疏陳時政七事。安遠侯柳祚昌疏請以定策功爵賞大學士馬士英，不允。

癸亥，吴國華右諭德。命司禮太監高起潛督勇衛營，駐浦口，有警應援河上。

甲子，巡撫陳睿謨助餉三萬收贖。

丙寅，御史沈宸荃疏陳禦虜實着。

丁卯，尹伸、顧光祖太嘗少卿，周亮工御史。

戊辰，高斗樞僉都御史，巡撫湖廣。禁錦衣衛縱役擾民。給事中熊維典疏陳民窮差煩，請停止催餉各差，不許。李希沆兵部左侍郎。

己巳，清覊侍郎左懋第等，和議不成，總兵祖澤溥畔降於清，將軍陳洪範南歸。上曰：

「國家艱難之際，費十餘萬金錢遣使虜廷，亦欲得當。如何閣議止以抗節爲不辱命，我當自强。虜之款否，原不足恃。爾文武臣工，當益切痛恥，秣馬厲兵，乘時恢復，以申大仇。」將軍陳洪範密疏靖南侯黄得功等通虜，上曰：「此虜反間，不可信。」通政使楊維垣疏論三朝黨局，諭曰：「宵人躁競，不難矯誣君父，以逞其私，安知忠孝之道。侍郎王之寀已經大赦，姑不追究。三朝要典民間尚有存者，禮部訪求一部，送入史館，以存列聖慈孝之實。」予三案被罪諸臣劉廷元等二十人謚廕祭葬，尚書王紹徽等十三人原官起用。

庚午，總督王永吉疏陳兵餉兩匱，時勢難支，請諸臣速行料理。

辛未，將軍陳洪範疏請加恩使臣。

壬申，禁各官薦舉。大學士馬士英疏陳國家全盛，期諸鎮痛飲黄龍。命總督王永吉、張縉彦防江北、河南，有警相救。大學士王鐸疏請視師江北，以復國仇，不許。大學士史可法疏請亟圖戰守，上優詔答之。申飭朝儀。

癸酉，陳燕翼給事中。總兵牟文綬督漢土官兵，合大學士王應熊援勦。

甲戌，總兵李際遇疏陳和戎之利。巡按陳潛夫疏劾總兵李際遇欺君誤國十可斬。懷寧侯孫維城疏訐大學士吴甡、尚書鄭三俊。忻城伯趙之龍疏薦逆案陳爾翼；給事中吴适、都給事中張希夏疏糾之。方士亮、郭如闇、丁允元、楊兆升給事中，袁弘勳、周昌晋、陳以瑞、徐復揚、李瑞和御史。命大學士史可法合兵援邳州。

乙亥，命巡撫王燮駐安東，給事中時敏開屯大瞿山。

丙子，虞廷陛給事中，羅志儒都給事中，水佳胤、蔣拱宸、楊仁願、成友謙御史。革應天尹王廷梅職。命劉振修六部志。

戊寅，清兵自孟津渡河，總兵李際遇、李定國等以河南畔附於清。命興平伯高傑進屯歸德，分汛防河，將軍王之綱自歸德至寧陵東，將軍許定國寧陵西至蘭陽，總兵曹友義邳西，總兵張士儀邳東，總兵劉洪起祥符西至汜水，總兵李際遇專守河南，有急相援。魏國公徐弘基卒。

庚辰，復尚書王永光等官。

壬午，尚書張縉彥兼巡撫歸、開、河，督將軍王之綱、許定國，總兵李際遇，征剿河北、潼關；越其杰仍巡撫汝、南、黄，督總兵劉洪起、黄鼎、毛顯文恢剿楚、豫；御史吴春枝巡按福建；御史淩駉巡按河南，兼督各鎮，兼理河北、山東招撫。瞿式耜僉都御史巡撫廣西。馬乾副都御史，巡撫四川；賈聯登四川總兵。給事中戴英疏劾巡撫王燮、王瀠奉命不前，乞嚴治。

癸未，寧南侯左良玉復公安。廩生何光顯疏請誅大學士馬士英、誠意伯劉孔炤，詔戮光顯於市。司禮太監高起潛設沿江烽樓。尚書張縉彥疏陳奴寇孔棘，命嚴行備禦。

甲申，御興寧宮。御史徐復揚誣訐主事夏允彝匿喪，郎中周鑣、僉事雷縯祚爲成濟。御史陳以瑞疏頌大學士温體仁清忠。

是月，清兵入開封，副使李猶龍等死之。副總兵孫守法起兵終南山。參將楊展、曹勳起兵復犍爲、嘉定、黎州。

是冬，長庚見東方，芒角中刀劍車馬旗幟，影變幻不一。大學士錢龍錫，尚書劉廣生、楊述程、陳必謙，侍郎吳履中、楊汝成、林棟隆卒。清致衡王由椈、臨漳王常海、雒川王慈焜、平鄉王某、東垣王常潔北京。嘉祥王慈熔自江西畔降於清。趙慎寬自昌樂畔降於清。

弘光元年乙酉，春正月乙酉朔，日有食之。上在南京受朝賀。自臘迄春，陰凝不霽，是日大風拔木，雪深數尺。總督袁繼咸疏請嘗膽卧薪，下寬大之詔。

庚寅，大學士馬士英掌文淵閣印，充首輔辦事。

壬辰，立春。流星入紫微垣。禁四六駢詞。給丹陽郵符如良鄉例。

癸巳，南京大雷電雨雹，命諸臣修省。大學士史可法疏陳虜逼，命靖南侯黄得功、廣昌伯劉良佐進潁、亳，尚書張縉彥、興平伯高傑直抵開、雒，進據虎牢。得功、良佐受命不即行。鍾斗太嘗少卿。

甲午，修奉先殿及午門、左右掖門。興平伯高傑疏請重兵駐歸德，東西兼顧，聯絡將軍許定國，以定中原。貴州總督李若星發兵勤王，詔止之。

乙未，尚書解學龍再上從逆諸臣罪案，兼請停刑，許之。張利民、來集之給事中，黃錫衮、張兆熊、郝錦、王㦗御史，黃端伯儀制主事。太嘗卿葛寅亮疏陳懲貪獎廉之法。都給事中李清疏陳新政。大學士史可法疏陳和議無成，請深思痛憤，毋仍泄沓。恩貢顧景星疏陳四事。御史胡時忠疏陳三事。御史游有倫疏陳朝臣鎮將背公植黨。

丁酉，鎮虜將軍許定國誘殺興平伯高傑睢州，遂畔附於清，守備單長庚等死之。

戊戌，葉廷秀光禄少卿。大學士史可法七疏請接濟。巡按淩駉疏請早定恢復大計。是夜月食。

庚子，錢增都給事中。

壬寅，命在京諸臣自陳。侍郎潘士良以濟寧畔附於清。都給事中張希夏疏請諸臣當以光復故土爲大，翻案、蕩滅寇虜爲真報仇。清以肅王豪格爲靖遠大將軍，兵入西安；李自成走襄陽。

癸卯，中旨蔡奕琛吏部左侍郎、東閣大學士，預機務。正乙真人張應京入朝，加太子太保。

甲辰，馬思理左通政。總兵王光恩、惠登相復襄陽、樊城。編修吳孔嘉疏請刪定三朝要典。寧南侯左良玉、總督袁繼咸疏陳要典治亂所關，勿聽邪言，致興大獄。諭曰：「此朕家事，列聖父子兄弟之間，數十年無纖毫間言，當日諸臣妄興誣構。卿一細閱，亦當倍增悲憤。但與見在廷臣無關，悉從寬宥，不必疑猜。」保國公朱國弼、御史張孫振疏劾尚書解學龍黨從逆。

乙巳，尚書解學龍罷。

丙午，起逆案唐世濟左都御史。給事中吳适疏陳體元新政五事。

丁未，葛寅亮大理卿。

戊申，都給事中錢增疏劾尚書張縉彥、給事中時敏、御史蘇京。大學士史可法疏請敬天法祖，任賢使能，節用愛人，勤政講學，以資廓清；上嘉納之。

己酉，修興宗東陵。御史黃耳鼎巡上、下江。御史劉光斗疏請鑒別大臣，詔衰庸者自引退，禁章服違制。劉應賓太嘗卿。

辛亥，衛胤文兵部右侍郎，總督興平鎮將兵馬，經畧開、歸。尚書張國維歸省，侍郎李希沆代署戎政。王時敏太嘗少卿。

是月，總兵王光恩、孫守法復興安、平利、白河、上津。提督劉洪起敗李自成襄城。呂顛起兵蠡縣，死之。張克亮起兵定興，死之。李耀門等起兵清豐，死之。巡撫湯道衡卒。總兵高勳自山西畔降於清。總兵鄭嘉棟自蘭州畔降於清。

二月甲寅朔，選淑女不中。沈胤培大理右少卿。

乙卯，清理冒濫勳衛。命京營整理兵馬，親統六師，刻期北伐。

丙辰，李清大理左丞，王驥兵部右侍郎、副都御史，巡撫湖廣，高斗樞另用。給事中徐方來疏訐大學士吴甡、光禄卿許譽卿。行人朱統鑽疏訐巡按周燦、大學士姜曰廣、中允楊廷麟，不問。司禮太監高起潛疏請開納銀贖罪之例，諭曰：「納銀免死，則富家墨吏何所不至。流罪以下或可贖耳。」下部酌議。

丁巳，周瑞豹尚寶少卿，吴孔嘉編修。太監王坤上京城緝捕方畧。

己未，阮大鋮兵部尚書、左副都御史，仍巡閱江防。高倬刑部尚書，陳盟、王志道吏部左、右侍郎，李長春太僕少卿。給事中吴适疏陳開采雲霧山不便。吴本泰尚寶丞。給事中陳燕翼疏陳中興大義。巡按周元泰疏請濬劉河。浙江巡按彭遇颽爲民所逐，給事中林有本疏糾之，遇颽改按淮、揚，御史何綸按浙江。

庚申，主事蔡屏周疏請省兵足餉。

癸亥，修惠宗實録。

甲子，葉紹顒太僕卿，陸康稷文選郎中，徐方來、莊則敬給事中，畢十臣、郭貞一御史。

乙丑，尚書練國事卒。命汰衛所班運城操等軍，以餉銀濟軍需。

丙寅，侍郎徐人龍回籍。清兵陷招遠，知縣王永祚死之。給事中陳子龍終養，倪嘉慶給事中。大理卿葛寅亮疏陳時政。尚書黄道周祭告禹陵，臨行疏陳時政。大學士史可法疏請用興平伯高傑部將李本深爲提督，不許。靖南侯黄得功欲爭揚州，諭曰：「大臣當先國事而後私仇，黄得功若向揚州，使高營兵將棄汛東顧，狡虜躡之而南，誰執其咎？朕於諸鎮恩禮有加，諸鎮亦當恪守臣節，無得輕舉，以誤國家。」御史張孫振疏劾尚書顧錫疇憸邪。總督袁繼咸疏陳闖爲虜敗可懼，長江上下宜早爲備。總督王永吉疏陳清騎盡往征闖，直、東空虛，請簡驍健直走開、歸、沂、濟，進窺曹、單，狡虜虎視中原，意欲并吞天下，乘機進兵，不聽。大學士蔡奕琛疏陳選政，請停事例。裁九江額餉，總督袁繼咸疏爭不得，遂請罷，不許。

丁卯，尚書顧錫疇罷。蔭方孝孺裔孫樹節五經博士，姚思孝大理左少卿，賜伏法太監劉元斌等祭葬，予逆案徐大化等卹典。總兵毛顯文復隨州、德安、雲夢。御史鄭瑜疏劾總督朱大典蝕餉負國。巡撫越其杰乞休，不許。

己巳，諭曰：「捐助原聽民樂輸，抄没乃朝廷偶行，豈刁民獻媚之事。爾藩勳臣，須敬禮士大夫，與地方相安，不得非法罔利。」

庚午，耿章光尚寶卿。

辛未，賴垓右中允。給事中戴英疏劾將軍陳洪範出使無功，正使陷虜，羣衆晋爵，天下聞之竊笑。

壬申，改撫治鄖陽印敕曰巡撫。吴光義户部左侍郎，易應昌工部左侍郎，陳洪謐太僕少卿，晏清尚寶少卿。尚書錢謙益疏請即家開局修史，不許。葉有聲兵部右侍郎。嚴京城門禁。

癸酉，保國公朱國弼疏訐巡撫路振飛旅拒奔藩，請敕法司逮治。李維樾都給事中。總兵張應元挂平蠻將軍印。撤興平伯高傑兵回，命廣昌伯劉良佐防歸德，司禮太監高起潛駐揚州。趙東曦、宣國柱、熊德暘、倪仁楨給事中。巡按淩駉疏陳各寨將領分地畫守。給事中吴适疏陳吏治五患，請嚴行釐飭。是日，日月赤，占者以爲兵氣。

乙亥，改上思宗廟號曰毅宗。御史袁弘勳疏請追論三案，侍郎管紹寧不亟蒐要典，總督袁繼咸公然怙逆，命行究治；命已之。

丙子，葛含馨考功郎中。

丁丑，來方煒太僕少卿。御史袁弘勳、黄耳鼎疏訐總督袁繼咸，寧南侯左良玉疏辨，諭解之。

戊寅，止總督李若星滇、黔兵勤王。李自成走承天。

己卯，禮部失印，鑄各衙門印，去「南京」字。

庚辰，熊化太僕少卿，虞廷陛給事中。保國公朱國弼疏訐僉都御史郭維經庇逆。

壬午，水佳胤尚寶丞，王期昇太僕少卿。

癸未，鴻臚卿高夢箕密奏毅宗皇太子北來。

是月，副總兵馬士秀復應城。副總兵馬進忠復荆州、雲夢。李自成復攻鄖陽，巡撫高斗樞、徐起元督總兵王光恩大破之。副總兵楊明起復均州。冉才美敗績曲陽山寨，死之。莊鼐攻日炤、沂水、諸城、沂州。郭爾標等起兵即墨，死之。清兵陷單縣，知縣張雲龍死之；陷福山，教諭劉潤死之。主事來儀起兵臨朐，死之。

三月甲申朔，上受朝賀。張希夏太嘗少卿，周昌晋太僕少卿，羅志儒都給事中。北來太子至南京。大學士李標卒。總兵李遇春鎮泗州，總兵張天福護祖陵。

乙酉，妖僧大悲伏誅。命羣臣審視太子真僞。逆案楊維垣左副都御史。大理丞袁弘勳疏請起罪廢諸臣。

丙戌，下北來太子於中城兵馬司獄，給事中戴英疏陳王之明假冒太子，請廷臣會訊。

丁亥，皖撫歸併應撫，屯撫改爲鳳督，總督王永吉帶撫淮安，總督衛胤文兼撫徐、揚。

戊子，巡撫徐起元，總兵王光恩、苗時化等，以鄖陽畔附於清。

己丑，百官會審北來太子大明門，下鴻臚少卿高夢箕於獄，命五城御史緝訛言。清英王阿濟格侵河南，陷鄖城、西平，知縣張琇死之；陷壽州，黄學虎等死之。命吏部嚴清選法。舉人李狄門疏陳時務八策。

庚寅，朱之臣兵部左侍郎，劉應賓通政使。

辛卯，百官再會審北來太子於午門。大學士王應熊兼督雲、貴、湖廣、廣西、偏沅。總兵陳謙疏陳追剿三策。巡撫洪瞻祖卒。逮巡撫馬乾。御史張兆羆疏陳致治去弊之法。清陷上蔡。大學士王鐸疏陳國賦不可再加，太監不可典兵，富民不可借貸，淑女不可選，東廠宜罷，糧宜蠲。

壬辰，百官再會審北來太子於午門外。耿廷籙僉都御史巡撫四川；吴希哲都給事中。

癸巳，命諸鎮屯田有效，比捷功優叙。給事中徐方來疏訐大學士吴甡、光禄卿許譽卿。

乙未，左僉都御史郭維經罷。御史黄錫衮疏劾總督張縉彦。尚書阮大鋮疏薦大學士馬士英子錫總兵，仍涖勇衛營。御史黄耳鼎疏劾尚書解學龍、總督張縉彦，請治罪，不問。

丙申，尚書賀世壽罷。有婦人童氏，自言福王妃，下錦衣衛獄，尋死。

丁酉，陳于鼎掌翰林院。御史郭貞一疏劾通政使劉應賓貪墨。兵部主事陳震生疏陳時政。

戊戌，百官再會審北來太子於朝。總兵黄斌卿挂鎮蠻將軍印，鎮廣西。掌錦衣衛馮可宗疏陳衛役詐僞盛行，京城百里内雞犬無存。

己亥，改上恭皇帝謚曰孝皇帝。姜一洪、王夢錫太僕卿，惲厥初光禄卿。

庚子，命靖南侯黄得功移廬州，與廣昌伯劉良佐合力堵禦。

辛丑，程世昌太嘗卿。總督袁繼咸疏辨大理丞袁弘勳，命專意恢剿。給事中陳燕翼、行人韓元勳册封琉球。命嚴訊從逆各犯；未到，與續參諸人俱嚴提。

壬寅，羅汝元刑部右侍郎，鄒之麟左僉都御史，蔣鳴玉給事中。大學士史可法疏陳：「師久無功，乞先治臣罪以謝天下。」降將許定國引清兵陷儀封、考城。

癸卯，靖南侯黄得功、廣昌伯劉良佐、寧南侯左良玉，總督何騰蛟、袁繼咸，大學士史可法，各疏論北來太子事，命三法司嚴將審明情節傳示中外，以釋羣疑。

乙巳，貴州總兵包琳爲下所殺，巡撫黄希憲逮戍。

丙午，朱大典兵部尚書、副都御史，提督廣昌、靖南池、皖諸鎮軍務，督漕上江，巡撫應、安。給事中戴英疏訟大學士薛國觀冤。

丁未，清陷歸德，蕩寇將軍王之綱走宿州，巡按淩駉等死之。總兵方國安挂鎮南將軍印，防池口。總兵張天福棄祖陵回揚州。許罪廢諸臣輸銀復官。總督王永吉疏請急調閣標及甘肅團練援歸德。

戊申，寧南侯左良玉舉兵討大學士馬士英，盡撤催餉各官，猶舉考察。給事中王士鑅疏劾侍郎易應昌、太僕卿楊公翰。命軍機重大事情方從文書房進，餘仍繇通政司。大學士史可法疏請諸臣亟化朋黨，共圖征討大計。

己酉，錢繼登僉都御史總理兩淮鹽法，兼督江防，罷巡鹽御史。

庚戌，黄端伯儀制主事。清兵趨徐州，鎮徐將軍李成棟走。

辛亥，張作楫光禄卿，王國賓太嘗卿，提督四夷館。御史陳以瑞疏陳大學士温體仁清忠。

壬子，清兵陷潁州、太和，始命總兵李本深提督興平伯高傑兵馬。大學士史可法馳扼徐、泗，靖南侯黄得功、廣昌伯劉良佐檄各路兵防壽州，合擊淮上。

是月，都司高鼎起兵平山，崔觀文死之。清兵陷衛輝晏兒寨，許四死之。總兵王永强自陝西畔降於清。巡撫馬乾督參將曾英復重慶。參將王祥起兵遵義。總兵朱化龍復茂州。知府詹天顏復龍安。參將曹勳復滎經。大學士王應熊、總督樊一蘅督、總兵甘良臣復叙州，參將楊展復嘉定，參將侯天錫復永寧，安撫使馬京復黎、雅。

是春，太白經天，見秦分。

夏四月癸丑朔，大學士史可法疏陳北征。推官吴脈𢘿疏陳中興恢復議。知縣沈履祥疏陳治安責成。總兵王世忠至北京畔降於清。皮傭詹有恒混入東華門，著杖殺之。革御史王孫蕃職。

乙卯，大學士馬士英告退，慰留之。

丙辰，寧南侯左良玉至九江卒，子平賊將軍夢庚反，陷九江，尚書阮大鋮、誠意伯劉孔炤率師西援。

丁巳，葉仲華太嘗少卿，林銘鼎光禄少卿。御史夏繼虞巡按應、安。遣内臣守十三門，禁官眷不許出城。諸生唐節疏陳中興十策。大學士史可法疏劾將軍李成棟棄鎮罪。總督王永吉疏陳棄徐萬分可惜，乞敕東平侯劉澤清、廣昌伯劉良佐固守淮上。提督劉洪起疏陳虜乘勢南下，諸將逃竄，恐爲南京之憂。給事中錢增疏陳警報日至，東平侯劉澤清、廣昌伯劉良佐退避，平日養兵何用？

戊午，祁八等起兵東安鳳阿營，死之。諸生孫大壯起兵北京，死之。清兵入德安，遊擊易道三仍以衆自保。將軍王之仁疏請清察衛軍團練，開屯金塘、大榭。梁雲構、李喬兵部右侍郎。逮巡按陳潛夫。

己未，東流陷，南京戒嚴，以公侯分守長安諸門及十三門。祁逢吉户部右侍郎、僉都御史，總督倉場。侍郎梁雲構疏請召東平侯劉澤清、靖南侯黄得功入衛。命靖南侯黄得功、廣昌伯劉良佐、東平侯劉澤清兵入衛，尚書阮大鋮、朱大典巡防上江。總督王永吉疏請命總督衛胤文、東平侯劉澤清、將軍李成棟以全力守徐、泗，保全南直尚存門户，全力防虜。

庚申，殺郎中周鑣，僉事雷縯祚，給事中光時亨，及降臣周鍾、武愫；其餘附逆擬斬者，戍金齒；絞者，戍廣西邊衛；徒流以下宥爲民。袁弘勳疏請追究三案諸臣，諭曰：「朕爲天子，豈記匹夫夙嫌，曾得罪皇祖妣、皇考者，自今俱不問。」文武諸臣復舉往事讦章奏者，治罪。」大學士史可法三報虜警；命上遊急則赴上遊，北兵急則禦北兵，自是長策。

辛酉，清兵自歸德分道南下，命大學士史可法督總督衛胤文、提督李本深扼盱、泗守徐州；廣昌伯劉良佐自臨淮守壽州；靖南侯黄得功渡江防勦。鎮徐將軍李成棟、總兵張成福以徐州畔附於清。

壬戌，鎮鑾將軍黄斌卿敗左夢庚兵銅陵。毅宗皇太子遇害於北京。王驥兵部右侍郎，巡撫湖廣；王時敏太嘗少卿，范鳳翼光禄少卿。

癸亥，楊兆升都給事中。

甲子，淮楊鷴以原官駐嘗德開屯，并連絡土司。清兵陷盱眙，總兵侯方巖走。參將李一龍等敗績白洋河，死之。

乙丑，左夢庚陷安慶，總兵蘇夢儀等死之。清兵入泗州，總兵李遇春、李登雲、李朝雲畔附於清。遊擊朱賢政敗績天長，死之。

丙寅，東平侯劉澤清、廣昌伯劉良佐各請將兵入衛，諭以防虜爲急。靖南侯黄得功兵至江上。飭門禁凡欽遣及赴任官，俱請旨驗放。降將許定國引清兵渡淮，守備徐允芳死之。大學士史可法退保揚州，連疏告急。上召對羣臣，大理少卿姚思孝，都給事中吴希哲，御史喬可聘、成友謙請急撤江上兵固守淮、揚。上諭大學士馬士英曰：「左良玉雖不應興兵，然覽奏原未曾反，今宜急援淮、揚。」馬士英不奉命。

丁卯，選淑女於元暉殿。禁軍葉重垣銜刀自縛午門外，疏陳可危四事。稅崇明、太倉洋船如臨清關例。大學士馬士英疏請尚書阮大鋮、朱大典前進不得稽延。

戊辰，召安仁王由樱、永明王由榔近畿居住。

己巳，大學士史可法疏請召見，命西警方急，專心料理，待奏凱後見。大學士馬士英疏陳江上大捷。劉洪起提督汝寧、開封援勦。給事中吴适疏劾將軍方國安、總兵牟文綬。

庚午，尚書田仰回京，改王永吉總督防河，兼撫鳳、淮、廬，錢繼登兼撫揚州。鄭崑貞尚寶少卿。

辛未，清兵圍揚州，大學士史可法督衆固守。

壬申，詔暴寧南侯左良玉罪狀。大學士蔡奕琛、太僕卿張孫振疏訐給事中吴适受左良玉指，請先靖輦轂孽。將軍鄭鴻逵疏陳破興平伯高傑潰兵於江中。

癸酉，清兵入瓜洲。

甲戌，驅江北濠河官民舟、儀真鹽舟於江南。始命總督王永吉、司禮太監盧九德、東平侯劉澤清、廣昌伯劉良佐援揚州。

乙亥，大學士王鐸、襄衛伯嘗應俊督師江上。姜一洪太僕卿，惲厥初光禄卿，王夢錫太僕少卿。

丁丑，清兵陷揚州，大學士史可法、侍郎張伯鯨、總督衛胤文、總兵劉肇基以下闔城死之，提督李本深，將軍李棲鳳，總兵張天禄、賀胤昌、張文昌、劉世昌、張天福、胡茂楨、楊承祖、李翔雲、郭虎、折鳴鳳、佟養甲等畔附於清。

戊寅，贈于謙臨安伯。霍達僉都御史，巡撫蘇嵩。召對羣臣問遷都策。

己卯，下給事中吴适於獄。張元始禮部右侍郎。

辛巳，徐一范光禄卿。清兵陷高郵，知州高鏐死之；陷鹽城，知縣何文郁死之；陷六安，守備芮珂死之。

是月，劉自什起兵滄州，死之。李聯芳等起兵南皮鹽山，死之。尚書孟紹虞卒。總兵周建芳敗績江津，死之。

五月壬午朔，尚書張捷等率羣臣上表賀捷。徐復揚太僕少卿；李彬僉都御史，巡撫河南；楊文驄僉都御史，巡撫嘗鎮。

癸未，靖南侯黄得功敗左夢庚兵於板子磯。

甲申，命惠王常潤移居嘉興。大學士馬士英至清議堂召百官，無一至而返。

乙酉，諭各鎮協同禦敵。

丙戌，端午節，百官入賀，以演劇不視朝。晋黄得功靖國公。

丁亥，封鄭鴻逵靖虜伯。命諸將有縮朒逃竄一舸窺江者，不論兵虜，立行掃除。南京各門下閘，辰開午閉。

戊子，百官集清議堂議密款。是日，大風雨晝晦，人心洶洶。保國公朱國弼奏聞，上曰：「太祖陵在，走安往？惟死守耳。」

己丑，夜清兵自瓜洲渡江，巡撫楊文驄走蘇州，靖虜伯鄭鴻逵入海，總兵蔣雲臺畔降於清，鎮江遂陷。

辛卯，京城門閉。傳旨放還淑女。午夜，猶召梨園入宫演劇。漏二下，上率内官四五十人騎出通濟門，百官無知者。

壬辰，昧爽羣臣入朝，見宮娥、內臣、女優雜沓西華門外，城中大亂。誠意伯劉孔炤斬關走太平，大學士馬士英以皇太后出奔。士民出北來太子於獄。尚書張捷、副都御史楊維垣自殺。

癸巳，上幸太平，以察院爲行宮，尋移幸蕪湖靖國公黃得功營。阮大鋮、朱大典東閣大學士督師；李繼晟僉都御史，巡撫安慶。

乙未，忻城伯趙之龍等具表以南京畔附於清。清兵自丹陽趨句容。

丙申，入南京。尚書高倬、解學龍、何應瑞，同安侯黃正陞，總兵徐樞、秦良弼，司禮太監韓贊周等死之；忻城伯趙之龍，大學士王鐸、蔡奕琛，尚書錢謙益，都御史唐世濟、李沾，侍郎李喬、朱之臣、梁雲構、祁逢吉、張維機，魏國公徐胤爵、保國公朱國弼、靈壁侯湯國祚、安遠侯柳祚昌、永康侯徐弘爵、臨淮侯李祖述、鎮遠侯顧鳴郊、隆平侯張拱日、懷寧侯孫維城、定遠侯鄧文郁、成安侯郭祚永、襄城伯李世弘、南和伯方一元、東寧伯焦夢熊、寧晋伯劉允極、惠安伯張承志、大興伯鄒存義、雒中伯黃九鼎、保安伯黃調鼎、廣昌伯劉良佐、襄衛伯常應俊，掌宗人府駙馬都尉齊贊元，將軍王之綱，掌錦衣衛馮可宗，總兵楊御蕃，孔希貴、曹存性、李應宗、于永綬、王遵坦、夏尚忠、劉澤泳、張應夢、張士元、李中星、范紹祖、蘇見樂、馮用，司禮太監盧九德等，畔附於清。指揮梅春起兵孝陵衛，死之。

戊戌，封方國安鎮夷伯。上將幸杭州，未發。

癸卯，降將劉良佐以清兵追駕，靖國公黃得功，征南將軍翁之琪，總兵黃飛、鄧林祖、楊彪等死之。總兵田雄、馬得功、丘鉞、張杰、黃名、陳獻策畔，犯御舟劫上，鐵鎖縶其頸。清將曰：「此若君也。」爲去縛鎖，赤絨繫之。司禮太監孫進死之。崇明伯杜弘域、城固伯卜從善，總兵杜弘墇、杜弘場等畔附於清。

庚子，將軍左夢庚，項謙，總兵李國英、金聲桓、盧光祖、胡以寧、張應祥、常國安、杜應金、郎啟貴、徐懋德、徐恩盛、郝效忠、徐勇、吴學禮、徐育賢、高進庫、胡有陞、徐元仁、常進功、于自成、段鳳翔、秦天禄、費三省、王復遠、李士元等誘陷總督袁繼咸、巡撫張亮，畔附於清；總兵鄧林奇、孫毓秀等死之。

辛丑，總兵楊振宗、劉進忠、馬進寶、曹友義、黃鼎以安慶畔附於清。總兵諸葛晋明敗績采石，死之，守備王東日敗績太平，死之。總兵韓文自德安畔降於清。

壬寅，降將劉良佐劫上如南京天界寺。

甲辰，副總兵王權等謀起兵，誅降將田雄不克，死之。

丙午，上御無幔小轎入聚寶門，帕首藍布衣，油扇掩面，騎如内守備府。清豫王多鐸命拜，宴靈壁侯府，位北來太子下。多鐸詰之，不答，惟問馬士英奸臣何在？宴罷，羈江寧縣獄。舊臣頓首多鐸求無死，且請謁，許之。及謁，行嘗朝禮。降臣王鐸直立，戟手數上過，且曰：「余非爾臣，安所得拜！」攘臂叱咤而去。羣臣進慰上曰：「清人有言必封上大國。」上曰：「封非我志，但得爲江南一布衣長侍孝陵足已。」又曰：「悔用馬士英急左緩虜，又悔不用史可法言守堂奥而不守門户也。」言畢，嗚咽流涕。羣臣亦泣。時正炎暑，向降臣趙之龍索蚊幬不得。降臣趙之龍、錢謙益爲清傳諭四方降順。大學士馬士英殺知州趙景和於廣德，走杭州。

己酉，清兵入淮安，東平侯劉澤清，總督王永吉，總兵馬化豹、柏永馥畔附於清；永壽王器圻薨。清兵陷信陽，知州萬以忠死之。降將劉良佐誘殺提督劉復生、總兵章世明江上。

是月，巡撫張亮陷清兵，行過高郵死之。劉伯泗起兵宣府，死之。莊頵攻贛榆。徐小野攻東平。總兵閻芳譽自沂州畔降於清。高九英攻嵩嵐，死之。總兵高勳自山西畔降於清。副總兵金高敗績西華、柳城，死之。胡守龍起兵西安，死之。副總兵孫守法奉秦王四子某屯兵興安五郎山。總兵皮熊復永寧。清英王阿濟格至武昌。李自成敗歿通城九宫山。將軍張應元自承天畔附於清。大學士張四知，尚書張縉彦，巡撫苗胙土、郭景昌、王燮等先後畔降於清。南京大風雨，黄泥丸，破之有琉璜氣。

六月乙卯，誠意伯劉孔炤敗績楓橋，總兵沈甲死之，總兵劉孔修畔降於清。清兵陷蘇州，侍郎徐汧等死之，巡撫霍達畔降於清；陷上海，教諭儲邦輔等死之。侍郎董羽宸、總兵喬桓自嵩江畔降於清。

辛酉，降將金聲桓以清兵陷九江，副使周憲等死之；陷瑞州，副使繆九鳳等死之；陷池州，遊擊姜之齊等死之；陷太湖，知縣李盛英等死之；陷靖安，守備陳昌猷等死之。

壬戌，僉事荆本澈起兵崇明。中書舍人盧象觀起兵宜興。

癸亥，副總兵何以培謀起兵無錫不克，死之。

甲子，清貝勒博雒入杭州，知縣顧咸建，新建伯王業泰，總兵張堅、張傑等死之；潞王常淓、巡撫張秉貞、將軍陳洪範、司禮太監高起潛等，畔附於清。

乙丑，陳堯夫起兵太倉，死之。清兵陷吳江，守備蕭家駿等死之。提督劉洪起敗績西平平頭垛，死之。尚書商周祚、姜逢玄，巡撫李懋芳等，自紹興畔降於清。大學士高弘圖、尚書張慎言卒。徐復等假稱魏國公徐弘基謀起兵吳江不克，死之。尚書田仰，光禄卿沈廷揚，將軍張鵬翼、顧容，總兵張士儀奉義陽王朝墠駐崇阴。諸生陸世鑰、中書舍人沈自炳、總兵李甲，各起兵蘇州、太湖。主事吴易等起兵長白蕩。太僕卿王期昇等奉知州朱盛澂起兵蘇州西山。總兵黄蜚奉趙王子由棪起兵無錫太湖。總兵何成吾奉知縣朱議㴾起兵句容茅山。延津王常湌起兵旌德。益陽王某起兵嚴州。清兵陷長興，訓導蔡璠等死之。

庚午，陷南昌，教諭柯士琮死之，總兵譚國禎畔降於清。侍郎畢懋良、李希沆卒。布政使夏萬亨奉益王由本、永寧王由槵起兵建昌。淮王嘗清起兵饒州樂平。德興王由枍、瀘溪王慈爌、武岡王華增各起兵江西。推官戴重、將軍姚志卓、諸生金有鑑各起兵長興。都司許龍等起兵嘉定，死之。僉事朱翊鏻等謀起兵鄖陽不克，死之。諸生金有鑑復湖州。員外郎吴景亶敗績西山，死之。任應乾等起兵徐州，死之。貢監朱永慶起兵泰興。總兵吴任之起兵復碭山。裴汝茂起兵偃師，死之。段卓起兵永寧，死之。李茂華起兵嵩縣，死之。宋養氣起兵寶豐，死之。總兵韓可桂自内鄉畔降於清。副總兵李好等以南召畔附於清。張篤祜等起兵扶溝，死之。王之屏起兵鹿邑安平寨，死之。寧珍等起兵睢州，死之。丘道等起兵偏關、寧武，死之。白于等起兵岢嵐，死之。邢四起兵朔州，死之。武大寬等再起平朔州，死之。吕斗等起兵攻平山，死之。閻汝龍等起兵陽曲，死之。梁士雨起兵交城，死之。李俊起兵河曲，死之。副總兵武大定起兵固原，復盩厔、鄠縣、咸陽。總兵毛顯文起兵隨州，死之。平嶍峨土酋陸培亂。靖夷伯方國安攻大學士朱大典於金華。侍郎于仕廉，巡撫蔡官治、馮元颺，尚書馮元飈、杜士全卒。清致内鄉王在瑬、義寧王在鐌、曲江王朝㙉、應城王肅菭、修武王恭梱、寧陽王紹炆於北京。

是月，己未夜，流星如月，大小相隨，光芒如日，太白晝見。

閏六月，紹宗嗣位福京，遥上尊號曰聖安皇帝。隆武元年九月甲寅，上與皇太后、潞王常淓檻車北狩，居北京。太醫節日餽宴一席，上酣飲極樂。

二年五月甲子，清以弓絃勒令自盡，崩年四十。是日大風。凶問至南京，父老皆爲流涕。後合葬河南孝哲皇后陵。魯王監國，上謚曰赧皇帝；及幸舟山，上廟謚曰質宗安皇帝。永曆十一年四月，改上今謚曰簡皇帝，廟號安宗。

贊曰：北京顛覆，上膺鼎籙，豐芑奠磐，徵用俊耆，卷阿翽羽，相得益彰，故初政有可觀者。性素寬厚，馬、阮欲以三朝要典起大獄，屢請不允。觀其諭解良玉，委任繼咸，詞婉處當；拒納銀贖罪之議，禁武臣罔利之非，皆非武、熹昏騃之比。顧少讀書，章奏未能親裁，政事一出士英，不從中制，坐是狐鳴虎噬，咆哮恣睢，紀綱倒置。及大鋮得志，衆正去朝，羅尉高、張，黨禍益烈。上燕居深宫，輒頓足謂士英誤我，而太阿旁落，無可如何，遂日飲火酒、親伶官優人爲樂，卒至觸蠻之爭，清收漁利。時未一朞，柱折維缺。故雖遺愛足以感其遺民，而卒不能保社稷云。

南明史卷二

本紀第二

紹宗

無錫錢海岳撰

紹宗配天至道弘毅肅穆思文烈武敏仁廣孝襄皇帝諱聿鍵，小字長壽，太祖九世孫，唐裕王器墭子。母妃毛氏，萬曆三十年夏四月丙申誕於南陽王邸，徧身麟錦。祖端王碩熿，惑於嬖妾，欲立其愛子，因器墭。上時年十二歲，亦從之。讀書識大義，處患難而意氣不挫。年二十八，未得請名。及器墭遇害，碩熿諱其事，守道陳奇瑜等爲請，遂立爲世孫。崇禎五年夏六月嗣唐王位，年三十一矣。上賜祖訓、會典、五經、四書、二十一史、通鑑綱目、忠孝經，篝燈旦夕讀，兼好詞賦。起高明樓，走書幣延四方名士，世擬於鴈池、兔園云。

南陽當兵衝。七年，李自成攻河南，捐千金修南陽城。又援潞王常淓例乞增兵三千人，不許。八年後，寇氛彌甚，望烽火接天，思海內且大亂，終日守空宮對僕媵，撫髀太息曰：「孤安能鬱鬱效龐涓死此下乎？」日陳兵自衛，以材武稱。李自成再攻南陽，上疏言：「臣府護衛千二百人，近制以其半爲汴梁班軍，給撫臣策使。惟明詔念郡城單弱，臣困阨，以全軍見還。」上報之曰：「南陽番軍班直，祖制已久，朕不敢變。」

時海內多故，威宗思廣羅賢俊，召見宗人，遴才擇官，以通宗禄之窮。發金匱書，得高皇帝制曰：「宗室子孫入爲中朝官者，得以其階换。」於是下詔援祖訓，郡王子孫文武堪用者，考驗授職。侍郎陳子壯執不可。王歷引前代故事詆之，援據經傳皆有本。王好尊宗藩體統，侍郎盧象昇過南陽不朝，劾奏之；又疏糾大學士温體仁相詆忤，上亦不之善也。

九年秋八月，北京戒嚴，疏請勤王，不許；率護軍千人行。又杖殺其諸父衛輝、福山王，爲裕王報仇。至裕州，巡按楊繩武以聞，下詔切責。會前鋒直寇，亡內豎二人，乃返國。冬十一月，下部議，廢爲庶人，安置鳳陽高牆。押發同知張有度欲以檻車行，王自裁不殊。至鳳陽，陵奄索賄不得，用祖制墩鎖法以困苦之，王病幾殆。有司稟禄不時，資用乏絶，而益沉酣載籍，下筆千言，著書盈丈。巡撫朱大典、司禮監韓贊周請宥，未報。時有望氣者以高牆中有天子氣，淮撫路振飛假振罪宗，入牆見王，心異之，因言吏虐狀，疏請加恩罪宗，置吏無狀者石應詔於法。會安宗立，廣昌伯劉良佐再請宥，大赦，出高牆，封南陽王。禮部請復故爵，不許，命徙居平樂，貧不能行。

弘光元年夏五月，方次蘇州，聞南京不守，安宗蒙塵，乃至嘉興。尚書徐石麒，巡撫錢繼登，將軍陳洪範、陳梧，總兵汪碩德，司禮監高起潛等，面請監國，不許。

六月辛酉，至杭州，請潞王常淓監國，不聽。請朝陳方畧，不允。會靖虜伯鄭鴻逵至，與王語及國難，泣下沾襟，以兵衛入閩。

壬戌，靖虜伯鄭鴻逵、尚書黄道周二啟請王監國。王覽啟悲慟，固辭。丙寅，聞潞王常淓降清，憤激不勝。鴻逵等三啟，進監國之寶。戊辰，誓師衢州，百官恭請監國。辛未，度仙霞嶺。甲戌次浦城。戊寅，夜有星形如刀。己卯，次建寧，諭曰：「昔我太祖高皇帝掃蕩胡氛，統一區宇；成祖文皇帝燕都定鼎，威震華夷。仁涵義育，累洽重熙。何期數當陽九，天降鞠凶。昔年薊北，獨深蒙難之悲；此日金陵，復有北轅之恨。孤慚涼德，雪恥未遑；念切同仇，請纓有志。今爾臣民，連箋勸進，至再至三，謂虜迫杭城，人無固志，賊臣有屈膝之議，舉國同蒙面之羞。孤覽斯言，撫膺隕涕，痛統緒之幾墜，悵天下之無君。不獲已，俯順輿情，允從監國。謹於弘光元年六月二十八日，朝見臣民於建安，收拾餘燼，恢復南都，張皇六師，迎還玉輅，萃皇靈於涣散之後，出兆姓於湯火之餘。」庚辰，南安伯鄭芝龍上箋勸進。閏六月癸未，次水口驛。驛吏具大舟，却之，乘民舟，不飾綵幔，導去鼓吹，百姓聚觀相慶。南安伯鄭芝龍率百官臨驛廨朝謁，行四拜禮。王謙抑，答二拜，賜坐茶。諸臣自南京來者，素服待罪，諭勿問。出銀百五十兩葺行宫，令毋擾民。命巡撫張肯堂鑄大小衙門印，冠「行在」二字。甲申，次洪塘，登岸憩民舍，庭無供張，市不易肆。諭曰：「孤今監國福州，遵祖制，舉用閣部等官，虚心聽納，惟慎惟公。除不忠先帝、皇上、負國害民者，概不録用外，藩院諸衙門既會議確當，即允所請，分别攝事還職。」丙戌，命布政司建太廟、社稷、唐國宗廟。丁亥，監國福州。駕入城，暫以南安伯府爲行宫。百姓焚香恭迎，歡聲載道；百官慶賀如禮。諭曰：

孤聞天地立極，必有不可晦之日月；帝王御世，斷無不可變之華夷。我太祖奉天逐胡，十四年混壹區夏，歷二百八十年之昇平，傳十六代天子之有道。烈皇帝英明善政，史不勝書，乃以勵精逢剥運，甲申春社稷身殉，此誠凡有血氣之大羞奇痛也。禍自萬曆末年，大廷黨同伐異，流賊横行，建奴稱兵。建奴張，自臣工貪婪。嗚呼！國家三十年來久不見恤民之實政矣。新餉舊餉，糜爛骨肉於遼東；欠徵預徵，竭盡腦髓於鞭扑。洶洶止見似仇讎，哀哀誰人是父母！致我百姓，苦極無告。加以流賊反甚於兵，故令逆虜日迫，羣心瀾倒，夫豈一朝一夕之故哉！北變臣工坐視借名立主，南都又負皇上委任孜孜，穢德日彰。晋陽甲直止奸，名僅一年，犬羊飛渡，京破帝奔，國危旒綴，諸臣萬誤千差，尚各或降或竄。

孤藩出自高皇少子，洪武二十四年開國南陽，自皇賢妃李娘娘之生定王，歷靖、憲、莊、成、敬、順、端、裕爲十世。孤夙家庭多難，仇叔鴆薨裕王，爭國位，兄弟操戈，憤父冤孤誓必報。壬申年，先皇帝封我唐王。丙子歲，孤抗疏勤王朝覲，止因孤孝危忠，情願爲法受過，幽囚八年，不尤不怨。弘光主復我爵章，遣官護送寓西粤。國變，孤至嘉興，文武勸孤監國，孤辭，轉奉潞王，出揭明告天下。監國三日改圖，停宣攝政明諭，讐虜示之南來，信邪謀而甘恥。

靖虜伯鄭鴻逵等，倡大義迎請孤主恢復，大臣懇陳宗社顛危，啟孤監國安民。自審孱弱，何堪多難，堅拒三祈。合詞三請，闔閩藩院司道，在籍九卿士民，沿路飛章，懇請還至。祖宗事重，黽勉而從。敬於弘光元年閏六月初七日，於福建福州府布政司公署朝見文武臣民。

自孤監國之後，竭力維新是圖，待臣如我手足，視民如我子孫。慈愛出孤天性，斷然始終不愆。治兵以報君仇，驅虜而復廟貌。布素身宿外朝，見孝陵才用原章；賢奸必不並用，再一統方酬孤志。君愛臣，始稱孝祖；臣愛民，方是忠君。孤以不貪率天下，天下以不貪慰孤心。擢廉誅貪，監國首務。許臣民直言時政，即觸忌，孤亦優容，但有裨益，定加懋賞。惟除舊布新之大赦，故待正鑾後舉；至恩大恤小之明條，宜當監國先頒。救民於水火之危，款例再詳列左，云云。

以上一十六款，俱孤親定，内外俱要實實舉行。如部文何日到撫按，撫按何日行州縣，州縣何日榜示百姓，併王府行文司衙，俱要該部以遠近定期限。該撫按明明白白，指定何日行下，何日報上，州縣仍具遵依，一同報部，該部先後題知，慰孤視民如傷之意。仍舊玩視，重治不饒。

於戲！祖宗之德澤在人，大明之天命未改。知有孝陵不知有身，定親御六師之衆以復南京；思愛民必思愛臣，必雪先帝之仇而還一統。不論親疏之人，賞罰惟公惟信。十五省忠臣赤子，勿負孤枕戈真心。佇俟告廟功成，萬古中興爲烈。待詔天下大酺同慶之日，即奉天殿大封功臣之年。孤今夢寐不忘，惟願節節君臣實做。孤稟至誠，信如皎日，令諭伸心，出孤親撰。布告天下，咸使聞知。

丙申，百官勸進。丁未，祭告天地祖宗，即皇帝位於南郊。詔曰：

天地原本下民以立君，聖人必謹華夷而出治。恭惟我太祖高皇帝混一區夏，皇子有二十四，分王歲在洪武辛未。朕始祖唐定王開國南陽，積德累仁，至朕十世。朕以艱難險阻，痛遇陷覆兩京。靖虜伯鄭鴻逵忠貫日月，奉朕監國南來，憂勤攝政。廿日於兹，勤王之師漸集，向義之心漸起，匡復之謀漸有次第。朕方登壇誓師，親履戎行，以身率衆，觀厥成功。乃行在王宗、文武、耆老、士民，咸奏萃涣之義貴於立君，寵綏之方本於天作，理無後待，時不可失。再三詳懇，迫切極陳。乃朕自顧闕然，未有鉅績以仰對上帝祖宗；重念臨安不振，尊攘無期，祀懸民恐，三月無君，何敢堅執小節而誤天下，於是黽勉俞允，以副羣望，實朕心之不得已也。謹於弘光元年閏六月二十七日卯時，祭告天地祖宗，即皇帝位於福州府行在南郊。即於是日，建立行在太廟、社稷暨唐國宗廟，立妃曾氏爲皇后，大赦天下。

於戲！臣民之懇請立朕者，爲祖宗先帝計也。朕今即位之日，即是身許祖廟之年。從今以後，有一時一刻負祖宗之業、忘先帝之仇，天下臣民得執大義以誅朕矣。朕登極後，若有一人一事負孝陵、忘大仇者，朕亦正公衆而誅之矣。

確議恢復之大計，惟在調和兵民。治兵足食以無驕，務民安生而不苟。朝絶宵小之臣，外鮮貪殘之吏，從斯大振，力圖維新。凡舊日權奸所行苟且害民之政，一概蠲除，與民更始。語出至誠，天下所共見也。

朕稽載籍，光武纘祚於乙酉六月，即以是年爲建武；昭烈繼統於辛丑四月，復號章武於兹年。蓋凛社稷於極危，必不可循踰年改元之例。古今相揆，道符不遠。其以弘光元年七月初一日爲隆武元年。

大寶朕固弗貪，顯號明復祖烈。其凡奉天翊運中興宣力定難守正功臣，悉以次第進爵行賞；稍俟恢復，分茅胙土，以勸庸勳。其奉天翊運中興宣猷守正文臣，亦以次第進級，詳備彝典，別需采章。其凡在洪武分封之王，太祖功高百世，理宜家國，興滅繼絶，體守分文文封者不同，況自鄭王譴後，文致多出權臣，宜悉追復王號，仰慰高廟神靈。其有開國功臣緣嫌久湮未續者，并建文壬午十族殉國諸臣，俱依開後卹例加恩。其北直、河南、山東、山、陝、湖廣等處山寨豪傑，人心思漢，倡義勤王，若有顯效，一體優擢，克復大小地方，即令本官永守。其孝秀耆老軍民人等，俱依前例，所司優給。天下山川鬼神，除淫祠外，餘皆遣官精禋祭告。一統本我舊山河，僅污腥羶於一載；南北陷溺之臣庶，誰無眷戀於天朝，雖暫越省以竢時，恩詔必覃於天下。所有推廣成憲肆赦，除舊布新，示朕纘茲丕基，焦勞宵旰，不忘我三百年中華之赤子，日夜孜孜，急爲萬國億兆生民請命之至意焉。所有一十八款詳列於左。

於戲！愛臣民而報祖宗，執舊章以程天下。良知徹於宇宙，終有不昧之衣冠；正氣滿於乾坤，行將大掃乎犬豕。誓復此夏禹提封，不愧爲洪武子孫。凡我同心，速來助朕。崇報功臣，朕言如日。布告天下，咸使聞知。

宣詔大明門外，臣民跪聽者數千人。

先是，五鼓駕自南安伯府幸布政司，庭燎輝煌，軍容壯肅。百官咸以次入，南安伯鄭芝龍騎導，靖虜伯鄭鴻逵禁軍殿。有司百官鵠立，始聞環佩聲。寅刻，正升殿受朝賀。改布政司爲行殿，福建爲福京，福州爲天興府，百官俱稱行在。遥上弘光皇帝尊號，追尊唐國高曾祖考妣爲皇帝皇后。是日大風，揚沙拔木，尚寶馬驚，玉璽墮地，損其一角，人咸歎異。

副使曹學佺疏陳三事。封鄭芝龍平虜侯，鄭鴻逵定虜侯，鄭芝豹澄濟伯，鄭彩永勝伯；黄道周吏部尚書、武英殿大學士，蔣德璟户部尚書、文淵閣大學士，林欲楫禮部尚書、東閣大學士，朱繼祚禮部尚書、東閣大學士，曾櫻工部尚書、東閣大學士，陳洪謐禮部左侍郎、東閣大學士，黄鳴俊兵部右侍郎、東閣大學士，李光春兵部右侍郎、東閣大學士，預機務；傅冠禮兵二部尚書、文淵閣大學士、督師；吕大器兵部尚書、東閣大學士、總督；顧錫疇兵部尚書、東閣大學士，督師温州；王錫衮禮部尚書、東閣大學士，總督雲、貴、湖、川、廣軍務恢剿；王應熊兵部尚書、武英殿大學士，總督川、湖、雲、貴、廣西、鄖陽；朱大典兵部尚書、東閣大學士，督師金華。召高弘圖吏部尚書、文淵閣大學士，姜日廣禮部尚書、文淵閣大學士，吴甡户兵二部尚書、文淵閣大學士，鄭三俊吏部尚書、東閣大學士，葉廷桂刑部尚書、東閣大學士，陳奇瑜兵部右侍郎、東閣大學士，未至。何楷户部尚書；張肯堂兵部尚書，周應期刑部尚書，林宰工部尚書，路振飛右都御史，王志道、郭維經吏部右侍郎，林銘鼎户部左侍郎，嚴起恒户部右侍郎，總督湖廣錢法，黄錦禮部左侍郎，曹勳禮部左侍郎，協理詹事府，宋賢、方文耀兵部左侍郎，劉安行、吴時亮、李陳玉兵部右侍郎，王命璿刑部左侍郎，周瑞豹刑部右侍郎，葛寅亮工部左侍郎，周昌晋通政使，熊化、余日新大理卿，周廷鑨、郭之祥詹事、侍讀學士，朱天麟少詹事，賴垓左庶子、祭酒，祁熊佳、嚴似祖左中允、侍讀，方以智贊善，張家玉翰林院侍講，楊錫璜、曹學佺、田芳、鄭崑貞太嘗卿，陳天定太僕卿，季長倩太僕少卿，李長春僉都御史，袁彭年都給事中，熊開元給事中，羅萬藻禮部主事，堵胤錫右都御史，巡撫湖北，傅上瑞僉都御史，巡撫偏沅，郭必昌僉都御史，巡撫福建，熊華國太僕少卿、天興府尹，龐天壽司禮掌印太監。革行人朱統鑽職。封聿鐭唐王，器壚鄧王。司務王士和疏陳時政闕失六事。鄭大生疏陳十策。給事中龔善選疏陳大勢攸歸。員外郎吴鍾巒疏陳國計，主事艾南英疏陳十可憂。中書舍人王國翰疏陳中外大計。副使吴之屏疏陳時事孔亟，内防宜周，以天、建、延、興爲上游，汀、邵、漳、泉爲下游，吴春枝兵部右侍郎巡撫上游，劉柱國僉都御史巡撫下游。巡撫堵胤錫疏陳恢復十急務。給事中熊開元疏陳中興策。遣官慰問惠、魯、益、淮、靖江諸王。封由桵桂王，命居梧州。

是月辛巳朔，典史閻應元起兵江陰。恤韓國公李善長等後裔。修惠宗實録。盡釋獄囚。馬思理禮部右侍郎。馬士英、阮大鋮削籍爲民，令自贖。削大學士周延儒爵。召對羣臣於勤政殿。鄭廣英掌錦衣衛，曾德京營戎政總兵，施天福、黄光輝、陳順、陳秀、周之藩王秀奇、林習山總兵。

丙戌，巡撫祁彪佳卒。

丁亥，尚書徐石麒起兵嘉興。

戊子，都御史劉宗周卒。總兵康承爵起兵平湖。主事湯芬起兵海鹽。清兵陷高淳，教諭李長似等死之。

己丑，鄒淑等奉知縣朱議㴶復金壇。

庚寅，侍郎沈猶龍、巡撫王家瑞、給事中陳子龍、主事夏允彝奉義陽王朝墠起兵嵩江。員外郎嚴栻起兵嘗熟。

壬辰，潘國光起兵上海。主事吴易復吴江。撫治王永祚等起兵崑山。舉人王霖汝起兵嘉定六都。都司許龍等敗績王家莊，死之。

癸巳，總兵吴志葵攻蘇州，副總兵魯之璵等死之。清攻滸墅、楓橋、木瀆、胥口、東渚，諸生楊名世等死之。僧大麼等敗績靈巖山，死之。

甲午，清兵陷常熟，百户王道焕等死之。通政侯峒曾起兵嘉定。僉事錢棅起兵嘉善，死之。僉都御史金聲等起兵績溪，復旌德。諸生金幹等復寧國，程德孚等死之。守備金文煥等攻宣城，死之。推官温璜起兵徽州。巡撫丘祖德起兵寧國。郎中尹民興起兵涇縣。清兵陷金壇，諸生賀向峻等死之。姚甲拒清兵靖江，死之。

丙申，月食既，星流竟夕。巡撫丘祖德、郎中尹民興會攻宣城不克，副總兵鄭璧等死之。

丁酉，王教主間襲杭州，死之。

戊戌，清兵陷湖州，總兵黄光志等死之。徐淮復溧水。

己亥，沈龍起兵烏鎮，死之。將軍姚志卓復餘杭。參將王寅生等攻孝豐，死之。

庚子，侍郎左懋第等猶在北京，誘降不屈，死之。

辛丑，魯王以海監國台州。

壬寅，清兵陷吴江，知縣潘承祚等死之。

癸卯，參將冷之曦攻金壇，死之，總兵康三省畔降於清。

甲辰，清兵陷長興。諸生陳盛儀復安吉、武康、孝豐。副總兵錢國華起兵攻溧陽不克。復皇極殿曰奉天殿，中極殿曰華蓋殿，建極殿曰謹身殿，如太祖故制。太學生顧杲等起兵蕩口援江陰，死之。諸生周天霞等起兵無錫，死之。總兵黄賡攻宣城敗績港口，知縣胡鳴復等死之。諸生趙士林起兵商淳，死之。王聘徵起兵蕪湖。諸生查篤生招兵九華山，死之。太僕卿李維樾起兵溫州。總兵蘇如轍復通州、海門。鄧啟疇起兵南陵，王一衢死之。錦衣衛王承恩疏請關外駐重兵，關内聯鄉勇，採用本地鄉紳同地方官料理關内事務。

乙巳，中書舍人盧象觀攻宜興，諸生吴敞瑩等死之。知州巢志梁等起兵攻嘗州，死之。諸生丁先等奉知縣朱議漇攻孟河，死之。副總兵張廷豹等敗績太平密崖關，死之。指揮金經等敗績新嶺，死之。夏起龍等起兵靖江援江陰，死之。

丙午，清兵陷嘉興，尚書徐石麒等死之。庶子楊廷麟起兵贛州。峽江王某、安義王由柑起兵江西。總兵王寵復新淦、峽江。主事魏一柱等起兵復盧溪。給事中黃國琦起兵新昌，死之。中書舍人盧象觀奉瑞昌王議瀝謀復南京不克。守備余頌敗績太湖，死之。僉事張福寰奉朱常巢起兵太湖司空山。朱統鉟起兵廣信。副使邵起奉朱蘊鑑起兵豫楚山中。諸生許文龍起兵寧州。武生張達等自泰興援江陰，死之。清兵陷武昌，參將吴世奇等死之；陷漢川，典史胡大興死之；陷崇陽，副使黃色中死之。

丁未，清兵陷撫州。副總兵賀珍復鳳翔。千總魏天命復澄城，康姬衛等死之。劉文炳復白水。李鷂子復同州，王攀桂死之。喬自俊起兵陝州，死之。郿、涇陽、三原、臨潼、渭南、武功、華州、邠州、鄜州、扶風、岐山皆復。

戊申，都司方明起兵廣德。錢道錋等敗績鳳凰墩，死之。陳君才復建平，尋陷，知縣杜鶴年死之。

己酉，侍郎管紹寧等被執嘗州，死之。封方國安靖虜侯。稽勳主事鄭賡唐疏陳時政。待詔陸彥龍疏陳戡亂六策。中書舍人錢邦芑疏陳時事，擢御史。歲貢馮京第疏陳中興十二論，擢職方主事。降將胡以寧疏請畀金聲桓崇秩令反正。總兵陳有功疏請勤儉愛民。錦衣都督徐本高卒。守備太監何志孔自承天畔降於清。

隆武元年乙酉，秋七月庚戌朔，路振飛吏兵二部尚書、文淵閣大學士，預機務；丁魁楚兵部尚書，協理京營戎政。大學士蔣德璟疏陳清屯練兵。清兵陷建昌，布政使夏萬亨、鎮國將軍朱常汯以下闔城死之，保寧王紹炡畔降於清。曹學佺禮部右侍郎。太僕少卿李長倩疏請速出關圖恢復。御史楊文瓚疏陳四難六失。陸懷玉、王觀光、邢大忠户部右侍郎；吳震交兵部左侍郎；胡時忠、賀登選兵部右侍郎；林胤昌太嘗卿；何楷東閣大學士，預機務。詔籍北京仕虜黄熙胤、黄志遴、黄文焕、張鳴駿、鄧孕槐、吴之琦、陳兆琦等家，平虜侯鄭芝龍疏請止之。

癸丑，清兵陷嘉定，通政侯峒曾以下闔城死之。

甲寅，陸彦衡等起兵角直，死之。吴貞毓考功員外郎；龔棻驗封主事；王兆熊稽勳主事；御史黄錫衮巡按廣西；御史加太僕少卿吴文瀛巡按雲南；御史顧之俊巡按江西；朱統鐍御史加太僕少卿；任天成、游有倫御史，謝紹芳、左光先御史加太僕少卿；李膺品御史；祁熊佳尚寶丞；徐敬時、鄭爲虹御史加太僕少卿；劉逵御史加太僕少卿，巡按廣東；潘世奇御史加太僕少卿，巡按貴州；黄宗昌、鄭封御史；楊仁願御史加太僕少卿；史夏隆監軍御史；劉湘客、詹爾選、艾南英、羅國瓛、徐養心、鄭友玄、徐之垣、余日新、王國翰御史；毛協恭御史，督學福建；王化澄、王孫蕃大理卿；朱國昌御史加太僕少卿；王範御史，巡按上遊；吴有涯御史，巡按嘉、湖；郭貞一御史，巡按浙東；毛毓祥左通政；曾道唯大理卿；袁彭年太嘗卿兼都給事中；李維樾太僕少卿兼都給事中；郭符甲、嚴通、劉中藻、黄大鵬、黄周星給事中；曹履泰太嘗卿；文士昂、陳天定太嘗少卿；顧元鏡光禄卿；王芝瑞光禄少卿；邢大忠、李陳玉、黄日芳太僕少卿；御史楊喬然巡按湖廣；彭期生、何三省太僕少卿；韓元勳御史，巡按下遊；汪觀御史、太僕少卿，監督南直；馮京第御史，監理浙、直；朱名世御史、太僕少卿，巡按浙江；監軍李燦然御史，監督浙東；彭遵琦御史，巡按浙東，聯絡直、浙；王景亮御史太僕少卿，監軍恢復南京，巡按金、衢；朱盛濃御史，巡按廣、饒，兼督學政；阮大鋮以兵部右侍郎青衣角帶辦事。

乙卯，誅清使馬得敞。設五城巡視御史及兵馬司。下詔親征，詔曰：

惟天朝運起中興，克正華夏之大義；王師威驅逆虜，急救湯火之窮民。朕自即位十日，切痛高皇帝廟貌。七月初六日，郊外明誓天地。奴寇害我祖君，重仇朕所必報。繼復哭拜臣民；若不忘我高廟，同心助朕親征。朕實有堂堂不懼死之身，朕實有巍巍不退悔之心，朕實敬上帝，朕實孝祖宗，朕實重親藩，朕實體文武，朕實愛百姓，朕實有大量，朕實秉至公，朕實忘舊冤，朕實念微功，朕實不貪財、不嗜酒、不好色。若有一字欺人，天地祖宗立殛。朕必定出師成功，仗有此十個實字。臣民試看奴寇，十實能行其一否？見今識定，則今日之勝負曲直，斷斷可必矣。況朕以太祖皇子分封九世之唐王，接我光明正大三百年混壹之大統。有開創即有中興，更朕心期乎高帝。

奴虜以金、元之殘孽，爲我豢養之屬夷，鴟張於萬曆之季年，即以遼餉荼毒我中國之百姓，今乃肆虐過江，大約姑指十罪：巧持鷸蚌，占我南北兩京，大罪一也；助我畔臣，寇我共主，大罪二也；以犬羊之腥羶，汙太祖之陵廟，大罪三也；不道陷我城邑，辱我弘光，大罪四也；在杭陵我慈禧，蔑我潞王，斥逐無奔，奪家翦首，大罪五也；誘降中國臣民，威劫盡令薙頭，以禽獸之風俗换華夏之衣冠，大罪六也；强奪百姓之財帛，淫占百姓之妻女，大罪七也；到處徧張僞示，行僞文，定要絶大明宗社，大罪八也；强奪文武印信，自置貪虐之逆官，大罪九也；戮我忠臣顧咸建等，派百姓以難受之差役，動縱豺狼之性，無日不見殺人，大罪十也。十罪若有其一，必正天討。

朕自到閩一月以來，進素膳，穿布袍，日以忠孝訓羣臣，慈愛百姓，人人知朕志在雪耻救民。况此福建，家盡禮義詩書，朕未至前，日竚我大明子孫；朕已至後，無人不歡呼愛戴。以天時，則慶雲德星之久見，五風十雨之調均。以地利，則仙霞、崇安，鳥道插天之易防守，北聯江西，南合浙省之可出兵，東粤之財帛日獻貢於行朝，海上之健民盡投誠於闕下。以人和，則文武奮敵愾同仇之志，士民懷成仁取義之心，加以鄭家父子兄弟，實是將星聚於一門。輔臣黄道周蓋代之清風，功臣鄭芝龍振古之豪傑。

朕仰賴天地人之盛眷，故今大出二十萬之雄兵。先欽差御營御左先鋒定虜侯鄭鴻逵統領大兵十萬，内令前軍都督府總兵官施天福道出廣信；後軍都督府總兵官黄光輝一軍道出金、衢，該爵親領右軍都督府總兵官陳順等及中軍文武監紀推官等副參遊等八十員，馳赴軍前，適中調度。再欽差御營御右先鋒永勝伯鄭彩大兵五萬，内令前軍都督府總兵官陳秀、周之藩一軍出汀州，直抵南昌；王秀奇、林習山一軍出杉關，直抵建昌，該爵親領都督副總兵洪旭督運及中軍文武監紀推官等副參遊等八十員，馳赴軍前，適中調度。再差都督總兵官鄭聯、林察領兵一萬，舡三百號，繇福寧直抵温、台。此水陸二支，俱聽定虜侯節制。以上勳臣兵將，自七月二十八日，朕親登臺福祭授鉞專征之後，務令星馳電發，齊至南京，速救塗炭。擇定八月十八日，御營御中軍平虜侯鄭芝龍，總兵鄭泰，武英殿大學士蔣德璟、黄道周及文武五府六部大小諸臣共一百四十六員，盡起福州三衛戎政五營共兵二十萬，正天討之親征，爲四路之後勁。再差都督府鄭芝豹領兵一萬，護送御用錢糧。再差户部侍郎王觀光、兵部侍郎吴震交督諸軍之月餉，明各路之軍經。再差禮科給事中陳履貞監軍於定虜侯，兵科給事中嚴通監軍於永勝伯，凡有軍機，俱同商榷。兩侍郎即准於隨征文武内量才速補，令即視事，一面飛疏奏聞。

其行在京城，則暫以皇后垂簾聽政，益王世子領班；傳命則以司禮掌印太監龐天壽；佐理則以内閣輔臣何吾騶、林欲楫；總理留務造器轉餉，則以吏部尚書張肯堂，侍郎王志道；嚴守城池則以戎政總兵曾德、總兵鄭之英。留兵二萬，文武百官務都疆之兩顧，兼戰守之齊行。

再命廣東總兵陳邦傅一軍繇南雄，廣西總兵成大用一軍道出廣信。

朕統大軍，節制五路之雄師，大明而無戰，凡我大小受苦之民，齊赴軍前來迎。

朕再切明諭：文武官兵此行，各遵弔民伐罪之明綸，無負簞食壺漿之百姓，一不許擅殺一民，二不許擅奪一物，三不許擅進民房，四不許擅踐民田，五不許淫人婦女，六不許違令私行，七不許拆毁民房，八不許喧譁私鬭。敢犯者斬；其餘捆打、割耳，一聽主將約束。

再開立功賞格，大小遠近欽遵：一、不論行間兵將，遠近紳民，凡能領兵先靖南京，驅虜過江，飛迎乘輿，如唐李晟之比，令朕早見孝陵者，先賞黄金一千兩、白金一萬兩，仍准欽封世襲公爵加禄。一、凡能殺僞豫王者，封侯世襲，給與鐵券。一、能奪回弘光者，封侯加禄；奪回太后、潞王者，察到太子、永王、定王者，俱封世錦衣指揮使。一、能救回郡王、宗室、儀賓，各以大小輕重受賞。一、凡大小兵將，先以救民多寡爲功過，後以殺虜多寡爲賞罰，切切記着百姓每來投的十個字要緊，曰：「有髮爲順民，無髮爲難民。」若敢借名無髮指爲畔民，擅殺一人，不論兵將，俱要償命。一、能首下之城，不論府州縣官，先賞銀五百兩，立封四品文武職銜。一、能收府者，賞四品官；收州者，賞五品官；收縣者，賞六品官；若是衝要之地，臨時加賞定奪。一、凡下城池，除糧草供應兵餉外，本年錢糧一切皆免。一、凡畔官畔將，大兵到即願請罪軍前，實實自許悔過，必以明明白白殺虜將奪虜城，方准即赦前罪，即録後功。一、凡殺虜真正貝勒一名，則實授副總兵；有職加銀作俸。一、凡縛獻虜官，不論府州縣，活者賞欽依都司；首級賞守備。殺真正韃首一顆，即賞銀元寶一個。一、凡鄉紳起義保守地方，忠功當録。自朱統鏔阿奸害善，以功爲罪，人心解體。今朕大伸公道，除統鏔革職不叙，有臣如曾櫻等抒忠慕義，但曾守城殺虜，一概優酬，有罪再赦，當用者撫按舉奏。一、所到府州縣，收復城池，監犯不論重輕，即遵前詔盡行釋放。一、奪回火藥軍器馬匹等件，察明大明官物，即留軍中應用；若借題害民，察出立時處斬。一、所到大小地方，百姓皆令門上貼「歸順大明」。有貼者，即令免差免糧；無貼者，先行曉諭，各表真心。一、降虜各官并誤國諸臣，若趁此時立悔罪之顯功，自有浩蕩之恩命；執迷不悟，戰陣之下不分玉石，拏到即正大法。一、凡殉難義夫、節婦、忠臣、孝子，一面卹獎，一面奏聞，俱炤顧咸建贈爲太僕謚蔭立廟之例，立行旌表，以慰貞魂。一、不論大小兵將，有逗留不進故失軍機者，監軍兵部侍郎、兵科給事中，即令飛參，重治不貸。一、朕今登極在於福建，中興本於八閩。若得南京，定先蠲本省錢糧，以答神祇之靈眷，以酬忠義之賢勞。願我臣民，時下正糧早上倉，捐助早行，急此大義之師，庶使役不再舉。以上二十款，定朕賞信罰必，斷不稍踰片刻。有開未盡者，俱准推類而行。

於戲！大兵共會於南京，先清半壁之天下，再乘破竹之大勢，若不復西北之境土，朕猶是祖宗之罪人。無朕自無中興，有朕即是一統。概凡西北直省，知朕旰食宵衣。

秦、晉、燕、豫之豪傑，齊、魯、楚、蜀之英雄，來作雲臺之將相，復我大明之山河。朕以四海天地之爵禄，還爾四海之忠義，定酬功之大典，報我九廟之神靈。縣□縣府□府□□□甚明。德懋官，功懋賞，古今之通例。上可比夏少康之爲主，下可比郭子儀之爲臣。南陽再受天命，萬國共轉春風，祖德臨炤，天下得人。朕復訪道崆峒，遂朕冲恬素志。世亂則冕首袞身，率文武共靖神州；世治則竹冠草履，狹宇宙逍遥物外。朕信如四時，朕心如日月，終不負皇天上帝篤祐，朕躬之至意。布告天下，咸使聞知。

即日出示安民。命：「行宫不許備金銀玉各器用，止許用磁瓦銅等件，并不許用錦繡灑綫絨花帳幔衾裯，止用布帛，件件俱從減省，稱朕恬淡愛民至意。違者，即以不敬不忠治罪。」敕閣部大臣及府州縣各官屬，凡有「清」字，俱去點用「青」字。副總兵錢國華敗績溧陽南山，死之。袁復之敗績萬塔橋，死之。陳紹良敗績琅玕，死之。

丙辰，清兵陷崑山，撫治王永祚、副總兵王佐才以下闔城死之。敕禁各關兵將毋放馬士英入關。定遠侯鄧文昌總督京營戎政。司務方惟馨疏陳時政。知縣梁于涘疏請招金聲桓反正。武選主事楊文薦疏陳立國規模，戰守形勢。御史楊文瓚疏請親征。御史湯芬疏請發海師直搗浙、直。主事楊晉疏陳時弊。編修周之夔疏陳水師合戰議。通判萬年英疏陳三事。天興推官徐孚遠疏陳水師合戰議。守備林琠疏陳四事。監軍御史孫臨疏陳關外事宜。御史陳所聞疏陳虜勢逼迫。定遠侯鄧文昌疏請駕出關爲恢復計。趙甲復鄉寧。遊擊范班友敗績葉澤湖，死之。高陞敗績鹽城，死之。魏用通敗績白駒場，死之。招討巡撫酆報國等攻興化，死之。武進士王翹林及繆鼎吉敗績海安，死之。繆鼎言敗績十三里巷，死之。清兵陷如皋，陳君悦等死之；陷通州，總兵蘇如轍等死之。總督田仰入海。以唐王聿鐭監國天興，鄧王器塛協守。

辛酉，上親出芋江，父老遮道懇留，駕乃返天興。設儲賢館。殺知縣施爔。

壬戌，馬士英青衣角帶戴罪圖功。沈廷嘉禮部右侍郎兼詹事；楊昌祚少詹事，協理詹事府，兼侍讀；李士淳、黄奇遇、朱天麟少詹事；祁熊佳左中允、侍讀；賴垓左庶子；李青大理卿兼侍讀；張家玉侍講兼兵科給事中；陳燕翼、吴載鰲侍講；徐芳編修；潘琪、孟應春簡討；王應華禮部右侍郎；曹勳禮部左侍郎兼侍讀學士、詹事；李長倩户部左侍郎；姜一洪户部右侍郎；梁應奇户兵右侍郎，督餉兩廣；文安之禮部尚書；王廷垣禮部左侍郎、侍讀學士；黄起有禮部左侍郎、侍讀；馬思理禮部左侍郎；羅大任禮部右侍郎兼僉都御史、少詹事、侍讀；吴太沖禮部右侍郎、侍讀；田仰兵部尚書；宋賢、詹兆恒兵部左侍郎；劉鱗長、吴時亮、吴廷猷兵部右侍郎；楊鴻户部右侍郎；李覺斯刑部尚書；王命璿刑部左侍郎；周汝璣工部左侍郎；葉廷祚工部右侍郎；王忠孝左副都御史；陸青源左僉都御史；孫穀右僉都御史；錢肅樂僉都御史，巡撫浙江；徐起元僉都御史，巡撫鄖陽；周昌晉兵部右侍郎、僉都御史，巡撫蘇、嵩；童天門僉都御史，巡撫荊南、川東；李乾德僉都御史，督理川、湖、雲、貴；尹民興僉都御史，巡撫紹、嚴、杭、徽；包鳳起兵部右侍郎、副都御史，巡撫應、安；李蘧兵部右侍郎、僉都御史，巡撫金、衢；楊鼎和僉都御史，提調滇、黔，策應江、楚；朱壽錴僉都御史，安撫雲南；閻爾梅僉都御史，巡撫淮、揚、江北；王芝瑞僉都御史，巡撫四川；詹兆恒兵部尚書。諸生王湛等起兵攻太倉，死之。

癸亥，清兵陷嘗熟，百戶王道煥等死之。將軍顧容爲下所殺。總兵高捷至崇明畔降於清。尚寶少卿鄒魁明起兵九江、建昌。中書舍人盧象觀、經畧常爾韜奉瑞昌王議瀝、知縣朱議淝攻南京不克，指揮朱君兆等死之。侍郎王心一以陳湖義師事連，死之。黃毓祺兵部尚書，總督浙、直；王瑞枏副都御史，掌院；陳子龍兵部右侍郎、左副都御史。封牟文綬鳳衛伯，提督川、湖。范鑛兵部右侍郎、副都御史，總督雲、貴；喻思恂兵部尚書，總督川、湖、雲、貴。經畧常爾韜，總兵楊三貴、夏含章、王明生、謝弘之、姜雲甫等敗績句容、丹陽。恩貢吳福之、總兵李甲及任源邃等敗績太湖，死之。御史林銘几疏陳中興大計。侍郎王廷垣、謝德溥，主事曾亨應、揭重熙，奉羅川王由核起兵撫州。永寧王由檍、安義王由柑招撫侗人羅榮、蕭陞。中書舍人盧象觀敗績張渚，總兵陳安、毛重泰等死之。庶子楊廷麟起兵贛州。彭期生等起兵吉安。侍郎劉士禎、僉事劉同升起兵復萬安、龍泉、泰和、吉安、臨江。知縣徐善箕起兵饒州，死之。李含初等起兵復九江、瑞昌，死之。諸生郭賢操起兵復德安、建昌，武生胡戒等死之。知縣張載述等起兵盧溪。張仲兵部右侍郎，巡撫湖廣；方逢年禮部尚書、文淵閣大學士；敕輔欽命監國親藩魯王；張國維兵部尚書、文淵閣大學士，輔敕命監國親藩魯王督師浙江。

甲子，朱議㴶僉都御史，巡撫金、衢。諭刻搢紳録，敕吏部曰：

朕勉承大統，運啟中興，蔬布焦勞，誓復祖烈，至公勵精，用人行政，搢紳便覽一統規模。

一要今行在福京盡設北京文武，行在宗人府刻於殿閣學士之次，此國初親王所掌之衙門，不可在後開列，以正久誤。

二要南京官員炤舊推用，併南京都察院左右都御史、副都御史俱全設，共十一員。且今四方效順，忠義銜名，盡列朝端，部院寺司等衙門，遵依近制，必設添注之官，以答賢勞之望。〔一〕

〔一〕原缺「三要」一條。

四要將嘉靖年改過三殿名稱，皇極殿仍改稱行在奉天殿，中極殿仍改稱行在華蓋殿，建極殿仍改稱行在謹身殿。凡殿名皆在祖制，朕是太祖嫡孫，全以太祖爲法，各衙門必加「行在」字面，以此爲稱。即至南京，亦必用「行在」二字。

在京武職，除炤舊銜各應列文紳者，列無其人，則刻入衙門官銜不可遺。新增銜營司文武官，另列一款于是武臣之後。

隨征者同其功臣世勳，細察典故，分作四款：一開國功臣、二中興功臣、三靖難功臣、四翊運功臣。上年弘光諸勳還，各列銜翊運。順逆未定，留銜去名。中興功臣，以平、靖、定三侯爲首。四款勳衛，亦隨本款。

戚畹銜名，亦並列入。在外者，分福建、兩廣、雲、貴、江、浙、直、楚，必盡炤舊紳詳列銜名。或知名未真，亦俟再核。

北直、山東、陝西、山西、遼東、河南等處，則各官存亡未卜，宜各列其地方官銜，不必列名，以俟恢復。

此刻必以全盛爲法，福建一省還當列於兩直之後、各省之前，以明中興重地。

各親王府長史，准列名於南京官之末。郡王教授一員；餘官免刻。內臣惟刻司禮監掌印太監一員，司禮監、秉筆、隨堂、帶銜太監四員，餘不必刻。

閣臣方逢年可刻入。閣臣張國維留輔監國，亦當列銜閣員，其銜宜曰「敕輔欽命監國親藩魯王福京行在東閣大學士兵部尚書張國維」。併新設儲賢館屬官，亦着列銜名於上林苑之後。

太祖元有舊制，有試尚書等官，今部院俸資淺者，遵加「試」字。各省總鎮，列銜於撫按前。都司列銜布、按二司前。一炤祖制刻行殿名。

仍知會工部，餘併知會各衙門一體欽遵。

馬士英疏請入關，員外郎林埊疏劾之。天興地震，給事中黃大鵬疏陳事規切。吳易兵部右侍郎、僉都御史，總督浙、直；丘祖德兵部尚書，總督江上恢勦；金聲兵部右侍郎、副都御史，巡撫徽、寧、池、太。中書舍人李大載等奉敕祭謁祖陵，死之。御史陳一球疏陳皇躬六誤，時事九非。

戊辰，楊文驄兵部右侍郎、僉都御史，提督軍務，恢復南京，聯絡浙、直。諸生胡之瀾起兵進賢棲賢山，死之。廣寇破武平。

己巳，清兵陷萬安，巡撫曠昭等死之；陷華陽山寨，總督丘祖德等死之。

辛未，大學士黃道周疏請恢復，命兼兵部尚書，征直省，便宜聯絡，恢復南京、江北。熊明遇户部尚書；葛寅亮工部尚書；大學士黃鳴俊督師衢州；楊廷麟吏部右侍郎、東閣大學士，總督江、廣，剿撫。大學士何楷疏陳三事。尚書詹兆恒起兵廣信、永豐。姜一洪、羅萬傑吏部右侍郎；葉廷秀兵部右侍郎；陳玄藻禮部右侍郎；胡夢泰都給事中；張利民給事中；楊廷樞職方□□兼御史；羅大任僉都御史，管南昌恢剿；黄雲師大理少卿，管九、瑞、南恢剿。中書舍人寇夢虬等起兵上饒，死之。知縣張昌亮起兵黟縣。何楷兼掌都察院事。知府朱盛濃起兵復石埭、青陽。推官吴應箕起兵復建德、東流，攻池州不克，諸生胡雲龍等死之。知縣龐昌胤等謀起兵青陽不克，死之。僉都御史陳賡督滇兵至吉安。郎中郭應銓起兵撫州。

壬申，清兵陷平湖，總兵康承爵等死之。

癸酉，陷稽亭山寨，總兵麻三衡、劉鼎甲等死之。盧若騰兵部右侍郎、副都御史，巡撫温、處、台、寧，恢討浙西。諸生趙士璋等起兵安仁。將軍方明起兵廣德，奉瑞昌王議瀝復孝豐、臨安、寧國。平虜侯鄭芝龍掌户兵工三部尚書。給事中張利民疏請重外禦，練民兵。遊擊朱瑛起兵嘉定，僉事唐咨禹等死之。高陞等敗績鹽城，死之。魏用通敗績白駒場，死之。招討巡撫酆報國等攻興化，死之。武進士王翹林敗績海安，死之。如皋陷，陳君悦等死之。通州陷，總兵馬如輒等死之。副總兵賀珍復寶鷄、鳳翔、郿縣、鎮安同州。郭雄麗起兵耀州張果寨，破清兵慶陽，攻淳化、耀州、三原、富平，敗績。總兵王壯猷、王色俊等起兵榆林園林驛，死之。李永茂兵部右侍郎；張朝綖僉都御史，巡撫南贛。平虜侯鄭芝龍疏請清理寺囚，納贖可得八十萬，不許。廣開事例。立建言簿，以壯敢言者之氣。幸國子監。汀州大旱。總兵張履石起兵營山，死之。巡撫閻爾梅謀起兵豐、沛，不克。

丁丑，總兵金有鑑，太僕少卿王期昇，中書舍人盧象觀，葛麟，推官戴重復湖州。永福、歸化民變。解立敬僉都御史，巡撫廣、饒、衢、徽；李藎兵部右侍郎，總督浙、直、江西；朱盛濃御史，巡按廣、饒，兼督學政；林垐文選郎中。總兵王遵坦等自安東衞畔附於清。侍郎姜一洪疏陳楊廷麟死守贛州，宜親赴其軍，荷戈爲諸臣倡。清以順承王勒克德渾爲平南大將軍，降臣大學士洪承疇總督軍務，招撫南方，鎮南京。

八月庚辰朔，黃錦禮部尚書。

壬午，清兵陷嵩江，侍郎沈猶龍、巡撫王家瑞等死之。靖江王亨嘉僭號於桂林。乙酉，將軍黃蜚，總兵吴志葵、何大海等，敗績上海得勝港，死之。鄒淑攻溧陽，敗走太湖，死之。尚書黃錦疏請拒馬士英入關。命禮部頒祖訓於閣部科道熟記遵行。巡按郭貞一疏請用正人。副總兵狄奇節起兵溧陽烏魚港。大學士呂大器疏陳用人太濫。曾應遴兵部右侍郎、僉都御史，督理羅榮、陳丹諸軍。平虜侯鄭芝龍疏陳戰守事宜。都給事中陳燕翼疏陳政事。

戊子，熊化大理卿。

己丑，清兵陷上海，教諭徐百瑜等死之。

庚寅，封黄斌卿肅虜伯，挂招討大將軍印，鎮舟山。賑汀州災。

辛卯，陳泰來僉都御史，提督江西義軍。清兵陷峽江，總兵謝騰雲、鄧武泰死之。

壬辰，清兵陷海州，總兵高進忠、孔道興南走崇明。

癸巳，郊祀上帝於南郊，平虜侯鄭芝龍、定虜侯鄭鴻逵不從，大學士何楷疏劾之。唐顯悦兵部左侍郎，協理京營戎政。總兵徐奉江自洞庭西山畔降於清。賜鄭成功國姓，都督禁軍。殺知府吴文煒、推官朱健。行保甲法於天興。定錦衣衛軍制。給事中劉中藻疏劾平虜侯鄭芝龍跋扈有跡，若遷延不出，終必爲制。給事中張家玉監鄭彩軍。葉廷秀左僉都御史；黎遂球職方主事；陳霸挂將軍印，鎮漳、泉、興、汀、惠、潮。下天興通判周纘祖於獄。設蘭臺館，修威宗實録。命定虜侯鄭鴻逵以御營左先鋒出仙霞關，永勝伯鄭彩以御營右先鋒出杉關，將軍施天福出崇安關，大學士黄鳴俊、總兵郭熺出分水關，總兵鄭斌出温、台，靖虜侯方國安出浙江。

甲午，上於大明門外以親征事祭告天地，駕回升殿，行嘗朝禮。是日，諸生孔師起兵上海六竈，死之。推官戴重、總兵金有鑑，會知州朱盛澂洞庭西山。

乙未，祭告太廟。是日，清兵陷石埭、青陽，副總兵陳易等死之；陷涇縣，知縣劉守中以下闔城死之。遊擊吴之蕃等謀復嘉定不克，死之。

丙申，禡祭。

丁酉，駕幸西郊洪山橋，行推轂禮。當授鉞時，風雨晦冥，壇燭盡滅，太祖位仆，識者知其不祥焉。中宫懿旨，令司禮監覓女橱十口，務要選備精潔婦女，用價平買。上竟却之，曰：「不可輕選，失朕大信。朕寧自苦，以慰民心。」

己亥，定西侯蔣秉忠自南直降清。清兵陷金山，參將侯承祖以下闔城死之。推官戴重敗績後林，總兵王元震等死之。清兵陷湖州，知府王士譽等死之。都給事中袁彭年疏陳時政五事，上命申飭臺規，擢太嘗卿。

辛丑，清兵陷江陰，典史閻應元以下闔城死之。員外郎嚴栻再起兵攻羊尖，贊畫胡志學死之。

癸卯，忠義伯吴易敗績長白蕩，職方主事孫兆奎等死之。總兵李甲等敗績太湖青山，死之；總兵吕國興畔降於清。僉事錢棅敗績震澤，死之。同知許文龍復寧州。大學士黄道周上疏自陳。

丙午，郊祀，大風發木，屋瓦皆飛。黄毓祺兵部尚書，總督浙、直。羅萬藻□部主事。

嚴禁水口驛立膳夫名目，令居民津貼。御史林蘭友加太僕少卿，巡按江西。巡撫吳春枝疏劾知府王國冕、通判陳王謨、知縣吳士燿贜私，命革職逮問。發銀牌旌給事中朱作楫直言。清兵陷袁州，知府李時興死之；陷萍鄉，教諭蕭甲等死之。中書舍人温侃起兵湖州，死之。

戊申，中書舍人盧象觀、葛麟等敗績太湖小嵋，死之。職方主事楊謨奉遂平王紹焜起兵嘉興王店。總兵元體中等襲建昌，敗績黃土隘，死之。總兵楊武烈等敗績邵武，死之。定馬士英爲逆輔。梅遵中等敗績南陵黃渡，死之。封鄭遵謙靖夷伯，督理浙、直義師；唐紹堯僉都御史，巡撫貴州；荆本澈兵部右侍郎、副都御史，恢復直、浙；李佺臺光禄卿；林銘球大理右寺副；郭正中太僕卿兼御史。知府錢振先等敗績孝豐，死之。命誠意伯劉孔炤、侍郎楊文驄分屯處州。清兵陷金谿，知縣詹大有等死之；陷崇仁，陳汝白等死之。副使黃蓋卿起兵臨江。永寧王由櫶、羅川王由核，合侍郎王廷垣、給事中揭重熙、總兵羅榮、副總兵馮柏復建昌、進賢、廣信、南康、信豐、龍南、石城。羅漢七復崇仁。郎中胡奇偉敗績新塘路口，諸生何畏死之。諸生李含初復德安、瑞昌。劉同升兵部左侍郎，總理江西，兼巡撫南贛。荆碩等起兵金壇，死之。晋由櫶昌王。巡撫瞿式耜禽靖江王亨嘉，封亨歅靖江王，丁魁楚平粵伯，陳邦傅富川伯，鄭遵謙興明伯。廣東、廣西、雲南、貴州舉行鄉試。李長倩户部尚書。大學士黃道周復東鄉、安仁。徐世蔭左副都御史，巡撫江西。副總兵賀珍復隴州、固原、靜寧。元謀土州吾必奎反，陷寧州、定遠、湄潭、武定、禄豐、楚雄、姚安。

九月己酉朔，董颺先禮部右侍郎，胡接輝、張若化、涂仲吉、陳南箕御史，許令瑜、陳履貞、朱光熙、劉含輝、謝泰宗、沈宗塙、王龍賁、傅元初給事中，林逢經中書舍人，林逢平司務。召舉人涂伯案，未至。

甲寅，安宗及潞王常淓北狩。召夏允彝侍讀兼給事中，未至卒。僉都御史陸青源疏陳親征急務六事。御史王孫蕃疏陳中興八議，擢僉都御史。召對閩縣八十五歲老人周良屏便殿，問民疾苦。考選推官。給事中嚴通疏陳時政八事。中書舍人林逢經疏陳勳鎮跋扈，官方無叙。林增志禮部右侍郎、東閣大學士，預機務。李自成餘衆李赤心、高必正等來歸，與總督何騰蛟、巡撫堵胤錫合營，上大喜告廟。御史錢邦芑疏請權宜假封爵便，封李赤心興國侯，高必正鄖陽侯，號其營曰忠貞；何騰蛟兵部尚書、東閣大學士，封定興伯，督師恢復江、豫、楚、蜀、雲、貴、兩廣軍務；堵胤錫兵部右侍郎，總督忠貞營。大理丞蔡之俊、給事中張家玉合疏陳曲突徙薪，事幾不再，當乘鋭氣合擣南京。徐健吾等攻通州，死之。郭金臺職方郎中，顧炎武職方主事，李世熊翰林博士，紀文疇中書舍人。桂王由榔薨，封由榔桂王。大學士楊廷麟、總理劉同升命副總兵徐必達復吉安全府，上疏迎駕。參將蕭行禮敗績臨江，死之。

辛酉，主事黄端伯陷南京清兵，不屈死之。清兵陷岳州，知府郭九有死之。給事中謝元汴疏陳六可憂。都司黄用元疏陳八議。日宣諭使畢方濟疏陳修齊治平頌。主事艾南英疏陳十可憂，擢御史。諸生謝球等敗績官墩，死之。秦煥等敗績烏渠漾，死之。總兵高進忠、孔道興黄五嘗、劉忠自崇明畔附於清。總兵范雲龍敗績考坑，死之。歲貢陸世鑰敗績陳湖，副總兵姚廷瓚等死之。

丙寅，清兵陷旌德，總兵徐遠等死之。

丁卯，指揮金經敗績翬嶺，死之。知縣封維翰復宜、黄。

戊辰，清兵陷寧國，知縣胡鳴復等死之。

己巳，大學士黄道周命參將夏孚先復東鄉，副總兵趙之璧復安仁、餘干。周定礽僉都御史，巡撫廣、饒。諸生李含初等敗績朖山，死之。鄭瑄工部尚書。副總兵黄朝宣復萍鄉。

壬申，清兵陷績溪，總督金聲等死之。

癸酉，陷劉河，遊擊黄日章等死之，總兵張士儀畔降於清。總兵吴源長等攻湖州，死之。徐健吾等攻通州，死之。新昌王載璋薨。御史吴漢超起兵復句容、高淳、溧水、太平。太學生許文瑾等敗績漁亭，死之。懷安王由札自河南畔降於清。于穎兵部右侍郎、副都御史，提督浙東；孫嘉績僉都御史，巡撫浙江；王澧僉都御史，巡撫浙西；董振秀僉都御史，巡撫處州，沈廷揚兵部右侍郎、僉都御史，總督浙、直水師；李青大理卿兼侍讀；周廷鑨詹事兼侍讀；吴孔嘉左庶子兼侍讀；趙士春左中允；萬發祥編修兼給事中；熊化吏部右侍郎；沈佺期副都御史；文德翼驗封郎中；金世俊户部尚書，管金華餉；徐應秋户部右侍郎，署部事；李兆、張夬户部右侍郎，督錢法；劉士禎、孫晋兵部左侍郎；楊卓然兵部右侍郎；林正亨刑部右侍郎；劉安行工部左侍郎；鄒之麟右都御史；林銘鼎通政使；王維夔左通政；詹士龍大理卿；熊德暘大理左少卿；屈動都給事中；姜應甲給事中加太嘗少卿，聯絡嚴、温；姜埰給事中兼職方□□；吴适、馮元飂、來集之、王玉藻給事中；胡夢泰都給事中；凌世韶尚寶卿；孫時芳尚寶少卿，聯絡浙、直；蕭士瑋、方士亮太嘗卿；楊錫璜、熊人霖、熊汝霖太嘗少卿；羅萬象、鄧起隆、周夢尹太僕卿；周光夏、李長春、郭正中太僕卿，管尚寶事；朱國昌太僕少卿；王瑞枬副都御史；魯元寵太僕少卿監軍兼侍□；余瑊南京吏部尚書；董羽宸、李凌雲左、右侍郎；張鏡心南京户部尚書，余鵾翔右侍郎；顧錫疇南京禮部尚書，黄文焕、吴偉業左右侍郎；邵輔忠南京兵部尚書，熊奮渭、錢繼登左、右侍郎；賀世壽南京工部尚書；何楷南京右都御史；金光辰南京副都御史，提督操江；許譽卿南京大理卿；張采南京尚寶卿。

丁丑，清兵陷徽州，主事温璜等死之。

十月己卯朔，大學士黄道周開府廣信。大學士楊廷麟疏陳偏安海甸非計，請駕幸贛。侍郎郭維經疏陳籌浙、直第二機宜。郎中郭應銓起兵龍泉。鄭芝龍居守福京，留後一切軍國事兼五軍都督府印務，東南直省糧餉，挂平虜大將軍印，招討西北直省，保疆奉駕，掌宗人府。封方元科武興侯，挂大將軍印，督四十八營；吴凱誠敬伯，守温、台屯田；肅虜伯黄斌卿聯絡浙、直、江、廣、閩楚；誠意伯劉孔炤督浙、直水陸義師；總兵黄赓守金、衢、饒、廣；都督孔思誠挂興國將軍印，提督閩、廣、雲、貴、川、湖；鄭鴻逵總督京營戎政；惠安伯張承志總督浙、直；總兵謝尚政提督楚、豫軍務；總兵王天錫提督南直；靖遠伯甘良臣守川北、西；總兵王之臣掌錦衣衛左都督；林察提督廣東；都督馮柏提督江西義師。永寧王由槵棄進賢，退撫州。

甲申，米壽圖僉都御史，巡撫貴州；徐人龍兵部尚書、武英殿大學士，預機務。尚書張肯堂疏陳恢復大計，并諫皇后參與政事。總兵曹志建弑遠安王儼鉩郴州。推官傅作霖疏請分天下爲四鎮，號召豪傑。總兵洪本泰復績溪。僉事王秉乾等起兵撫州，敗績，與總兵謝上達、蔡欽、金世任、陳祖恩、方重志、余時、張禮、沙孟志等死之。

戊子，大學士何楷罷。巡撫王聚奎降清。

庚寅，僉都御史熊開元疏陳七事。

學士，預機務。

辛卯，熊開元左副都御史、東閣大學士，隨征，權理院事；何吾騶禮部尚書、文淵閣大

壬辰，知縣孔父復樂平。給事中劉中藻頒詔魯王以海，不受。太僕卿王期昇兵部右侍郎，總督義師。大學士路振飛、曾櫻封還内詔。金堡給事中，不受，給敕印聯絡江上。

甲午，知縣李方曾起兵崇陽，教諭汪柱等死之。光禄卿王忠孝疏陳十事，力請谿江西圖復南京。主事曾文德等起兵峽江，諸生曾文思死之。清兵陷饒州，推官仇昭遠等死之。

戊戌，推官吴應箕敗績池州，死之。武舉桂一姜等敗績石埭、龍巖，死之。鳳翔陷。賀珍攻漢中，魏景隆死之。寧州陷。郎中丁燿謀起兵池州，死之。

辛丑，大學士黄道周攻婺源，參將王加封等死之。蘇觀生吏部右侍郎、東閣大學士，預機務，疏請先幸贛州爲進戰退守之計，遂命募兵南安。中書舍人李大載等奉命瞻奉祖陵，行至姚村死之。都事朱鎔如起兵南潯，死之。北京太子蕘。清兵攻吉安，副總兵徐必達死之。敕禁各關兵將毋許逆輔馬士英入關。副總兵龍在田等起兵誅吾必奎。

十一月己酉朔，主事李魯疏陳中興封事。黄景昉户部尚書、文淵閣大學士，預機務；萬元吉兵部右侍郎、副都御史，總理江西、浙、直、湖廣軍務。召巡撫張朝綖回劍都。御史陳泰來復上高、新昌、寧州。總兵李淩虹復萬載，選貢黄國彦死之。總兵楊時旦起兵宣城，

死之。陳珊等起兵寧國，死之。大學士林欲楫罷。

壬子，冬至節，行郊天禮南郊，風和星燦，祝文升霄，上大喜，羣臣加恩一級。張肯堂吏部尚書。大學士黄道周敗績高堰橋，總兵程嗣聖等死之。再命太嘗卿嚴通宣諭魯王以海。

丁巳，張同敞襲錦衣指揮僉事。大學士楊廷麟疏請出江右。定興伯何騰蛟疏請迎駕湖南。浙中諸將疏請幸衢州。知州金堡疏陳何騰蛟可恃，急宜幸楚。上決策出贛州幸長沙，擢金堡給事中。

庚申，殺知縣施爈。大學士黄道周攻休寧不克，總兵李莞先、吴揚烈等死之。

辛酉，岳州陷。

壬戌，給事中張家玉破清兵撫州許灣，總兵陳有功等死之。上高陷，僉都御史陳泰來等死之。

甲子，給事中張家玉破清兵千金陂，復撫州，金鑾奏功歸昌王由櫶。封方國安靜國公，鎮守南直，兼制浙江；王之仁恭順伯，鎮守浙江屯田。大學士黄道周攻休寧，總兵黄家貞、李映、陳雄飛、應天祥等死之。大學士黄道周疏請兵。郭必昌兵部尚書。瑞昌王議瀝再攻南京，總兵茹畧文敗績麻湖，死之。總兵孫守法奉漢中王□□起兵復鳳翔。

丁卯，將軍朱盛濯敗績孝豐甲子嶺，死之。總兵張圖南敗績夾浦湖口，死之。清兵攻黄州，知縣孔衍緒等死之；陷武昌，教諭王會篇等死之；陷羅田山寨，巡簡孫大錡死之；陷廣濟，典史胡大興死之；陷黄梅，知縣張聯芳死之；陷蘄州斗方寨，周從勗等死之；陷德安白雲山寨，遊擊易道三等死之，總兵鮑世榮等仍保守山中；大旗山寨陷，遊擊王光淑等死之。

庚午，總兵于錫藩敗績如臯于家莊，死之。劉文青等敗績劉家莊，死之。給事中金堡疏劾定虜侯鄭鴻逵逗留觀望，請速復徽州。御史艾南英疏劾平虜侯鄭芝龍貳心撓駕，致親征之期坐失。劉炤華等攻靖安，死之。清兵陷南湖，守備汪應相等死之。尚書孝長倩疏陳三事。總兵張九儒等自巴東畔降於清。

乙亥，大學士姚明恭，尚書傅淑訓、張鏡心、魏公韓降清。

戊寅，陳燕翼詹事掌院，與編修劉以修專理中興史職，輪直和衷堂。王觀光户部右侍郎兼吏禮兵三部事；吴震交兵部右侍郎，隨營；胡上琛御營總兵。

十二月己卯朔，日有食之。

庚辰，阿迷參將沙定洲反，陷雲南大理、蒙化，圍武定不下。給事中張家玉誅總兵許象乾。上戎服親征，登舟，百官鱗集，號令嚴明。唐王聿鐭、鄧王器堨監國，大學士曾櫻、平虜侯鄭芝龍留守，大學士何吾騶隨征。暮幸芋江沙溪。

辛巳，太嘗卿方士亮輔導唐王聿鐭，林嵋給事中。巡撫周定礽破清兵連湖。

壬午，知縣胡海定起兵德興，復婺源，敗績金川，死之。魏光達起兵安貴東鄉，死之。

甲申，上舟始發，百姓壺漿迎者載道；次大田驛，命諸臣賡詩，賜驛名迎恩。主事王之栻疏劾平虜侯鄭芝龍逗留。安仁、貴溪陷，巡撫周定礽敗績小箬渡河口，總兵姜天衢、周朝鼎等死之。尚書涂國鼎起兵新城，死之。總兵洪士忠、洪士壽等復涇縣，死之。御史王國翰疏請澄敘上下臣工。邵起兵部右侍郎、僉都御史，總理豫、楚、直、陝、晉、齊提督軍務，兼巡撫河南。錦衣衛康永寧徵兵安南，不克行。嵩滋王術㮾疏陳六事。新昌陷。桃源陷，守備鄧忠宇死之。總兵韓文反正。安陸總兵王寵等復吉水。江西巡撫劉同升卒，以總督萬元吉兼巡撫事。趙士完兵部右侍郎、東閣大學士，督師。張肯堂左都御史掌院、大學士；曾櫻兼署吏部尚書；程峋僉都御史，巡撫惠、潮；徐煒僉都御史，巡撫偏沅。胡士玉起兵樂平，攻饒州，死之。樂平陷，知縣楊逢春死之。廣信、永豐陷，巡簡張志道死之。玉山陷，知縣徐以翰等死之。曹學佺禮部尚書。王聘徵入溧水，敗績觀山，死之。諸生方鼎等起兵高淳，死之。總兵潘振蛟、陶昭陽起兵蕪湖。徐君美齎招討七省行牌，至六安死之。尚書曹學佺疏揭逆輔馬士英不可入關。王芝瑞兵部右侍郎、僉都御史，巡撫四川。瑞州雞公嶺陷，副總兵黃瑛等死之。樂平陷，倪大顯以下闔城死之。

戊戌，立春節，受百官朝，勿賀。副總兵趙珩等攻撫州，死之。

庚子，總兵劉福等援撫州，敗績建昌鍾家店，死之。

壬寅，大學士黄道周敗績婺源明堂里，陷清軍，將軍黄名世等死之。高安王常淇起兵婺源小坑。朱太等敗績黟縣，死之。總兵曾德等敗績開化，死之。總兵吴亮工、吴本達等敗績嘗山，死之。主事吴士琇等敗績休寧，死之。封姚志卓仁武伯。平仙遊李芳聲亂。巡按黄景運仍保守蘄州舒城山。侍郎張仲起兵商城，授兵部右侍郎，巡撫湖廣。王士誠自稱鄖撫，起兵枝江。王斌起兵攻房縣，死之。胡公緒起兵景陵，死之。總督張縉彦自六安畔附於清。總兵周明自耒陽降清。儒生甘召循起兵公安，死之。枝江陷，諸生劉芳蘭死之。

甲辰，駕發。

丙午幸建寧，以巡道署爲行宫。舉人姚翀霄起兵復邵陽。諸生王知禮等起兵復朝邑。王交等起兵蒲城，死之。胡敬德起兵三水。總兵孫守法合諸軍圍西安，僉事宋朝美等内應，死之；李春魁内應武功，死之；魚必魁内應長武，死之。太僕卿章曠誅副總兵萬大鵬平江。□□朱常巢復太湖。英武寨陷，總理邵起等死之。

丁未，諸生項遠起兵歙縣。總兵賀珍復盩厔。錢嘉徵御史兼天興府尹。給事中黄大鵬、御史鄭爲虹守仙霞關。諸生王道行、習文鼎、馬尊生等起兵吉安敗績，諸生習文鼎死之。敕大學士楊廷麟、總督萬元吉、侍郎曾應遴速兵迎駕。命兵部多給獎功釋罪榜文，星馳軍前宣布。安南莫敬耀陷思明、龍州、明江、江州，參將成大用卻之。

戊申，撫州陷，知府高飛聲等死之。

是月，上親答魯王以海手敕。安南、呂宋入貢。

是年，嘉禾生嘉禾，廬山瑞芝九本。大學士魏炤乘，尚書胡應台、靳于中、曹珖、黄汝良、莊欽鄰、白貽青、劉遵憲、商周祚、姜逢玄，侍郎常自裕、李兆、李紹賢，總督張福臻，巡撫張爾忠、杜三策、王裕心卒。

隆武二年丙戌，春正月己酉朔，上在建寧。大雨雹，晝冥，對面不相見。上布衣蔬食，集羣臣於殿，以三大罪自責，不受朝賀，痛哭諭曰：「朕正位半載，孝陵未見，疆土未復，異日何以見高皇帝於地下。朕固爲百世罪人，諸臣亦惡得無罪？嗣後百官皆青衣角帶辦事，署銜加『戴罪』二字。」開化陷，總兵吴杰等死之。琉球、日本遣使入貢，手敕答之。免勘合兵馬，以甦驛困。主事曹元方疏請舉兵須圖萬全。下游巡按高允滋疏陳閩南抽税之害。敕諭御營禮部速擇駕行日期，不許違誤。湯來賀户部右侍郎。

壬子，御史吴漢超等起兵攻宣城不克，死之。吴春枝、章正宸兵部右侍郎，東閣大學士，預機務。

癸丑，總兵孫守法解西安圍。慶陽反正。蒲城陷，諸生王心一等死之。朝邑陷，諸生王知禮等死之。胡結子起兵盩厔，死之。郃陽陷，舉人姚翀霄等死之。主事曾亨應等敗績撫州，死之。總兵謝上達、蕭陞等攻撫州，死之。總兵黃賡復開化。諭督撫各官嚴申約束，毋得驕縱害民。晉吴春枝兵部尚書。

乙卯，李維樾僉都御史，巡撫福寧。主事揭暄陳天時地勢人事十策。陳弘緒、歐陽斌元編修；傅占衡庶吉士；彭士望湖西僉事；陳洪綬御史；紀許國儀制主事；黃文炤國子學正；楊耿錦衣都督，總水師，捕海盜；金聲桓提督各路援軍，挂討逆將軍印，恢剿豫、楚，兼管土司，尋改南京。逆輔馬士英自浙東七疏自理，平虜侯鄭芝龍、靜國公方國安、侍郎李蘧疏請詔充事官，俟復杭州復官。吉水陷，員外郎鄒燧等死之。上再賜魯王以海手敕曰：「朕與王同氣，共本聖祖，王無忘朕之焦勞，朕無忘王之危厄，一誠金石，豈惑浮詞，當遣兵赴王，上報孝陵。王其愛玉體，以需天休。」命取浙東所用職官盡列朝籍，不分彼此。加柯夏卿兵部尚書。僉都御史陸青原犒魯師。

庚申，經畧嘗爾韜攻南京，總兵朱君兆内應事洩，與萬德華等死之。鄭賡唐兵部右侍郎隨征。尚書盧若騰、巡按郭貞一疏劾誠意伯劉孔炤。

壬戌，洪士魁等復績溪。

癸亥，忠義伯吴易復吴江。福京大雷電雨。

甲子，吴江陷，沈璐等死之。福京雨雹，大如斗，晝晦不相見。武舉史坤生起兵黎里，死之。都督羅榮復石城。

乙丑，總督萬元吉敗績吉安，遊擊張應奎等死之。大理卿陳燕翼疏陳十事。天興貢生鄭獻可請立生祠以祀萬壽，不許。

丙寅，瑞昌王議瀝、巡撫朱議淴攻南京神策門，潘愫死之。巡撫徐世蔭上疏迎駕。定興伯何騰蛟大舉北伐，會師湘陰，興國侯李赤心敗績，太僕卿章曠守湘陰。蘇觀生吏兵二部尚書、文淵閣大學士，經理浙、直、江、川，兼督閩、粵、雲、貴，督師南安；大學士吴春枝留守浦城；萬元吉兵部尚書；蔡鼎軍師；張家玉僉都御史，巡撫廣信，守新城；劉柱國僉都御史，巡撫惠、潮；吴聞禮副都御史，巡撫上遊；吴之屏副都御史，巡撫下遊。詔寬逆案，復媚璫宋禎漢原官。詔曰：「媚璫一案，止因議論偏苛，遂致人心不服，釀成黨局，一年兩陷京師，莫不禍根於此。朕今繼統中興，一洗從前陋習。東林誤陷北京，魏黨陷誤南京，厥罪惟均。乃官賜祭一壇。此後真正魏黨，亦與一概滌寬，但責後效，不計已往。蓋中興之時事，臣民悔過，且與維新，況輕於此者乎！廷臣各宜以朕之心爲心，勿再釀激黃澍鼓扇左變之大害。朕度如天，諸臣欽信。」太嘗少卿楊鼎和疏陳六議。命輔臣撰御榜沿途張挂，禁官兵擾害民生。敕大學士楊廷麟、尚書萬元吉、侍郎曾應遴速備兵迎駕。禁雲山禪寺僧宗德聚衆建醮誦諸天菩薩寶號。大理少卿熊化疏陳恢復策，擢吏部左侍郎。王志道吏部右侍郎。添設天興府管鑄通判。甌寧知縣趙庾疏陳政事。侍郎湯來賀疏陳文武空談無實，請效前驅。總兵茹畧文敗績麻湖，死之。知縣徐善箕敗績饒州，死之。舉人曹志明等敗績馬湖，死之。僉事許文龍等復寧州、瑞昌、武寧。張玄等起兵徽州，董源死之。肅虜標將朱國泰敗績青村，死之。固原陷，李明義死之。總兵黃光輝敗績馬金嶺，定虜侯鄭鴻逵退仙霞關。鄭廉賫敕招清總兵徐勇黃州，死之。總兵李之先等敗績潛江，死之。張冕等起兵沔陽，死之。元帥王斌攻房縣，死之。韓國顯敗績嵩縣焦澗，死之。江撫劉廣胤以行宮成，疏請迎駕。將軍吳起龍復開化、嘗山、玉山。詹事郭之奇疏陳恢復先審定畧。沙定洲寇楚雄，副使楊畏知力拒；陷蒙化，攻武定，推官陶光胤固守不下；已陷大理。

二月戊寅朔，總督堵胤錫督忠貞營攻荆州不克，中軍郭鼎等死之。總兵田見秀畔降於清。彭期生太僕卿。鎮海、平和民變。總兵吴國禎、陳明卿、程士洪、余元寬、范天麟、潘文龍等奉滎陽王蘊鈐攻徽州不克，死之。武舉洪士魁等起兵績溪，死之。總兵范雲龍等敗績旌德，死之。汪國偉等敗績績溪，死之。副總兵陳易戰石埭，死之。副總兵張廷豹戰太平密崖關，死之。王六郎等戰太平，死之。邵千斤等戰高梘橋，死之。太學生許文瑾等戰祁門，死之。總兵洪本泰戰績溪，死之。吴任之奉瑞昌王議瀝起兵碭山，攻蕭縣失利。曹履泰兵部右侍郎。總兵盛國政疏陳戰守事宜。南豐陷，知縣湯洪先等死之。鄒晋一起兵樂安，死之。召定興伯何騰蛟入輔；疏陳願以身捍封疆，力辭。僉都御史田𨷂以兵入衛，疏糾大學士曾櫻。

丙戌，定興伯何騰蛟復澧州。天興大雨雹，大如拳。

丁亥，福京大雨雹，晝晦不相見。王攀龍復白水、同州，死之。總兵方明謀起兵長興，死之。封朱大典婺安伯，以文淵閣大學士督師金華；謝德溥禮部尚書、東閣大學士，制置江西義師。大學士李光春督師出鉛山。曾櫻罷吏部尚書。丁魁楚俘亨嘉至行在，廢爲庶人，死。平粤伯丁魁楚兵部尚書，協理戎政；瞿式耜兵部左侍郎、副都御史，協理戎政；晏日曙僉都御史，巡撫廣西。

辛卯，夜，天興開元寺大火。光澤民變。侍郎曾應遴援贛，兵潰。曾聯甲等戰信豐，死之。通判曾應文戰興國，死之。諸生廖任龍等謀攻雩都，戰壇石，死之。景陵陷，劉恩才起兵，死之。

壬辰，定興伯何騰蛟復嵩滋。大學士蔣德璟罷。馬脛嶺兵變，大學士路振飛往浦城安撫。誅木堅、李之秀、王六齊。鎮國將軍朱常㳧起兵蘄州斗方寨，死之。柯抱沖起兵復武昌、興國。王斌起兵房縣。副總兵黄槟等戰瑞州雞公嶺、棠山，死之。功貢舒春陽攻都昌不克。朱元亮等攻武寧，死之。總兵劉體仁復夷陵、荆門、鄖西，攻襄陽、鄧州、興安、漢中敗績。

甲辰，復内鄉。總兵潘振蛟、陶昭陽起兵蕪湖，死之。諸生徐濬等起兵當塗，死之。參將王元等以神木、靖邊反正。封孫守法秦虜伯，武大定臨潼伯，曾英平寇伯，周之藩福青伯。沙定洲陷寧州、陸涼、羅平、嶍峨、武定、禄勸、雲南、景東、姚安、通海、臨安。

三月戊申朔，上在建寧，以行宫湫隘，移城外佛寺。總兵李淩虹復進賢、萬載。太僕卿章曠破清兵湘陰，至岳州。大學士曾櫻兼右都御史，隨征；郭維經吏部尚書。太僕少卿徐金芝疏請大舉復南京，力圖恢復。僉事吴振遠戰太湖，死之。鄭璧起兵寧國。副總兵程宗熹起兵池州，死之。總兵楊時旦起兵宣城，死之。總兵洪本泰起兵旌德，死之。鄧啟疇起兵南陵，死之。總兵陶宗極起兵寧國、太平，死之。清屠當塗，丁子龍等死之。

壬子，大學士黄道周等猶在南京，誘降不屈，死之。太僕少卿淩超疏陳急做實做，不出「臣謀君斷」四字。

癸丑，御舟發建寧。進賢陷，總兵顔謙等死之。王斌等戰房縣，死之。鍾炌左都御史。

興國侯李赤心等攻商州不克，走夔、施。周國璽等應當陽百寶寨，死之。楊畏知左副都御史，巡撫雲南；方維新僉都御史，巡撫浙西。侍郎湯來賀疏陳四事。再諭民被迫薙髮者，豎義民旗或以藍白布帕首自別，兵將不得擅殺；有能殺虜歸者，一如詔格。重諭禁加派錢糧。

戊午，幸延平，以府署爲行宫。封鄭成功忠孝伯，挂招討大將軍印，總理中興恢剿；林察輔明伯；陳霸忠勇伯；洪旭忠振伯；施天福武毅伯；林習山忠定伯；張進忠匡伯；陳輝忠靖伯；傅復威武伯；張名振義勝伯，總督直、浙師。平溪有僧自稱聖安皇帝，已審知其僞，誅之。總督喻思恂卒。胡竑僉都御史，巡撫貴州；傅冠兵部尚書，督師平定江寇，恢復南昌，專理湖東恢剿軍務，節制伺兵。員外郎曹元方疏陳舉兵須圖萬全，東南義師雲集，因勢利導，爲恢復一大機會；命以御史、驗封郎中視師。給事中嚴通疏請策應江上。

丙寅，給事中揭重熙疏劾大學士傅冠逗留。尚書張肯堂上水師合戰議，請上繇浙東親征，而自以水師繇海抵吴淞；詔以户兵二部尚書、東閣大學士，總督師北征。湖廣巡按楊喬然疏請速駕虔濟師。巡撫吴之屏疏陳時事孔亟，内防宜周。給事中金堡七疏辭去。侍郎葛寅亮疏請務去飾治煩文，必收近取實局。奉新陷，副使許文龍死之。

辛未，清兵陷吉安，副使楊鼎熙、主事郭錕等死之。大學士蘇觀生疏陳收拾吉安、綢繆贛州五要計。尚書萬元吉退保贛州。

壬申，上親祭忠臣廟，追復建文年號，立方孝孺祠，追封建庶人王號，改謚恭愍皇太子。吉水陷，員外郎鄒燧、知府謝上進等死之。清兵陷安福。陷永豐，僉事吴名標、總兵吴名魁等死之。僉都御史陸青原爲馬士英所殺。黄毓祺兵部尚書，總督浙、直；沈廷揚兵部右侍郎，總督水師。總兵汪碩德疏陳兵以無糧迫民，民以求生投虜。

癸酉，忠義伯吴易破清兵汾湖。龍泉陷，知縣李慕魁死之。總兵劉體仁、賀珍復商州。大學士曾櫻疏劾平虜侯鄭芝龍，請速幸贛，力出江西、湖南。郃陽陷。唐之英戰雒南，死之。劉光溥等謀起兵山西，死之。吴任之奉瑞昌王議瀝起兵宜興，李闇宇等死之。劉若金刑部尚書、左副都御史。總兵楊展復邛州、眉州、雅州。遊擊馬應試復嘉定州。總兵賈聯登復資陽、簡州。總兵侯天錫復瀘州。總兵周茹荼起兵復永寧七城。大學士王應熊、總督樊一蘅會師瀘州。張獻忠東下，總兵楊展逆戰江口，破之；獻忠還成都。

夏四月丁丑朔，金華行宫成，婺安伯朱大典遣官迎駕。奪威虜侯黄斌卿爵。大學士曾櫻兼掌吏部。下魯使林必達、裘兆錦等於獄。禁官兵擅封民舟。湯來賀户兵二部右侍郎、左僉都御史，總督直、浙、徽、寧，專理湖東恢剿。上諭侍臣曰：「近日兩京覆後，武臣冒濫，驕貪已極，怯禦虜而勇殺民，巧陵躐而無法紀，何能破其積習？」

庚辰，萬壽節，不受賀，諭曰：「朕奉大統，已近十月，孝陵不見，百姓不安。文因循於內，武擾害於外，中興事業茫無端緒。蔬菜自勉，豈可宴安自居，以聽羣工慶祝耶？」惟於行在用太牢遥祭二祖列宗，配以唐國祖宗。

壬午，尚書萬元吉退屯皂口。張晉徵大理卿。移清湖深坑提塘於江山，以便偵報。主事黄德官立寨吉安、永豐，死之。泰和陷，縣丞曹青源等死之。

甲申，參謀舒奇藻等被執萬年，總兵劉時亮等被執豐城，死之。方端士副都御史，撫治浙西。主事張儼疏請定廟算而後動。□□由榛起兵青州，死之。侍郎姚赤文起兵太湖，死之。御史吴有涯疏陳時事。錢嘉徵御史，熊化吏部右侍郎。王其定、王之豹等起兵吉安，死之。貢生李瑞唐疏陳恢剿三策，治安五要。布衣翟翬疏陳時事。盧若騰兵部尚書督師。忠義伯吴易復海鹽。永定民變。寧州陷，知州黄鍾靈等死之。副使許文龍被執瀏陽界首寨，死之。岳州陷，總兵吴大鼎死之。參將童以振戰吉安棉津灘，死之。立三御營。大學士傅冠罷。永勝伯鄭彩棄廣信奔入杉關，奪爵。忠孝伯鄭成功疏陳三事。撫州陷，永寧王由櫆薨，林鳳等死之。給事中黄周星疏陳三寒心處。

甲午，玉田王常□、齊東王常溦薨。給事中揭重熙復金溪、撫州。楊文薦兵部右侍郎、副都御史，巡撫南贛。清致汝寧王肅漾於北京。儲章甫起兵五竃，死之。諸生項遠、洪士魁等戰歙縣長衝，死之。王嘉祚復紫陽。

己亥，程峋兵部右侍郎，巡撫惠、潮；劉柱國僉都御史，巡撫湖南；周損僉都御史，巡撫廣饒；陳子龍太僕卿；楊廷樞職方主事。

庚子，廣信陷，巡撫周定礽等死之。永豐陷，員外郎程兆科等死之。玉山陷，知縣徐以翰死之。鉛山陷，員外郎萬文英等死之。總兵汪碩畫等戰貴溪，死之。副總兵吴一魁等走懷玉山，死之。新城陷，知縣李翔等死之。詔安民變。劉鱗長兵部尚書、東閣大學士，督師四川。賜西夷安承宗府名，頒印。封陳邦傅富川伯。建四忠祠。敕諭御營内閣傳示臣民曰：「臣民翼戴朕躬，志在救民雪恥。逆寇雖狂，尚可暫守而養戰鋭；諸臣議論紛紜，殊爲道旁築舍。朕暫幸邵武，相機出關。自古創業中興，誰不危而後濟？朕惟以『寧進死，不退生』六字自誓，併以六字察驗臣工。此後除戰守駐蹕一聽條陳外，若有敢請駕回天興并請避幸廣東者，大臣必從重議罪，餘必立斬以徇。朕心通於上帝，臣民仰體欽承。」閩、侯二縣耆老詣行在請駕回天興，上太息曰：「即位十有一月，無時不思靖虜救民。飛蹕既久，豈得回鑾？固知入虔艱險之狀，但恨在閩不能安閩。閩民不負朕，朕負閩民多矣。」建寧諸生請駕再幸建寧，上曰：「朕進取之志甚鋭，萬無轉蹕之理。」尚書曹學佺疏陳駕駐延津所有關切四事。侍郎梁應奇疏陳六事。主事吴鍾巒疏請首克南昌，選鋒鋭進。贛州行宫成。巡撫吳聞禮疏糾內臣戴炤貪婪巇法，提問。追贈惠宗諸弟、諸子王謚。命兵部多給獎功釋罪榜文，星馳軍前宣布。給事中龔善選疏陳大勢攸歸。御史湯芬請發海師直擣吳淞。給事中黃大鵬因地震疏陳時事。巡撫晏日曙平廣西酋農國琦亂。禁止寧化長關社黨。御史鄭耀星疏陳諸臣虛聲多、實際少。尚書呂大器疏陳用人太濫，所用之人又轉相援引，虐民從盜，望治何繇？諭督撫申嚴約束官兵，毋得任其驕縱害民。嵩滋王□□疏陳二事。御史王國翰疏規聖躬。尚書郭維經疏陳浙、直機宜。御史葉向曜疏陳虜逼衢州。

五月丙午朔，清兵逼贛州，巡撫劉廣胤出戰，陷清兵，將軍張琮死之，大學士楊廷麟、尚書萬元吉悉力固守。揭重熙僉都御史，巡撫江西。守道周維新破清兵大安關。知縣田楷平天興永福雁湖寇亂。天旱，大學士林增志疏請省躬，清理滯獄。諭曰：「獄有冤民，則天屯膏澤。敕四獄衙門，熱審事例速爲清理。」侍郎于華玉疏陳汀、贛脣齒，須全力注意，以鞏巖疆。宣諭廣西太平土守備吳廷秀。

庚戌，忠義伯吳易再起兵四保匯，總兵張廷選、副總兵羅騰蛟等死之。

辛亥，諸生張飛遠襲金山衛，死之。范繼宸奉昌王世子慈炎妃彭永安九龍寨。巡撫揭重熙敗績芹田，副總兵余大勳死之。選貢黃友蘇起兵復分宜不克，死之。林必達禮部右侍郎。

甲寅，廷試貢生，取萬子荆等十二人爲庶萃士。何吾騶吏兵尚書、建極殿大學士，充首輔。將軍李士璉鎮惠州。禁地方官官買。濬天興河道。革巡撫劉廣胤職。總兵周瑞攻嘉善不利，唐民望等死之。

戊午，以天道亢陽祈禱，免嘗朝。侍郎堵胤錫破清兵嘗德草坪。賑沙縣、温州。劉中藻僉都御史，巡撫温、處；章曠兵部右侍郎、副都御史，巡撫湖北，總督恢勦軍務。吴易兵部尚書。賜給事中朱作楫旌廉天字銀牌。

辛酉，大召對行在輔臣、大小九卿、科道並翰林記注官。重定内官品級。司務蔣平階疏陳一官五月而更易數人、一人數日而更三命、百里督撫並設、巡方中使並差之失。

癸亥，天興積雨成巨浸，城中水深六尺。

甲子，安宗崩於北京。潞王常淓、秦王存樞、晉王求桂、荆王慈甲、德王由櫟、衡王由梴、安陽王器埈薨。

乙丑，欽天監奏天狗星隕。詔曰：「人事修省，可回天災。各官極力消弭，毋事虚文。」殺魯使靖夷侯陳謙。平虜侯鄭芝龍通於清。命侍郎馬思理宣諭魯王以海。晉黄斌卿威虜侯。立文明伯黄道周廟。天興漳浦寇陷詔安。設行在御營十標。威虜侯黄斌卿殺侍郎荆本澈。王之臣疏糾僉都御史田鬫詭兵冒餉，下鬫於獄。都御史袁彭年疏請申飭臺規，加太嘗少卿，以示寵異。通判萬年英疏陳三事。朱家棟伏誅。

辛未，太白經天。總兵耿應衢、周文江起兵黄安、麻城。察敘有功官兵，以鼓行間鋭氣。御西便殿禱雨。廷試續到貢生，取二人，授兵部主事。延平旱疫。劉中藻副都御史，巡撫金、衢。發兵援蕭山、嚴州，以重門户。郭維經吏兵二部尚書、副都御史、東閣大學士，總理恢剿，援贛州。涂伯昌復新城。司務王士和疏陳六事，立擢兵部主事。黄徵明兵部右侍郎，徵兵日本。廷試流寓貢生，取李日煒等三十餘人，授給事中等有差。參將王元等戰半個城，死之。鎮安陷。白天爵等戰固原，死之。臨潼伯武大定屯略陽仇池山，營官郭志攻文縣，死之。周損僉都御史，巡撫廣、饒。章仲武等戰績溪梧村，死之。布政使林佳鼎疏陳七事。進士朱廷壻復同官。潁川王在鏶自河南降於清。

乙亥，以天氣炎熱，諭刑部許軍徒以下保釋。總兵劉體仁復興安、石泉、三原。總兵滿大壯、裘觀明等戰新牆，死之。定興伯何騰蛟迭疏請幸贛州，協力復江西，命將軍郝永忠迎駕。巡撫胡竑卒。米壽圖僉都御史，巡撫貴州。

是月，福京地震。清以貝勒博雒爲征南大將軍侵浙、閩。

六月丙子朔，總督章曠督、副總兵覃裕春等大破清兵潼溪。

丁丑，副總兵吴承忠等死之。浙東江上兵潰，魯王以海入海。變聞，上下酌酒相賀。

侍郎李永茂命副總兵吴之蕃援贛州，擢兵部尚書，總督江、楚，聯絡浙、直、廣、川、雲、貴；宋賢兵部右侍郎；侍郎曹履泰守延平；林蘭友兵部尚書，督師泉、漳。巡撫揭重熙攻東鄉，副總兵楊國望等死之。

庚辰，久旱，虔禱雨澤。敕御史艾南英將生平著作刊成帙者呈覽。羅天祥戰崇德，死之。

甲申，太湖師潰，忠義伯吴易，總兵程槐、沈茂等在嘉興陷清兵。嚴起恒户部右侍郎，總理湖廣錢法。

丙戌，星隕如雨。福京宫工成。黄士俊户禮二部尚書、武英殿大學士，姚明恭户部尚書、文淵閣大學士，預機務。賜異人薛通載號廣濟禪師，徵兵海外。曹勳吏部左侍郎。

庚寅，福京舉天興鄉試。贛州圍暫解。盧若騰兵部尚書，督師温州。忠威伯賀君堯殺大學士顧錫疇温州。

辛卯，主事王士和疏陳六事，擢延平知府。編修陳世傑疏陳便宜四事。大學士王應熊疏陳西南形勢。

壬辰，封建宗藩。吴任之復碭山。參謀劉調蘇等攻蕭縣，死之。大學士吴春枝疏陳國事止爭呼吸，急先持危。參將李士春敗走清江浦，死之。衢州陷。

己亥，總督楊文驄、將軍楊鼎卿、總兵藍祚國等戰建寧樟樹村，死之。

辛丑，總督袁繼咸猶在北京，誘降不屈，死之。

癸卯，皇子琳源生，大赦。晉鄭芝龍平國公，鄭鴻逵定國公。封劉承胤定蠻伯，郝永忠南安伯。晉熊開元右都御史、文淵閣大學士。開元辭疏，疏陳輕用人、多遣使、急斂餉、厚徵兵之失。御史錢邦芑疏陳爵賞不宜太濫。釋僉都御史田關於獄。賜贛州名忠誠府。侍郎李陳玉起兵信豐。定國公鄭鴻逵棄仙霞關奔浦城，奪爵。平國公鄭芝龍撤兵回泉州安平，詔留之不得。將軍方明被執長興，死之。參將周志韜戰太湖，死之。參將趙涇等謀起兵蘇州不克，死之。朱永祚戰泖澱，死之。武英殿大學士路振飛督師大安關；周損兵部尚書，總督江上義師；楊鶚兵部右侍郎，總督偏沅。再敕各關兵將毋放逆輔馬士英入關。李闇宇等起兵宜興，死之。總兵吴任之被執鎮江，死之。巡按黄昌胤等謀反正西安，死之。副總兵焦裕等謀起兵西安，死之。參議嘗道立謀反正鳳翔，死之。總兵劉體仁復洵陽、漢陰、淳化。興安陷，犁虜伯孫守法回五郎山。總兵劉體仁敗績山陽、商州，入巴東。總兵姜天衢、吴一魁、周朝鼎等援安仁、貴溪，死之。總兵陳輝等戰貴溪，死之。總兵鄧林奇等謀起兵九江，死之。延津王常滄攻婺源。南安陷，總兵羅榮、蕭陞等死之。巡撫湯來賀疏請先安忠誠而後他圖，擢總督南贛。姚君範謀起兵湖州，死之。土寇張大祥破永定，黄通破寧化、青流。

秋七月乙巳朔，梁朝鍾給事中，錢肅樂兵部右侍郎。

丙午，玉田王子由橦起兵臨朐，死之。

丁未，吴兆元總督雲南。威虜侯黄斌卿破清兵舟山。王芋僉都御史，巡撫惠、潮。定興伯何騰蛟遣茶陵伯張先壁、南安伯郝永忠迎駕，次郴、韶。唐世禎兵部右侍郎，總督蘇、嵩、嘉、湖；程三錫僉都御史提督軍務。侍郎錢肅樂疏陳越中十弊爲戒。光山紅石巖陷，總兵耿應衢、周文江等死之。參將詹曾等戰商城魚子店，死之。巡按黄景嵩、巡撫張仲等入商城山中，死之。總兵劉鼎闢起兵光山。大學士曾櫻留守。諸生周瑞等謀攻金山，死之。

庚申，金華陷。

辛酉，尚書李長倩，隨征；姜一洪户部尚書；童天□僉都御史，監御營軍，總督南贛恢剿。

癸亥，諸生胡之灟起兵進賢棲賢山，死之。張五起兵垣曲，死之。巡撫揭重熙敗績瑣山，參將周象坤死之。副總兵沈天叙等戰東灆溪，死之。

己巳，上御門，内侍奉小匣置御前。諭羣臣曰：「朕本無利天下心，以勳輔推戴，不得已勉徇羣策。浣衣糲食，有何人君之樂？朝夕乾惕，恐負重付。豈意諸臣已變初志。昨巡關之使得爾等出關迎降書二百餘封，今俱在此，朕不欲知其姓名也，今命錦衣衛焚之午門。爾諸臣有名者，當洗心滌慮，倘能竭節奉公，不渝終始，是所望也。」

辛未，尚書李長倩卒。諸生蕭廷上等起兵興國，死之。總兵魏敬福復開化。張獻忠毁成都，走川北。天興光澤、寧化民變。

八月甲戌朔，上決幸忠誠，召平國公鄭芝龍商留守事宜，不至。大學士黄鳴俊退守仙霞關。皇子琳源薨。陳子壯兵部尚書、文淵閣大學士督師。封華堞楚王。侍郎黄徵明徵兵日本，中道失風被執，降清。經畧嘗爾韜、總兵朱君兆屯南京朝陽門、滄波門、孝陵衛。

己卯，主事唐倜戰鉛山，死之。陳蛟起兵新野，尋降於清。周光夏僉都御史，巡撫江西。

甲申，建寧陷，大理少卿張文煇、僉事倪懋熹，御史李大則等死之。

戊子，尚書黄毓祺攻江陰，總兵王春、諸生徐趨等死之。巡撫揭重熙攻安仁，諸生陳昌禧等死之。主事陳邦彦監狼兵援忠誠。給事中金堡疏陳出忠誠爲上策，力爭幸廣。都督徽嚴衢軍務楊光弼等戰江郎山，死之。

甲午，仙霞關告急，都指揮使張世昌進援，死之。大學士吴春枝留守浦城。上定蹕忠誠，復江西北伐，自延平出狩，戎冠金蟒，御黄蓋，宫嬪皆騎，猶載書十餘簏以從。將發，不戒，陷馬足，上大怒，執知縣沈士英將斬之，錦衣都督鄭元化力救免。

乙未，清兵平行入仙霞關，武毅伯施天福、武功伯陳秀、靖安伯郭熺畔附於清。遊擊林鳳等攻金溪，死之。給事中金堡疏陳三策，請幸湖南。浦城陷，巡按鄭爲虹，巡撫楊廷青、李暄芳，總兵洪祖烈、朱珏等死之。崇安陷，知府楊聞中等死之。建陽陷，知縣崔攀龍等死之。延平陷，僉事王士和等死之。巡撫揭重熙戰光澤峽山，副總兵揭鶚等死之。

丁酉，幸順昌，降將李成棟引清兵迫駕。上發順昌，聞追兵已至延平，倉卒就道。

庚子，幸汀州，以府署爲行宫。

辛丑，五鼓，有八十三騎叩城，稱扈蹕者。守者開麗春門納之，突入行宫，福清伯周之藩、總兵王涼武等死之；大學士黄鳴俊、吴春枝，侍郎于華玉畔降於清。上腹饑，内官市湯圓二進，未舉筋而清兵箭發上後，中矢崩；或曰蒙塵於汀州朱紫坊趙家塘，年四十五。百姓殮葬於羅漢嶺。或曰遇害於天興；又曰崩於建寧。

是月，湖廣補行鄉試。貴溪陷，總兵汪碩畫、陳輝等死之。進賢陷，郎中饒元珙死之。耀州張果寨陷，總兵郭天星等死之。威武伯傅復被執至南昌，死之。魯元霖起兵麻城。陳始戰休寧，死之。高九萬起兵青陽，死之。尚書詹兆恒退玉山。知府傅鼎銓起兵復宜黄、樂安，會巡撫揭重熙攻撫州，總兵洪日深死之。馬聰等復文縣，死之。臨潼伯武大定復紫陽。都司尚其志等復徽州，死之。副總兵高如礪等攻階州，畔降於清。信豐王議澳起兵陽山、連州連山。諸生鍾昌明戰建昌，死之。仇池陷，臨潼伯武大定保紫陽三台山。御史艾南英卒。順昌陷，知縣何捷等死之。尤溪陷，縣丞薛維翰等死之。寧化陷，知縣徐日隆等死之。永定陷，守備李國英死之。巡撫揭重熙戰黎陽，副總兵曾遇春等死之。尚書姜一洪追扈至雩都，死之。總兵閔士英奉滎陽王藴鈐攻徽州，總兵吳國禎、程士洪、余元寬等死之。總兵閔士英、董壽庚戰古箭，死之。

九月丙午，巡撫吴聞禮戰廣信永豐，死之。總兵師福、江振曦援汀州，敗績七里橋，江日曦死之。

戊申，主事李魯被執上杭，死之。

己酉，經略嘗爾韜起兵華山、龍潭，總兵朱君兆等死之。

辛亥，泉州陷，知府汪宗明等死之。大學士蔣德璟卒。

癸丑，定興伯何騰蛟復通城、崇陽。

戊午，主事譚涓戰南豐熊村，死之。僉事聞人運昌攻撫州死之。總兵馮柏等戰新城楓林，死之。守備楊應龍拒守忠誠，死之。

壬戌，天興陷，陽曲王敏渡、西河王敏淦、嵩滋王儼嵷、翼城王弘棡、奉新王常漣薨；定遠侯鄧文昌，尚書朱世守，總兵胡上琛、陳顯達等死之；海忠伯田仰，尚書鄭瑄、郭必昌、余珹，都御史鍾炌，侍郎陸懷玉、張夬，總督張鳳翔，巡撫余大成畔降於清。巡撫揭重熙戰古山，副總兵潘爲憲等死之。尚書曹學佺謀起兵天興不克，死之。福清陷，知縣朱時寰等死之。閩清陷，知縣陳其禮等死之。福寧陷，巡撫李維樾死之。諸生韓元亨起兵上杭，死之。廩生陳韜起兵長樂，死之。將軍馬進忠破清兵嘉魚。柯抱沖復興國州。諸生張用晦謀復白雲山不克，死之。石光龍與總兵了空奉嘉興王某起兵都昌，復饒州、東流、建德、彭澤敗績，與總兵胡國龍、汪德甫等死之；嘉興王某薨。金華王由樿起兵饒州，薨。尚書盧若騰等起兵長泰。尤元表起兵羅源。莊廷書復德化。開化陷，都司江鼐死之。總兵楊展、曹勳復成都。巡撫揭重熙戰光澤峽山，參將潘鳴鳳死之。

冬十月丙子，忠誠陷，大學士楊廷麟、郭維經，尚書萬元吉，巡撫楊文薦，將軍馬觀鵬，總兵金吉卿、劉天駟、張定遠、江一鵬以下闔城死之；總兵范汝彝、胡茂勳、黄志忠等畔降於清。南安陷，千户穆光祖死之。南康陷，主簿邢仕礪等死之。長寧陷，參將朱永盛死之。上猶陷，知縣劉獻之等死之。安遠陷，知縣胡重明死之。興化陷，副使劉永祚等死之，總兵茅一經畔降於清。副總兵傅潛龍等戰東鄉，死之。參將傅鼎乾等戰安仁，死之。管青等戰貴溪，死之。諸生李藩戰南豐，死之。知縣楊時秀戰餘干，死之。都司趙祖等戰萬年，死之。主事黃介中戰樂安，死之。萍鄉陷，知縣解應雷等死之。樂安陷，知縣胡三極等死之。同安陷，總兵陳上義、吴肇興等死之。副使鄒瑄等援忠誠不及，至廣東被執，死之。參將劉秉益等戰興安賀家壩，死之。大學士葉廷桂卒。王胤伯等起兵青陽、石埭，死之。主事趙宗普起兵東流，死之。都給事中胡夢泰卒。巡撫揭重熙復撫州，不守，副總兵吴楚雄等死之。文都攻信豐，石保死之。葉之春起兵龍南南埠，戰黄荆高樓，死之。瑞昌王議瀝陷鎮江清兵，薨。總兵鄧凱起兵吉安。

辛卯，漳州陷，太僕鄉傅雲龍、總兵張大衡等死之，總兵陳文濂、黄光輝畔降於清。張延祚起兵漳浦，死之。宗室朱慈㸅攻羅田，死之。麻城陷，魯元霖等死之。吴國宇保黄安風水山，死之。

戊戌，崇陽陷，參將陳安邦等死之。黄安三角山陷，諸生王祚昌死之。廣濟羊頭岔寨陷，胡之羆死之。南昌各府五月不雨，至是月大旱。

上之崩也，或謂建寧崩者爲唐王聿釗，汀州崩者爲張致遠，而上實潛遜爲僧安溪妙峯山，法號參唯，崩葬山中。錢肅樂記親征事，又謂上在汀州，以清兵追急，單騎投鄉民蔣氏，清兵至，詰再三，不洩，潛招鄉兵拒之，大捷，清兵去，上得出幸大帽山。昭宗立，遥上尊號曰思文皇帝。永曆五年八月，侍郎王命璿自五指山至中左，言上在山爲僧。旋敕使至，故臣皆不能決。六年二月，復遣使存問，諸臣云將去平遠起兵。故臣乃具公疏請敕驗視，卒不可得也。十一年，始上今謚曰襄皇帝，廟號紹宗。

上長身豐頤，聲如洪鐘。即位後長齋布素，不御酒肉，日在便殿見大臣，講求政治，票旨皆出手裁。後宮無嬪侍，僅執事三十人。平國公鄭芝龍進美女十人，留之而絕不近。性好讀書，披覽丙夜不休，所撰三詔、祖訓後序、行在、戎政、搢紳、儒林便覽序，典雅可誦，羣臣莫能及云。

贊曰：紹宗英密精明，連茹衆正，有雄武之志，霸王之畧焉。自繼大統，宵旰憂勤，聽納諫説，章奏朝至夕發，禮樂刑政自出，又循良愛民出於腑肺，每戒出兵毋傷難民以促國脈，仁政沛發，淪人肌髓。及六師親征，枕戈泣血，誓清孝陵，葬烈廟，迎聖安。大江南北驕將巨憝，相率歸命。庶幾封狼之業，三犁之烈，巍乎焕乎，敻哉無前者矣。顧大臣推諉養望，鄭氏包藏禍心，仙霞賣關，金根不返，非所謂多亡國之臣者耶？雖然，葛生有言：「事之不濟則已爾，安能復爲之下？」上以國君死社稷，追配威宗，謚號曰襄，允矣夫！

南明史卷三

本紀第三

昭宗一

無錫錢海岳撰

昭宗應天推道敏毅恭儉經文緯武體仁克孝匡皇帝諱由榔，神宗孫，桂端王常瀛四子。生母馬氏，天啓三年冬十月丙子誕於京邸。七年秋，隨封衡州。崇禎九年，封永明王。十四年，娶妃王氏。十六年，張獻忠至衡州，常瀛率避永州，追至，遂與常瀛相失。應奉陳進忠奉之道州，陷兵中。至永州，吏目吴繼嗣衛王，約征蠻將軍楊國威遣部將焦璉攀城破械出之。王病不能行，焦璉負趨渡河獲免。桂恭王由棱薨，紹宗命司禮監龐天壽奉敕襲封，居肇慶，詔中有「天下，王之天下」語。又嘗諭羣臣曰：「桂王，神宗嫡孫，統系最正。朕無子，後當屬諸。」

隆武二年秋八月，汀州變聞，留粵諸臣僉以王統系正，賢而當立。大學士陳子壯、平粵伯丁魁楚遣人入潮、惠，審上存亡。還報，乃於冬十月癸酉朔，具箋勸進。王手書報曰：「諸先生念高皇帝二百七十餘年之統業，及威宗皇帝一十七載之憂勤，一旦滄桑，身殉社稷。聖安繼立，旋復蒙塵。今上親征，復罹斯難。兩年三變，四海盡傷。諸先生以社稷爲重，不可無君。神廟子孫，僅存不穀，以理而論，義無可辭。但自量涼德菲才，未堪肩仔，兼以連遭禾黍之傷，復重蓼莪之慘，心荒意謬，行坐猶迷，地裂天崩，何能旋轉？嘗聞治世以倫叙，而變亂以功德。惟諸先生偏訪賢藩，纘承大統。」丁丑，再上箋，不允。平粵伯丁魁楚、侍郎瞿式耜等固請，跪伏府前不起。王太妃向諸臣面諭曰：「王生長深宮，未諳民事，且仁厚，非撥亂才，諸先生爲宗社計，願擇能者。」諸臣叩頭，力陳：「國勢如此，强敵將臨，殿下親神宗皇帝孫，光宗猶子，威宗之弟，宜以生民宗社爲念，不宜深自謙退，願早正大位。」乃奉令旨，於丙戌監國肇慶，以府署爲行在。頒詔湖廣、雲南、貴州、四川；特諭不立東廠，不選宮人。丁魁楚吏兵二部尚書、東閣大學士，王錫衮禮部尚書、東閣大學士；瞿式耜吏部右侍郎、東閣大學士，預機務；瞿式耜兼吏部尚書；黄日昌刑部尚書；井濟工部尚書，王化澄副都御史，總督兩廣；湯來賀□□□□，總督南、韶；郭貞一、黄其晟兵部右侍郎；田芳太僕卿；鄭封通政使。封陳邦傅思恩侯；劉承胤武定侯；曾英平虜侯；李來亨三原侯；李明忠武靖伯，守南韶。郭承昊掌錦衣衛。大學士瞿式耜疏陳七事。壬辰，堵胤錫兵部尚書，總督如故；方以智左諭德；鄒鎏太僕少卿；王鳴珂、劉堯珍給事中；方于宣禮部主事；吳繼嗣錦衣衛使；侯性、嚴雲從領御營。復以王坤爲司禮秉筆太監。王諭諸臣曰：「孤以眇躬，恐不克承大統。諸先生等上念祖宗，下憂黎庶，推孤爲主。箋進之日，不勝惶懼。勉從監國之請，但事大責重，諸先生等宜實心匡扶，以求濟時，毋徒以虛名誤孤也。」諸臣叩謝。甲辰，章曠兵部左侍郎。

十一月癸卯朔，日有食之。聞忠誠報，平粵伯丁魁楚、司禮監王坤議奉王如梧州。

甲辰，大學士瞿式耜疏請留，不聽。

乙巳，駕行。

丁未，大學士蘇觀生等擁唐王聿鐭稱帝廣州，將軍李士璉奉趙王由棪監國惠州。長樂羣臣謂不即位，無以厭人心而號召天下。□□林佳鼎疏請駕還肇慶。陳邦彥給事中，命回諭廣州。

甲寅，王發梧州。

丁巳，次德慶，受長至賀。

己未，還肇慶。

庚申，即皇帝位，大赦。詔告天下，獎勵文武兵民同仇恢復，以明年爲永曆元年。是日和風旭日，見彩雲，有五色大鳥從南來集殿上，百官士民歡呼中興。追尊皇考端王皇帝，皇祖妣李太皇太后、吕太妃皇太后，尊繼母太妃王、生母馬皇太后，册妃王皇后。上隆武皇帝、后尊號。諭唐王聿鐭曰：「閱牆斯極，禦侮維艱；誰非高皇帝裔孫？王能出長江復南京者，朕願退歸桂邸。」李永茂兵部尚書、東閣大學士，預機務；何騰蛟兵部尚書、武英殿大學士，仍督楚師。命諭德潘琪等册封黎維祺安南國王。朱容藩掌宗人府。巡撫揭重熙趨忠誠，戰馬祖巖，副總兵楊奇等死之。太嘗少卿楊鼎和疏陳中興六事。于元燁兵部右侍郎，協理戎政。推官仇自奇疏陳恢復大計十二策。給事中彭燿等宣諭廣州，死之。員外郎賴士聖起兵攻忠誠，死之。吕大器兵部尚書、中極殿大學士，督師兩廣；陳子壯兵部尚書、文淵閣大學士，總督兩廣、江西、福建、湖廣軍務；湯來賀户部尚書；吴炳禮部尚書；晏日曙工部尚書；周光夏左都御史；唐紹堯户部左侍郎；林佳鼎兵部左侍郎、督師，拒清兵於三水；朱治憪僉都御史，巡撫嶺南；御史錢邦芑巡按四川；黄基固巡按高、雷；辛延泰巡按廣西；樊一蘅户兵二部尚書；范鑛兵部尚書；方以智詹事。侍郎詹兆恒復永豐。總兵江烏、鄭恩祥等奉高安王常淇起兵休寧，死之；常淇薨。金華王由榩等起兵饒州，死之。

庚午，督師林佳鼎破清兵於三水。

是月丙辰，興安陷。

丁巳，平國公鄭芝龍，總兵王之富、張岳等至天興畔附於清，參政陳起龍死之。黃美周起兵攻永福。推官賴其肖起兵鎮平。江振文起兵普寧，死之。主事傅象晋起兵同安，死之。

癸亥，大學士傅冠陷汀州清兵，誘降不屈，死之。

丙寅，魯王以海次中在所。副總兵張恩選攻武平，王道一等死之。降將佟養甲、李成棟侵潮、惠。

十二月癸酉朔，忠孝伯鄭成功起兵安平。

甲戌，督師林佳鼎、將軍龍倫等戰清兵三山口敗績，死之。潮州陷，經歷章希熊死之。潮陽陷，簡討孟應春等死之。惠州陷，經歷蔡守璋死之。中旨周鼎瀚給事中、王化澄兵部尚書督師，大學士瞿式耜疏陳中旨非興朝舉動，不聽。郎中龍大維以墨逮下獄。都給事中劉鼒疏陳內臣薦人之非，奪官。洪天擢副都御史，巡撫高、雷；曹燁副都御史，巡撫廣西。大學士李永茂去。御史童琳疏劾都御史周光夏越資序題差用，□私臺規，廷杖，大學士瞿式耜疏止之。員外郎許文玠等攻婺源。總兵張天麒、江周等畔降於清。郎中汪志稷等起兵樂平，攻婺源，死之。方以智中允，劉湘客編修。

丁亥，廣州陷，唐王聿鐭、鄧王器堨、周王倫奎、惠王常潤、鄭王常澂、遼王術雅、益王慈□、東會王肅㴰、皐平王翊鏌、鉅野王壽鏞、通山王蘊釴、高密王弘椅、鄢陵王肅汭、益陽王某、南安王企鈺等二十四王薨；建明伯蘇觀生，巡撫陳際泰，總兵蕭耀、蕭震虜、馬玄生以下闔城死之；忠惠伯王之臣，大學士何吾騶、黄士俊、曾道唯、王應華、顧元鏡、關捷先，尚書李覺斯，侍郎葉廷祚、伍瑞隆，巡撫王芊，總兵謝尚政、鄭昌、鄭廷球、石壁等，畔降於清。總兵王天錫等戰花山，死之。副使李綺疏劾平粤伯丁魁楚四大罪，降級。新會陷，知縣周于德等死之。龍門陷，知縣廖翰標等死之。給事中劉堯珍存問榮王嘗德，韓王平溪。

丁酉，上幸梧州。朱治憪兵部右侍郎、副都御史，總督兩廣，留守肇慶。韓王璟溧建號於貴陽。總兵胡國龍奉嘉興王某起兵都昌，戰堯城渡，死之；嘉興王薨。總兵汪德甫等戰彭澤，死之。總兵石光龍戰都昌，死之。總兵了空等走饒州，死之。僉都御史田闢起兵郴、韶。舉人管嗣裘等起兵衡山。總兵黄信等起兵新會，攻廣州不克，死之。舉人屈士煼疏陳時務。主事林學賢起兵潮州，攻惠來，死之。陳耀起兵惠州，攻廣州。何同倩起兵東莞。陳鳳起兵攻定南。諸生陳萬齡起兵乳源，復宜章，戰郴口，死之。范允元守樂昌，戰白沙灣，死之。將軍吴起龍戰德興十三都，死之。武生倪大顯等戰樂平，死之。郭雄麗復真寧。遊擊李大敖復寧州。總兵胡學海被執南康，死之。總兵王光恩謀反正鄖陽，死之。張獻忠敗歿西充。降將平西王吴三桂侵四川。張獻忠將孫可旺等入重慶，平虜侯曾英、總兵余青雲等死之。清兵陷内江，巡撫馬乾以下闔城死之。總兵侯天錫自重慶畔降於清。富順陷，遊擊何禄等死之。副總兵曹勳復成都。

是年，尚書李日宣、曹思誠、金世俊、朱國盛、汪慶百、周鼎，總督郭尚友，巡撫楊嗣修、劉宗祥、陳良訓、王聚奎、王文清、朱一馮、何謙、陳睿謨卒。

永曆元年丁亥，春正月癸卯朔，上在梧州，受百官朝賀。總兵萬年等爲肇慶民所殺。朱容藩兵部左侍郎、僉都御史，總督川、楚；吴兆元副都御史，總督雲南；黄炳兵部右侍郎，撫治鄖陽。

己酉，南雄陷，參將王猷等死之。英德陷，知縣金澤死之。

丁巳，大學士瞿式耜奉上幸平樂。平粤伯丁魁楚走岑溪。

戊午，肇慶陷，總督朱治憪走，總兵李承志等畔降於清。主事莫子元等起兵東莞。中書舍人屈士煜等起兵羅浮。僉事鍾丁先等起兵永安。給事中陳邦彦起兵攻廣州不克。李士淳兵部右侍郎。侍郎唐紹堯卒。連州陷，參將趙大勳死之。定興伯何騰蛟疏迎駕。給事中丁時魁疏陳新政八事。

癸亥，上𨷂平樂幸桂林，以府署爲行宫。都督馬吉翔掌錦衣衛。遣使趣定興伯何騰蛟入衛。

乙丑，高州陷，總兵方國泰畔降於清。巡按黄基固等守雷州，死之。廉州陷，同知曾叙白、指揮張烈等死之。雷州陷，推官費長統死之。遂溪陷，知縣喻萃慶死之。陽江陷，守備謝國斌死之。周冕起兵高州。總兵王寵起兵撫州。

辛未，梧州陷，知縣巫如衡死之，巡撫曹燁畔降於清。副總兵王福戰巢湖，死之。總督朱容藩以罪削籍，尋復之。命魯王以海總理南北直省。總兵李漆起兵東安，死之。平粤伯丁魁楚，總兵趙千駟、嚴遵誥，自岑溪畔附於清，將軍蘇聘被殺。總兵車任重、郝時登、劉昌業、趙繼宗、李志義自廣東畔降於清。吉安、龍泉陷，郎中郭應銓等死之。羅大任詹事；武宣伯成大用守南、太；喻思慥副都御史，巡撫貴州。封王應熊長壽伯。向成功殺陳登皞眉州。總兵賀珍攻興安，入大寧、大昌。總兵賀弘器攻慶陽失利。武昌、興國石盤山寨陷，柯江洲等死之；沿山洞寨陷，柯陳死之；□□寨陷，柯成樸等死之；華山黄沙峒陷，柯抱沖、陳珩玉等死之。孫可旺破遵義，總兵楊宗枝等死之。清以降將恭順王孔有德爲定南大將軍，與懷順王耿仲明、智順王尚可喜侵湖南、廣西。

二月壬申朔，副使賴其肖復鎮平、河源。楊畏知僉都御史，巡撫雲南。總兵黄信、林芳、徐貴相起兵攻廣州不克。陳順、簡信起兵韶州。羅士璧復乳源。譚榮復興業。賴天相等起兵博白，死之。李昌運復德慶。李春光起兵四會。羅勝統起兵清遠。將軍蘇利起兵惠州。淩海將軍陳奇策等奉江夏王蘊鋏、益陽王儼錦起兵新會。劉遠生刑部右侍郎，何三省户部尚書。藤縣陷，郎中陳善死之。副總兵朱家臣等復東安，戰灣洞，死之。文安之、王錫袞禮部尚書，東閣大學士，方以智禮部左侍郎，東閣大學士，預機務；楊鼎和兵部尚書，東閣大學士，總督川、黔；朱盛濃兵部右侍郎，總督兩廣；金堡、丁時魁給事中；王夫之行人。思恩侯陳邦傅復永淳。舉人唐訪疏陳六代中興法戒書。大學士瞿式耜疏薦庶吉士掌制誥。都司汪以玉戰開化，死之。

壬午，月掩歲星於東井。給事中陳邦彦復順德。武定侯劉承胤以兵入衛。

丙戌，上幸全州。大學士瞿式耜疏留，不聽。以州署爲行宫，受朝賀，祀太廟。晋劉承胤安國公，總督京營戎政。王坤罷，龐天壽司禮秉筆太監，提督勇衛營。遵義陷，總兵賈聯登、譚得勝畔降於清。總兵侯天錫反正，復馬湖。吏兵二部尚書武英殿大學士瞿式耜留守桂林；思恩侯陳邦傅守昭平；吴炳禮部尚書、東閣大學士，預機務。

己丑，湘陰陷，萍鄉伯黄朝宣、總兵王進才大掠遁，推官陳王言死之。常富等攻浦城，死之。梁欽等復沙縣。元帥趙正等奉將軍朱議漇起兵宿嵩湾池，死之。副總兵趙文等戰太湖、巢縣，死之。
乙未，舉人林學賢合陳耀攻廣州不克。容縣兵變，殺御史鄭同玄等。
丙申，長沙陷，知府劉士焜等死之。定興伯何騰蛟檄諸鎮赴援不至，走衡山。
丁酉，副總兵吴學攻湘鄉，死之。寧鄉陷，知縣胡懋進死之。衡山陷，林碧嵩戰鳳凰山，死之。員外郎許文玠等戰休寧，死之。主事劉仲錞謀起兵吉水，死之。總兵向登位復安化，未幾陷，知縣俞鴻儀死之。永壽伯胡躍龍保花石。指揮同知高震起兵永新，戰茶陵，死之。黄鑾長起兵攻新會。將軍馬進忠退嘗德、沅州，入黔陽。夏可陞守沅□，死之。恩平陷，薛子良等死之。元帥胡向宸戰盩厔，死之。寧西侯朱化龍殺僉事蔡肱明茂州。
庚子，平樂陷，武靖伯李明忠、總兵李承志畔降於清，思恩侯陳邦傅走南寧。潯州陷，知府曾大應死之。陸川陷，把總郭志死之。
是月，孫可旺破貴陽，布政使張耀等死之。平壩、安順、定番、永寧、開州、廣順相繼破。
雲南祥雲捧日，大饑。
三月壬寅朔，犁虜伯孫守法復寧州、興安。都司白聯芳等以成都反正，戰羅江，死之。
甲辰，順德陷，諸生馬應芳等死之。給事中陳邦彦走下江門，總兵余龍死之。
乙巳，巡撫張家玉起兵東莞。御史陳五魁等戰慈利，死之。沙定洲殺大學士王錫衮。

丁未，賴熊復建陽。

戊申，瀏陽伯董英、嘗寧伯劉用楚至長沙畔降於清。黃金餘等戰寧州，死之。總兵劉文炳戰宜君，死之。郭雄麗戰三水，死之。副使賴其肖奉永寧王和𡐓復饒平，復漳州、永定、平和，王興就撫，授副總兵。

乙卯，清兵攻桂林，大學士瞿式耜督將軍焦璉大破之。總督朱盛濃走，于元燁兵部尚書，總督兩廣。巡撫張家玉復東莞，晋兵部尚書、副都御史，提督嶺東，連絡漳、潮。鄭逢玄兵部右侍郎，總督川、黔。王垣京兵部右侍郎，巡撫惠、潮。

戊午，尚書張家玉戰篁村，推官尹錻等死之。東莞陷，指揮使安弘猷等死之。參將楊邦達戰望牛墩，死之。到滘陷，參將何仕龍等死之。總兵陳文豹復新安。

己未，尚書詹兆恒等戰衢州開化，死之。楊文起兵廣信永豐九仙山。思恩侯陳邦傅復貴縣。破清兵潯州厚禄山。副總兵趙應選、胡一青敗清兵衡山橋頭。吴讓卿等謀起兵定遠，死之。舉人馮弘圖奉堵陽王在籛起兵巢縣，張道人等死之。澧州陷，參將楊美奂等死之。知府廖文英奉信豐王議澳起兵復連山、陽山、連州。參將楊望等追清兵井研，死之。郎中陳瑾起兵南寧，復永淳、横州、欽州。

甲子，參軍林質復德化。

乙丑，唐誠禮部右侍郎、東閣大學士，晏日曙工部尚書、東閣大學士，預機務。德化陷，參軍林質死之。丁朋等攻泰寧依口村，死之。寧文龍起兵寧化。封郝永忠南安侯。總兵任宜烈入荆州畔降於清。舉人温應寀起兵寧都。戴知三起兵建昌縣，死之。王顔等被執山西，死之。按察使孟良藩戰澧州，死之；總兵甄芳畔降於清。徐自成等起兵瑞金。劉耀中等起兵龍南。曾斌等起兵忠誠。孫仲奎起兵雩都。宋朝宗等起兵興國，姚章甫死之。總兵劉文炳戰宜君，死之。副總兵馬德起兵花馬池，復安定。王一林復靈州。劉東安復鎮原，死之。總兵賀弘器等戰固原安家川，死之。犁虜伯孫守法復寧州，屯興安蘗箭寨，總兵曹勳等死之。太僕卿阮振中起兵鎮雄。楊鴻兵部尚書，經理湖北，督師川、廣。

是月，孫可旺破鎮寧。總兵龍在田乞師於可旺，可旺始入雲南；既敗沙定洲革泥關，遂破曲靖，霑益、陸涼、嵩明、廣通、姚安、武定、新平、師宗、廣西、彌勒、昆陽、永昌、寧州、宜良、雲南、安寧、羅平。巡撫楊畏知拒可旺於禄豐，可旺受約束，移檄永昌，迎黔國公沐天波歸雲南。别部李定國破河西，巡撫耿廷籙等死之；破晉寧、呈貢、富民、臨安、蒙自、江川。江西大水。

夏四月壬申朔，祀南郊。温應寀兵部尚書、東閣大學士，總督江西恢剿，屯黄沙苦竹峒；郭承汾僉都御史，巡撫黔南。癸酉，建安伯王祁等奉鄖西王常潮、興安王由橦起兵古田山中。周西兒起兵遠安，死之。總兵馬伯虎起兵廉州，武生陳壯粵死之。衡山陷，副總兵滿大壯等死之。攸縣陷，總兵陳士銘畔降於清。尚書張家玉戰赤岡，總兵陳文豹等死之。靈山、鬱林寇亂。思恩侯陳邦傅復容縣。崔良樌起兵雹白平水。將軍朱統鍌、御史蔡世承復靈山。苗人藍二引清兵陷湄潭、黃平，知州黃虞龍等死之。尚書范鑛、將軍皮熊討平藍二，封皮熊定番伯。

乙亥，瓊州陷。封馬吉翔文安伯，郭承昊遵化伯。給事中范六吉，御史劉湘客、吳德操、毛壽登疏諫，安國公劉承胤脅上下廷杖削籍。安國公劉承胤劫駕幸武岡，諸臣疏留不及，以岷王府爲行宮，受朝賀。太嘗卿潘應斗去。蔣錫周給事中。副使徐以暹疏劾安國公劉承胤、萍鄉伯黃朝宣。

戊寅，建安伯王祁復建寧府。

己卯，犁虜伯孫守法敗績興安藥箭寨，死之。侯性挂翼明大將軍印，總督楚、粵，屯古泥。岑本高等攻浦城，死之。

癸未，衡州陷，萍鄉伯黃朝宣、總兵李淩虹等死之，總兵黃惟鍛、徐嵩節畔降於清。總督章曠復祁陽。

甲申，白虹貫日。章曠兵部尚書、東閣大學士，總督如故，回駐東安。將軍黃鶴鳴、歲貢上官星拱復横州靈山。劉保起兵，出没新寧、南海、順德、新興、高明、開平、恩平、高要、陽春、陽江。吴亞九等戰順德、恩平，死之。練復寧起兵三水花山。永州陷。

庚寅，定興伯何騰蛟駐白牙市。李乾德兵部右侍郎，總督川北。王希堯等起兵陽城，死之。九卿科道合疏誦安國公劉承胤功德。將軍李士璉、巡撫楊明兢誘執趙王由棪畔附於清，鄒龍等死之。太嘗少卿程源以罪削籍。忠孝伯鄭成功復海澄。

己亥，總兵王光恩謀反正鄖陽，死之。副總兵王光泰等以襄陽反正。

庚子，龍啓新等復龍門。侍郎陳瑾與黄學明復靈山。

是月，江西大旱。

五月辛丑朔，新安陷。

壬寅，副總兵王光泰、王光興復鄖陽，攻光化，旗鼓楊茂夏死之。中書舍人周震疏劾安國公劉承胤不臣。通政使王忠孝疏陳恢復大計，擢兵部左侍郎，總督八閩義旅。沈佺期副都御史，連絡八閩義旅。

乙巳，諸生吴履泰等起兵定安，死之。大理丞蔡之俊疏劾安國公劉承胤專横。御史吴德操、劉湘客疏請還蹕桂林。中書舍人廖應亨、與朱盛濃等疏劾安國公劉承胤。諭德潘琪等册封黎維祐安南國副王。推官吴國璳疏陳時政四事。西鄉陷，總兵陳文豹等死之。東白石村陷，諸生楊如遠等死之。北栅陷，推官陳伯耀、總兵羅同天等死之。赤岡陷，主事鄧棟材等死之。王廷弼復連州。彭信古起兵崖州。千户曹君輔復萬州，黄賀白奉宗室朱由榛起兵揭陽。

庚戌，揚州地震。楊鶚兵部尚書，總督湖北軍務；陳象明兵部右侍郎、左僉都御史，總督兩廣軍務；范鑛兵部尚書，李和鼎通政使；李乾德兵部右侍郎，巡撫川北；楊喬然兵部右侍郎、巡撫川南。

甲寅，升武岡州爲奉天府。李若星吏部尚書、東閣大學士，周鼎瀚兵部右侍郎、東閣大學士，預機務；嚴起恒户部尚書，劉遠生刑部尚書。超擢傅作霖兵部尚書，陳翀、陳孝威太僕少卿。參政馮坪被執衡州，死之。僉事張竇戰粤海，死之。司務潘啓烺謀起兵建安，死之。興國侯李赤心、鄖陽侯高必正屯建始。

甲子，嘗德陷，閩侯伯周仕鳳、城步伯周師忠畔降於清。安國公劉承胤兵掠桂林。

乙丑，清兵再攻桂林，大學士瞿式耜督將軍焦璉等大破之，總兵黄崇文死之。大學士瞿式耜疏請還蹕全州。

戊辰，和平陷，知縣李信等死之。封瞿式耜臨桂伯、焦璉新興伯。御史魯可藻巡按廣西。副總兵周金湯復永州。新興伯焦璉總督廣西。

辛酉，王道士與尚書丁啓睿、襄衛伯常應俊，總兵李際遇、黄明先等謀起兵北京，死之。副總兵王光興復穀城、均州。封王光興靖虜侯，王光泰鎮武伯，侯性商丘伯。李本清等起兵汾州永寧，死之。淩尚萬起兵垣曲，死之。大學士瞿式耜疏劾思恩侯陳邦傅棄梧、潯、平樂罪。

是月，福建、江西大水。

六月庚午朔，敕諸鎮扼守寶慶、辰州、永州。定興伯何騰蛟朝行在，詔以總兵趙應選、胡一青兵隸之，督師進駐衡州。

辛未，曾唯復大田。楊千秋攻吴川，鄭哨等死之。主事李國珍起兵西寧。羅士璧復乳源。高翔等復信宜。

丁丑，□□鄧耀命副總兵文冠伯等攻吴川，諸生鄭淑真死之。龍泉劍合副總兵文冠伯復吴川。

辛巳，副總兵文冠伯戰梅菉，林鍾標死之，吴川陷。知縣歐光宸復梅菉、吴川。監軍方光琁復恭城，爲畔人所殺。堵胤錫東閣大學士，督師恢剿江、豫、楚、蜀，兼督雲、貴、廣西軍務，駐長沙。大學士章曠檄馬進忠復嘗德。李若星吏部尚書、東閣大學士，預機務。總兵林良起兵安溪新溪赤嶺。僉都御史李星一等攻肇慶，死之。

丙戌，連州陷，梁能戰陂底山，死之。封川伯何兆寧戰德慶楊柳沙，死之。封馬進忠武昌伯，袁宗第雒陽伯。新興伯焦璉攻陽朔，兵自驚殺。副總兵白貴、沈煌、王嘉祚復紫陽。楊春暢起兵鄉寧冷泉寨，死之。

秋七月庚子朔，大學士堵胤錫疏劾安國公劉承胤專恣不法，截殺督師，請正典刑。侍郎朱天麟疏請上自將爲先鋒，倡率諸鎮，毋坐失事機。定興伯何騰蛟駐白牙市，疏請移蹕，劾安國公劉承胤。總兵張學禮偵敵衡州，死之。

甲辰，大學士陳子壯起兵南海九江村，會給事中陳邦彥復廣州不克，指揮使楊可觀、總兵高爲礸等内應，事洩死之。知州梁若衡起兵順德，死之。總兵霍師連起兵復三水。巡按魯可藻疏請勤聖學。尚書徐雲起兵浦城。何應裕起兵永春。德化王慈□起兵沙縣。富平王某起兵永安。中允劉季鑛疏劾安國公劉承胤、文安伯馬吉翔。信豐王議澳再復連州。羅士璧、簡信、馮明高攻翁源不克。張京僉都御史，巡撫四川；程源僉都御史，經理滇、黔、楚、蜀，爲巡按錢邦芑劾罷。

己酉，提學道毛協恭等被執崇安，死之。

庚戌，將軍李占春等破清兵萬縣。封王祁鄖國公。參將管大勝復開建。將軍王興復新寧、陽江、電白、恩平、開平。洪高明復和平，死之。

乙卯，大學士陳子壯再戰禺珠洲敗績，主事陳上庸死之，給事中陳邦彥走三水，總兵霍師連死之。御史麥而炫起兵復高明、新興。總兵金行生起兵祁門張公山，總兵金希生等死之。曹和機起兵歙縣塘村，死之。都司李文達攻休寧，死之。總兵金行生等戰浮梁，死之。王吉戰涇縣，死之。徐五可等戰青陽，死之。金飛錫等戰桐城，死之。總兵汪焕等攻撫州，死之。

己酉，新興伯焦璉復陽朔、平樂。縣丞徐定國復懷集。巡按魯可藻復賀縣、富川。御史蔣克達連絡滇、黔諸營。總兵李向陽、楊清等以藤縣反正，引陳象明復梧州。副總兵楊超反正，復封川、德慶。思恩侯陳邦傅復潯州、興業。總兵杜鳳、劉國泰復岑溪。副總兵姚春登圍鬱林，敗走潯州。將軍朱由栟起兵尤溪。將軍楊學皋奉太嘗卿譚貞良起兵漳浦佛潭橋。賴逢吉復建陽、崇安。樂升如起兵攻邵武不克。典史王之□謀内應泰寧，死之。林良復大田。楊日炯圍順昌。呂夢彪攻泰寧不克。主事彭一柱復將樂。□□王慈□起兵小桃源。臨桂伯瞿式耜疏請上還桂林。鄖國公王祁復邵武、嵩溪、慶元、將樂、順昌。主事錢秉鐙起兵沙縣，迎新建王由模。吏員吳長文復建寧縣。曹大鎬復建陽。尚書張家玉復龍門、博羅、連平、長寧，攻惠州不克，守備陳瑞昌死之，還屯博羅。簡信攻曲江、翁源。指揮使陳懋修復東安、新興、岑溪。總兵曹志建復陽山。僉都御史李恕等起兵花山。太僕卿黃公輔等起兵復新會。莫廷蘭起兵陽春。梁位灼起兵新興。何士璋起兵東安。胡靖起兵順德。楊世熊等起兵新會海上。石城伯施尚義復化州。僉事吴士機戰大坡營，死之。總兵孫時顯等復石城。御史蔡世承、將軍朱統鑿復廉州。周京起兵文昌，攻樂會，死之。莫黎成等攻連州，死之。推官廖文英起兵復連州，將軍李占春、總兵于大海破清兵忠州湖灘。王一林戰預望城，死之。副總兵馬德戰郭家寨，周三死之。張貴仁戰洵陽天峯寨，死之。襄陽伯王進才復辰州、辰谿。威武伯向登位奉貴溪王常淲起兵，永寧山寨。副總兵馬德等戰慶陽河兒坪，死之。忠孝伯鄭成功圍海澄，監軍楊期潢死之。侍郎朱容藩僭號於夔州。臨桂伯瞿式耜殺總兵覃裕春。趙王由棪遇害廣州，薨。

八月己巳朔，嚴起恒禮兵二部尚書、東閣大學士，預機務。

庚午，指揮僉事白嘗燦起兵清遠。新平伯牛萬才復興山。

辛未，大學士章曠卒，兵歸總兵王鳳昇統轄。吴晋錫僉都御史，巡撫衡、永、郴、桂、嘗、寧。召商丘伯侯性入衛。副總兵周金湯復祁陽。千户趙名世疏陳時政五不可。待詔丘式耔疏陳恢復策。王正伯拒守孝感泉華寨。劉季鑛僉都御史，提督江、楚義師；車以遵中書舍人。新建王由模攻永安。僉都御史李星一等起兵復肇慶不克，死之。嘗德陷，同知党應秋等死之。桃源陷，郎中胡若宏等死之。辰州陷，副使李之駒等死之。宣慰使彭弘澍等自永、保畔降於清。慈利陷，御史陳五聚等死之。侍郎楊東晟，總兵謝君聘、王印海、李賓等攻浦城，死之。

甲申，寶慶陷，總兵李茂功、黄晋、吴興等死之。

戊子，高明陷，大學士陳子壯等陷清兵，副使朱實蓮以下闔城死之。祁陽陷，總兵郭肇基等死之。副總兵張承明戰夕陽橋，死之。

庚寅，忠孝伯鄭成功、定國公鄭鴻逵、副都御史沈佺期等會師泉州桃花山，大學士黄景昉等死之。

辛卯，范繼宸等奉永寧王世子慈炎妃彭，起兵攻歸化，楊禾死之。鄖國公王祁合巡撫劉中藻復慶元、政和。繆昇復壽寧、嵩溪。黄上選等復龍川。王廷弼再復連州，爲人所害。清兵逼奉天陡溪，御史米琦以兵斬北關，倉卒護上奉兩宫出狩。總兵陳友龍破清兵紫陽河。

壬辰，安國公劉承胤、武岡伯劉承永、泰和伯鄭承昊、新化伯高清浩、城步伯鄭應昌，總兵梁應忠、張藴玉、薛友德、岳養心、王鳳翔、繇雲龍、王進忠、閻運泰、郭民性、向文學、孫先捷、郭維□、張大壽、羅九成、温彦功、張象乾、唐龍、徐文安、謝佳芳、薛三用、蔣斌、藍世隆、薛澡龍、楊國禎、蔣賡、應泰極、黄國華、孫鳳鳴、牛沖雲等，挾岷王禋澵、總兵陳友龍等畔附於清，大學士李若星、尚書傅作霖、神勇將軍劉世玉等死之。嵩溪、政和、建陽、光澤陷。思恩侯陳邦傅復欽、廉。總兵陳安國復高州。哨官羅成耀復羅定。上出奉天，隨駕止黃袱數包、皇帝金寶，至二渡水，車駕甫過，浮橋遂斷，覓小舟行。清兵追駕，相去僅三里，參將謝復榮、總兵王景熙等斷後，力戰王家堡死之，清兵乃退。上繇通道歷蠻境。

乙未，幸古泥。徒三十里，上體重足疲，兩晝夜不食，宮眷狼藉泥淖中，百官飢餓無人色，瑶人爭獻麵糜。夜宿羅家店，上席地坐，諸臣拜門外，跪進便膳。上灑酒酹地曰：「他日太平，毋忘君臣此夕也。」及抵古泥，商丘伯侯性以小舟十餘祇候水口，土司車佑獻黃金刀具卒乘以迎，上遂御轎先發。晉馬吉翔文安侯，侯性祥符侯，總督京營戎政，龐天壽司禮秉筆太監。城步陷，大學士吴炳、侍郎侯偉時等死之。靖州陷，御史林弘基、總兵姚有興等死之。黎平陷，總兵蕭曠等死之。沅州陷，巡撫米壽圖等死之，岳陽伯王允成、巡撫傅上瑞畔降於清。偏橋、鎮遠陷。

丙申，博羅陷，主事韓如琰等死之。龍門陷，知州譚高擢等死之。

丁酉，將軍黄海如、蔡奎以雷州反正。主事陳子升、總兵楊光林起兵花山島。總兵王祥復遵義、綏陽。武烈侯龔勇戰永寧，死之。總兵雷開登戰遵義紅花岡，死之。李乾德兵部尚書，總督川、湖、雲、貴、河、陜。

是月，廣西、漢中大水。

九月戊戌朔，上次靖州。臨桂伯瞿式耜再疏請還桂林。上欲進土州，僉都御史蕭琦疏陳十便十不便止之。趙榮貴以龍安、階州反正。溆浦陷，同知鍾肇元死之。莊廷書復德化。陳耀等復大鵬所，死之。遠安、南漳、襄陽陷。

壬寅，永州陷，總兵王甲、蔣甲等死之。

甲辰，崇仁工陂山陷，總兵汪煥等死之。總兵王寵戰上固，總兵劉安等死之。總兵張天威、吳用、王廷煒等戰六關，死之。參將謝泉等戰寧都空阬，死之。鄖國公王祁復延平不克，陳洪死之。都司徐運光等攻崇仁孔溪，死之。豐城、崇仁、樂安山寨陷，副總兵龔心國等死之。瑞金山寨陷，徐自成等死之。樂安白石嶺陷，遊擊龔人龍等死之。張勝等戰瑞金，死之。渠都戰石背寨，死之。總兵淩得三、謝泰禎、王海明、楊建□、袁萬全戰瑞金，死之。總兵周大鼎、程雲等攻弋陽，死之。李化龍等起兵盂縣、五臺，死之。張龍泉起兵陽曲下崛𡼏山，死之。總兵劉公顯奉益王子由榛謀起兵揭陽，由榛薨，許元烈死之。

乙丑，清遠陷，給事中陳邦彥、總兵曾天奇以下闔城死之。參將董壽庚等敗入弋陽、貴溪、鉛山山中。尚書李乾德以臨潼伯武大定、總兵袁韜兵復重慶。宗室朱統鑑起兵復廉州。

冬十月戊辰朔，上幸柳州，御舟次河下。臨桂伯瞿式耜再疏請還桂林。中書舍人屈士煤疏請執殳先死。郎中郭應銓等戰龍泉三溪，死之。曹大鎬掛平海大將軍印，總督浙、直、江、閩恢剿，晉兵部尚書。

辛未，太白經天。沙定洲平。沈希先起兵寧遠，死之。總兵曹志建屯鎮峽關。殺推官周璜。郎中吴景曾疏陳分派各鎮認汛戰守人地機宜。

丁丑，總兵覃鳴珂稱兵犯柳州大掠，矢及御舟。上幸象州。陳曾禹護蹕，掌錦衣衛。王化澄兵部尚書、東閣大學士，預機務。尚書張家玉敗績增城，與總兵羅同天、黎昭、傅盛、陳奇棟、楊威雄等死之。葉勝祖等戰龍川，死之。黄上選走江西，死之。黄萬勝攻乳源。練總譚𦊨、遊擊吴興、總練李宗韜先後起兵惠州、長樂。添平所陷，員外郎伍耀孫死之。僉事陳賚典戰鉛山潤溪，死之。

壬午，副使上官星拱、將軍朱統鍳復廉州。

癸未，藍山陷，主事張景萬死之。辰州陷，副使胡會賓、總兵胡從龍等死之，榮王由楨薨。陶汝鼐起兵寧鄉。簡討劉瑄起兵澧州。總兵葉南芝起兵龍南。待詔丘式耔招降將徐勇辰州被執，死之。主事郭應煜等戰萬洋山，死之。龍泉陷，鍾靈死之。龍文明僉都御史，巡撫柳慶。寧都苦竹峒陷，大學士温應宷，侍郎温國奇，總兵丘敏吾、何翀寰、張敬嵩、佘文輝、曾思蘭、李明宇等死之。連江寨陷，侍郎吴廷猷等死之。參將謝志良攻長寧不克。總兵盛明世等起兵安仁、浮梁山中，死之。副總兵蕭陞、陳丹戰□□山寨，死之。鄖陽陷，靖虜侯王光興等走施州。周國等起兵百寶寨，死之。僉事周大啓被執辰州，死之。南安侯郝永忠攻永州，副總兵蒲綸死之。總兵金行生等戰祁門，死之。容聚正謀内應新興，死之。主事李國珍戰西寧，死之。梁欽等攻永安，死之。林良復大田。新建王由模復大田、沙縣、尤溪。尚書曹大鎬復建陽。忠孝伯鄭成功復同安。清兵攻叙州，副總兵曹章等死之。總兵陳宜可戰永寧，死之。參將趙榮貴以龍安、總兵趙友鄢以瀘州反正。尚書樊一蘅復富順、安岳。總兵任存孝等起兵射洪。總兵趙應選、胡一青以兵入衛，賜名御滇營，各挂將軍印。

十一月丁酉朔，上在象州。劉揚安起兵奉天西鄉，死之。清兵逼全州，定興伯何騰蛟督南安侯郝永忠、新興伯焦璉、宜章伯盧鼎，將軍趙應選、胡一青諸軍大破之；總兵蘇汝賢死之。趙臺副都御史，巡撫南、太、雷、廉。總兵茅守憲攻肇慶失利。梧州再陷，總督陳象明死之。

壬寅，大學士陳子壯等猶在廣州，誘降不屈，死之。上欲幸南寧，道阻，返桂林。詔曰：「即位一載，未有寧居，賴我將相大臣和衷匡復。凡我故家名族、軍伍遺民以及山林草澤之豪，挺戈建義，羌苗氐貊之長，解辮歸誠，咸與釋愆圖功，剖符立誓。」蕭琦兵部尚書兼掌都察院。羅廷復將樂。侍郎趙士冕起兵連城、順昌、將樂山中，死之。羅南生復沙縣。

昌王由櫶復永安。中書舍人何應裕奉宜春王議衍復永安、永春、德化，承制授兵部尚書、東閣大學士，封恢明侯。

乙卯，楊日炣復順昌。曾唯復大田。全勝等破清兵資陽、簡州。黄國美等復成都。岐山侯賀珍攻興安，遊擊何惟秀等死之。朱容藩使定川侯李占春襲總兵袁韜不克。吴惇信等起兵樂平、浮梁。吴良臣等復婺源，死之。

十二月丁卯朔，日有食之。封趙應選新寧伯。潘世奇兵部右侍郎，提調江西及土司義旅。

己巳，上幸桂林，以學道署爲行宮，受朝賀。命定興侯何騰蛟督師全州。新興伯焦璉、南安侯郝永忠鬨。臨武陷，知縣李興瑋等死之。推官聞大成起兵酃縣，死之。推官張孝起起兵廉州。將軍朱統鋆復雷州，將軍黄海如、總兵蔡奎反正。施尚義、葉標復高州，總兵方國泰等反正。信豐王議澳與推官廖文英等起兵復連山、陽山、連州。劉鼒僉都御史，巡撫柳、慶。查之有起兵羅定，死之。金子褱等起兵復永豐。總兵王命臣復順慶。李開藻謀以保寧反正，死之。扈九思等自潼川攻保寧，總兵胡敬等死之。劉耀中復定南，死之。宋朝宗等起兵忠誠興國，姚章甫死之。總兵劉志腴、劉飛等起兵興國、上猶，攻忠誠，死之。周海元復長寧、安遠、會昌，死之。總兵楊昭再復開建。僉事汪若澍起兵富川。

庚辰，□□王慈□殺恢明侯何應裕小桃源。楊璟新攻殺將軍侯應試、盧衛。楊桂杏復銅仁。清兵攻清浪，定番伯皮熊命總兵武邦賢、楊光謙卻之，清兵退沅州。大學士陳奇瑜自詣保德，死之。南安侯郝永忠盡撤全州兵。宋朝宗戰興國，僉都御史林大典、總兵吳宇死之。

癸未，總兵唐文耀等殺御史周震等，以全州畔附於清。林良復永春。陳邦哲死之。主事李士藻復連城。總兵黃鍾靈、陳君愛攻斝口，黃鍾靈死之。吳長文復將樂。嵩溪陷，知縣戴應選等死之。順昌陷，總兵陳君愛死之，淮王常清薨。韓王璟溧保鄖西房山。參將趙榮貴等復保寧、文縣。總兵米國珍、李世英戰石梁山，死之。李奎起兵鎮安，死之。元帥穆大相起兵攻竹山，總兵王國賢、李應全等死之；元帥穆大相爲下所殺，副總兵唐仲亨死之。總兵焦賚等奉宗室朱常漢復西鄉、平利，死之。王大漢起兵興安，死之。咸陽渭水清。

是年，大學士姚明恭，尚書仇維楨、李長庚、王祚遠、胡世賞，總督孫晋，侍郎張宸極，巡撫王夢尹、蕭奕輔卒。巡撫王揚基畔降於清。

永曆二年戊子，春正月丁酉朔，上在桂林，以耳病，百官星散，免朝賀。唐諴文淵閣大學士，總督五省義師，進復郴、沅。寧靖王術桂督忠孝伯鄭成功、定國公鄭鴻逵師。司禮監王坤監督川、楚軍務；李膺品兵部右侍郎，巡撫全、永。總兵馬之驥、朱旻如爭餉，旻如誘殺之驥於昭平。評事朱宿垣諭左、右江土司勤王。臨桂伯瞿式耜疏請上攬大權，明賞罰，親正人，聞正言。定遠侯趙榮貴屯白水、略陽。尚書樊一蘅、巡按錢邦芑疏陳全川定，上視朝受賀。樊一蘅户兵二部尚書；程源兵部右侍郎，經理滇、黔、楚、蜀；錢邦芑僉都御史，巡撫川、黔，黄其晟、蔡世承兵部左右侍郎；瞿鳴豐副都御史，巡撫雲南。

丁未，晉何騰蛟定興侯，焦璉新興侯，胡一青興寧伯，趙印選新寧伯，周金湯漳平伯，楊展廣元伯，提督秦、蜀兵馬；王祥榮昌伯。

己酉，范繼宸奉彭妃蹊石城出延祥、歸化失利，彭妃薨。巡撫錢邦芑疏請上幸川，分兵出秦、荆，復中原。待詔劉日杲拒守廣信永豐龍頭寨，死之。都司詹尚仁等起兵攻廣信，死之。總兵葉南芝等奉滋陽王妃戰龍南梅子寨敗績，死之。總兵王紹忠、張雲等復鉛山。盛明世等死之。王昌起兵瑞金。楊喬然副都御史，總督川南；詹□□僉都御史，巡撫川北。

戊午，舉人馮弘圖奉堵陽王在邅起兵復英山、霍山、六安，圍廬州，死之，在邅薨。

辛酉，同知李斅沅等起兵無爲，死之。諸生葉士章等起兵巢縣，死之。曾守貫復延平、將樂。太嘗卿譚貞良復平和、詔安。

壬戌，羅廷順復順昌。曾明遠等攻嵩溪。總兵楊允槐戰上洋，死之。連城陷，知縣李士藻等死之。

癸亥，金聲桓、王得仁、吴汝學等以江西反正。總兵徐啓仁以南安反正。張福寰奉宗室朱統錡起兵灊山。總兵茅守憲、副總兵徐彪相攻殺於潯南。總兵李向陽、楊桂芳、劉洪裕、龍標復開建，向陽殺總兵楊清。李陽起兵涇陽，死之。守備李彩起兵寧夏香山，死之。張其倫等起兵羅田山中，復孝感、雲夢，總兵雷應初、張其義死之。主事彭又玄等起兵孝感雞籠山，死之；將軍張其道、吴本周、董虎山、李鳴三保山險不下；都司何士達保隨州山寨。諸生魯所瞻起兵景陵。御史陳所聞起兵□□。潼川、綿竹陷，監紀吕濟明等死之。總兵侯采自四川降清。李正開挂將軍印，總理□貴□軍務。曲靖侯周茹□復成都。遊擊陳甲戰建寧楊溪，死之。

二月丙寅朔，王得仁復九江。總兵冷允登等反正，復南康。諸生吴江起兵復湖口。給事中文明遠宣諭興國州，死之。總兵金志達復宿嵩、東流、建德。知縣王熚、將軍李有實起兵羅田。楊卓然兵部尚書，連絡直、浙、湖廣兵馬；謝存仁兵部尚書，總督南直恢剿。清以都統譚泰爲征南大將軍侵江西。鳳陽地震。開建陷，總兵楊昭、管大勝死之。王而富等起兵池州，死之。員外郎胡士昌謀起兵建德，死之。賴其肖兵部右侍郎、僉都御史，贊理恢剿浙、閩軍務，連絡漳、泉義旅。王晉功起兵黃安。總兵曹祖參復廣濟、黃梅，擢兵部右侍郎、僉都御史，巡撫湖廣。鄖國公王祁攻雁塘，徐應卿死之。

癸酉，滎陽王蘊鈐起兵復黎平，奉國將軍朱暉奎死之。

甲戌，傅夢弼復宿嵩。金世選復南豐。

丁丑，巡撫曹祖參攻安慶，張甲死之。傅官生奉□□□朱翊鏡起兵安□，死之。吳江僉都御史，巡撫應、安、蘄、黃、光、固，規恢江、皖。湖廣徐家寨陷，邢志濂死之。平溪陷，總兵吳尚慮等死之。永寧山寨陷，貴溪王常淲薨，威武侯向登位死之。

辛巳，鎮江地震。

癸未，金聲桓等圍忠誠。將樂陷，侍郎趙士冕，總兵陳簡、羅甲等死之。太僕卿許祚昌圍漳浦不克。賴子明等攻寧化，死之。丘民滋自泉下里謀復寧化，死之。

丁亥，南安侯郝永忠疏請上移蹕，大學士嚴起恒疏請鎮靜。永忠大掠桂林，殺太嘗卿黃太玄，劫臨桂伯瞿式耜出上寢宮，裸而置之城外。

戊子，上幸象州，詔定興侯何騰蛟入衛。清兵乘之，陷興安嚴關。總兵某三人闔軍死之。柳城陷，訓導蔣秉芳死之。灌陽陷，千户劉飛漢等死之。朱麻庸起兵攻武平。楊齊雲攻連城，李應元内應，死之。詹毓壽等起兵仙遊，死之。

辛卯，白虹貫日。寧鄉陷，司務周堪賁死之。金子襄復崇仁、宜黃、興國。總兵潘永禧以饒州反正。梅窖洞陷，蕭國忠死之。曾斌等攻雩都、忠誠，死之。黃梅陷，巡撫曹祖參等死之。副總兵劉文煌起兵吉水。主事周師文起兵大冶。謝焜等起兵耒陽。臨漳侯武大定攻寧羌，參將李明鑑等死之。茶陵、桂陽、安仁兵亂。安南國入貢。

三月丙申朔，臨桂伯瞿式耜、定興侯何騰蛟入桂林。

乙巳，上幸南寧，以府署爲行宮。王化澄兵部尚書、東閣大學士，預機務；嚴起恒兼吏部尚書；文安侯馬吉翔總督京營戎政。尚書蕭琦卒。曹燁兵部尚書；趙臺副都御史，巡撫南、太、雷、廉；將軍謝國恩鎮慶遠；總兵余啓泰鎮古泥。知縣林宸謨起兵光澤。杜承芳復建寧。王光來復海澄九都學城，死之。

戊申，烏蠻、占城、羅鬼、羅甸、普里、五溪、牂牁、夜郎、僰夷、車里、倭、羅雄入貢。副使程九思等起兵徽、饒。總兵姚啓虞復盧溪。

庚戌，開選行在。

丁巳，清兵復攻桂林，定興侯何騰蛟督諸軍大破之。建寧陷，鄖西王常潮薨，鄖國公王祁以下闔城死之。筠溪王某被執沙埕，薨。御史謝雲起兵延平建寧山中。林傑等攻長泰，死之。方玉復雲霄。

戊午，臨桂伯瞿式耜檄諸鎮復全州，巡按魯可藻復梧州。魯可藻僉都御史，巡撫廣西；朱天麟禮部尚書、東閣大學士，預機務；晏清吏部尚書。總兵陳鎮國復博羅。巡撫揭重熙命總兵桂英芳攻邵武，主事吴灝之死之。思恩侯陳邦傅自疏請世守廣西，臨桂伯瞿式耜疏駁世守，置車駕於何地？遂不許。長壽伯王應熊卒。大學士呂大器總督川、湖、雲、貴。安慶、太湖陷，宗室朱常巢、侍郎邵起等死之。黄奇遇禮部尚書。王命臣攻保寧失利。順慶陷，參將李先德等死之。都司龍韜復太平。參將范大等起兵桐城白雲寨。守備張嶺起兵含山桃花寨。李國珍起兵羅定，復東安、西寧。尚書周損等奉宗室朱統錡起兵六安。新平伯牛萬才復當陽。總兵陳友龍反正，復靖州、黎平、沅州。黄之貞等復祁門、黟縣、休寧。總兵□□□復南雄。巡撫魯可藻疏請以銓政悉還吏部，禁督按一切題委。總兵陳惟學、李向陽、楊林芳、劉洪裕復開建。副總兵馬養麟復東安、祁陽。廣濟陷，知縣李可梅死之。周承謨起兵麻城。

閏月丙寅朔，皇子慈煊生，大赦。臨桂伯瞿式耜進八箴。總兵丁國棟與米喇印奉延長王識鎊起兵甘州，回王倫泰起兵肅州，合復涼州、蘭州。闖塌天復臨洮。總兵丁國棟復渭源，米喇印復鞏昌、洮州、岷州、河州、通渭。長素起兵神木邊外。

庚午，定遠侯趙榮貴戰法仁寺，參將董甲死之。總兵胡敬攻遂寧，死之。王命臣攻保寧，參將李先德等死之。副總兵李開藻謀内應保寧，死之。大學士朱天麟疏請率土兵恢江右。巡撫堵重熙戰大夫岡，副總兵鄭鳴雷等死之。總兵羅全斌破清兵府江，復梧州。劉有等被執揭陽，死之。

乙亥，李成棟、佟養甲、李明忠、施天福、王之臣、王應華、顧元鏡、關捷先、王芊等以廣東反正。田起鳳以郴州，羅成基以瓊州，耿獻忠以梧州，車任重、郝尚久以潮州反正。金守貫復延平、將樂。總兵姚啓虞戰盧溪，死之。

丙子，總兵譚文賢攻順慶，死之。遊擊寇定邦等戰太平寺，死之。李成棟遣使迎駕。滋陽王弘懋起兵惠州。

己卯，□□王□□殺何應裕。

癸未，茶陵伯張先壁復靖州、沅州。戴國士反正，擢僉都御史，巡撫偏沅。忠孝伯鄭成功復同安。王芝瑞吏部左侍郎，卒；劉五仲僉都御史，巡撫川東。定遠侯趙榮貴戰鹽江壩，副總兵李紀先死之。

夏四月乙未朔，封李成棟廣昌侯，總督江、廣、閩、浙，佟養甲襄平伯，兵工二部尚書；耿獻忠户部左侍郎；洪天擢吏部左侍郎。都給事中吴其靁疏陳爵賞太濫，有傷國體。以江、廣反正告廟，并宣諭臣民。晏清吏部尚書。命侍郎吴貞毓、祥符侯侯性宣諭廣東；兵部右侍郎于鉉宣諭江、直。總兵劉志腴、劉飛、劉飛龍等攻忠誠，死之。萬翱兵部右侍郎，監江西義軍。大學士王化澄疏請親征。定興侯何騰蛟疏請金聲桓、李成棟戰江右，復南京，身自湖南取荆、襄，圖中原，行朝軍國一委瞿式耜；又請回蹕桂林，待出楚。都給事中吴其靁疏劾思恩侯陳邦傅自稱世守非制。

庚子，興寧伯胡一青復興安，攻全州，將軍蔣甲死之。臨潼侯武大定、元帥單一涵等奉山陰王鼎濟起兵興安毛壩關。清以貝子屯齊爲平西大將軍侵陝西。鞏昌陷，丁光射死之。都司哈遇龍戰貴德康家寨，死之。遊擊李六戰馬隖内官營，死之。臨洮陷，僉事吴紹栻等死之。岷州陷，副使牛英等死之。洮州、河州陷，總兵丁嘉隆等死之。金縣陷，知縣王建極死之。參議袁噩受冶秉忠劄，謀起兵，死之。馬朝興戰保寧湘九口，死之。侍郎賴其肖奉□□□朱慈眘入大埔、饒平、和平、鎮平山中。封王興廣寧伯。副總兵蕭耀虎等復石阡、偏橋、清浪、平溪。顧存志復思州。莫宗文、張登貴復鎮遠、施秉。長沙王常湃、南渭王某被執全州，薨。總兵蕭相國等起兵蘄州，死之。總兵李時嘉起兵太湖。參將陳麟起兵安慶、太湖，死之。朱履祧起兵不克，死之。王顔等起兵平陽，死之。黄質白謀起兵白石寨，死之。李振聲起兵萬州，死之。黄吉等攻涇縣，死之。武生江政攻泰寧不克。熊再法等攻邵武，死之。總兵歐陽芬以宜黄反正，攻建寧不克。副使惲日初攻浦城，副總兵岑本高等死之。尚書徐雲、副總兵謝南雲再攻浦城，死之。知縣揭祖攻寧化不克，監軍韓甲死之。李鳳毛戰光澤，死之。知府沈起津攻漳浦。朱良覺等攻武平，死之。諸生楊爲黼等自永春攻漳平。

壬戌，湖口陷。廖英、鄒華等奉宜春王議衍攻寧化，丘選死之。田州、果化州土司來朝。梧州東南星隕，桃李實如瓜。

五月乙丑朔，日有食之。九江陷。

丙寅，南康陷。譚貞良兵部右侍郎、副都御史，總督福建恢剿；曾拱辰兵部右侍郎，總督江西義旅。穀城王由榶起兵湖南，死之。

辛未，清兵圍南昌。封熊兆佐東安伯。范文光僉都御史，巡撫川南，監調入秦兵馬；詹天顔僉都御史，巡撫川西、北。童貴卿等攻九江，死之。廣信、饒州陷。

壬午，李甲春復寶慶。

癸未，定興侯何騰蛟克全州。御史劉興秀内應永州，事洩死之。來蘇寨陷，總兵李登甲、張能奇等死之。

丙戌，潼川陷，知州鄭辰勳等死之。綿州陷，監紀吕濟明等死之。郴州、東安陷。御史涂伯昌等起兵寧都。金聲桓解忠誠圍，引還，副總兵劉起心死之。忠孝伯鄭成功復泉州不克。侯永寧戰林家族，死之。蘭州、涼州陷，延長王識鎊薨。總兵劉惟明等自綿州、達州畔降於清。

辛卯，定興侯何騰蛟復東安。總兵陳友龍復黔陽、平溪、清浪、鎮遠。黃金牓復臨武。鄭順復道州。保昌伯曹志建等復永明、江華、寧遠、嘗寧。總兵彭嵩年、向文明等復酃縣。總兵汪大捷、歐正福復桂陽、郴州。太僕卿劉克安復奉天。定興侯何騰蛟圍永州，普明死之。總兵林得勝戰三塘驛，副總兵李甲死之。僉都御史劉季鑛起兵復茶陵、興寧、永興。

六月甲午朔，有流星入於箕尾。太僕卿黃尚賓宣諭江西，封金聲桓豫國公，挂輔明征夷大將軍印，吏兵二部尚書、左都御史，總督浙、直、江、閩；王得仁建武侯，吏兵二部尚書，挂征虜將軍印；曹大鎬威武侯；姜曰廣吏兵二部尚書、建極殿大學士，督師恢剿京、湖、閩、浙；熊文舉吏部尚書、東閣大學士；李明睿、朱徽、李日池兵部右侍郎，督師；黎元寬僉都御史，巡撫浙、閩；鮑瑞玉兵部右侍郎，提督瑞昌、興國義師；黃人龍兵部右侍郎，總督四川、陝西、山東、山西、河南。

乙未，總兵惠文秀攻辰州，戰白溶，死之。澧州陷，參將楊美奂死之。副總兵李世榮戰新化，死之。大學士周鼎瀚督師，連絡江、楚義旅；劉遠生兵部尚書，總督京營戎政。參將劉明岳起兵新化橫陽山。馮坪僉都御史，巡撫湖北；田闢兵部右侍郎，巡撫偏沅。

甲辰，上幸潯州，以府署爲行宮。封陳邦傅慶國公，李赤心興國公，高必正郢國公，劉體仁光山侯，袁宗第雒陽侯。司禮監王坤監督川、楚軍務。尚書周光夏卒。趙臺兵部尚書，留守南寧；胡欽華僉都御史，巡撫湖南。僉事郭賢操起兵德安，死之。彭順慶等起兵寧都山寨，復石城，授兵部右侍郎，總督贛南義師，封寧都侯。楊厚林復貴溪、弋陽，死之。總兵江振曦復瑞金。曾斌等起兵雩都、忠誠，死之。總兵宋朝宗等復興國，蕭國忠死之。巡撫揭重熙攻撫州、永豐、興國。諸生趙士璋等援南昌，死之。易漢宇復新寧。文水伯陳曾禹殺總兵覃嗚珂。總兵郭淩雲自湖南畔降於清。張大耀等起兵安仁，援南昌，死之。守備鄧雲龍奉□□朱統鈒、總兵朱議漎起兵寧州，復靖安。總兵丁國棟以甘州降清；尋反正，復肅州。

秋七月甲子朔，上幸梧州，以府署爲行宮，謁興陵。命尚書劉遠生慰勞廣昌侯李成棟軍。

丁卯，上辭陵東幸。王國治起兵奉天，死之。連城璧兵部右侍郎，總督兩廣。總兵陳友龍、太僕卿劉克安復奉天、城步、會同。興國公李赤心、郢國公高必正復荆門、宜城、襄陽。朱統鈒督總兵鄧雲龍援南昌；雲龍劫□□朱統鈒、總兵朱議漎自武寧畔附於清，統鈒、議漎死之。總督譚貞良卒。王鎬復漳平。郎中殷國楨檄鄧雲龍援南昌，至寧州被執，死之。林永聚復永春，死之。

甲申，大學士李永茂卒。總兵張天威復宜黄、崇仁。諸生孫仲奎等連絡信豐、興國、寧都、瑞金兵，死之。會昌陷，教諭賴士奇等死之。主事于斯行謀起兵湖南，被執死之。闖塌天戰高山，死之。

八月癸巳朔，上還肇慶。連日天氣和朗，駐蹕雞籠山，有景雲覆其上。臨桂伯瞿式耜爲文築三亭以紀。入行宫，受朝賀。黄龍見於海口。吕宋入貢。歐羅巴人進圖讖。封李成棟惠國公，挂翼明大將軍印，總督七省恢剿軍務；郭都賢兵部尚書、東閣大學士；周堪賡、朱由欆户部尚書、東閣大學士，預機務；吴貞毓户部尚書；毛毓祥刑部尚書；袁彭年左都御史。惠國公李成棟疏請召臨桂伯瞿式耜還綸扉。張黄起兵攻歸化。連城陷，侍郎趙士冕、總兵黄鍾靈死之。王芊僉都御史，巡撫惠、潮。有僧稱思文皇帝，攻永定，死之。總兵曾省復永春。曹燁兵部尚書；耿獻忠工部尚書；李元胤掌錦衣衛，提督禁旅；將軍李明忠鎮高、雷。

甲辰，命惠國公李成棟攻忠誠，會豫國公金聲桓復南京，司禮監李元培監其軍。王道直兵部尚書，總督豫、楚義師。給事中陳恭尹疏陳時事。封胡執恭武康伯。夏時亨、王應斗兵部右侍郎，總督湖北山寨義師。劉季鑛兵部右侍郎，總督江、楚，行至樂昌，爲盜所殺。總兵車任重殺守道李光垣等潮州。

戊申，同安陷，員外郎葉翼雲，總兵林壯猷、陳上義以下闔城死之。忠孝伯鄭成功復漳浦。趙獻素吏部右侍郎，梁士濟兵部右侍郎，王華玉少詹事，鄧務忠通政使，米助國大理卿，陸世廉光禄卿，吴敏師、官撫極太僕卿，張備僉都御史。巡按顧之俊疏陳天地人三策，水火藥三用。襄平伯佟養甲總督楚、粤，司禮監龐天壽總督閩、粤恢剿。惠國公李成棟疏請裁恩倖，定黜陟，伸威名。曹胤昌、沈會霖僉都御史，總督白雲寨義旅；鄭逢玄僉都御史，巡撫貴州。副使張福寰奉宗室朱統錡潛山飛旗寨。總兵吕孟、張蓋、湯時行自太湖畔降於清。司禮監龐天壽提督勇衛營，文安侯馬吉翔督戎政。大學士吕大器討朱容藩，誅之。大學士朱天麟疏請頒親征詔恢復中原。鉛山陷，總兵王紹忠、張雲等死之。巡撫吴江等戰都昌，死之。黎士彦僉都御史，統領江西義旅，兼巡撫安、廬。參將陳復明等戰吉水，死之。總兵林德榮等攻同安七寶寨，死之。參將習鼎升等戰永豐山中，死之。總兵丁國棟僞以甘州降清。黎都復會昌，戴天寵死之。遠安伯陳友龍、茶陵伯張先壁、總兵黄飛鸞復寶慶、湘鄉。

己未，渠縣李毅城陷，寨主蕭加太等死之。太嘗卿文士昂謀内應攸縣，事洩死之。寧遠陷，知縣江起龍死之。知州王師第奉定安王四子某起兵忻州，死之。惠國公李成棟命推官蘇進泰招田雄，死之。

九月壬戌朔，江寧伯杜永和與給事中蒙正發廷爭，給事中歐陽霖疏劾杜永和恣睢闕廷，請處分。

癸亥，有火星自東隕，有聲。寶慶陷，中軍康必旭內應，死之。都御史袁彭年疏陳臺規。慶國公陳邦傅以世守廣西請封，巡按吳德操、給事中吳其靁疏劾之。巡撫魯可藻疏陳廷臣會宴用女伎，非聖世所宜。同知朱藴金起兵耒陽、永州。總兵金志達戰建德，死之。

庚午，總兵丁國棟反正於甘州。總兵陳選起兵信宜。總兵李時嘉攻太湖，死之。知縣王熼、將軍李有實等復廬州。義勝將軍侯應龍起兵復霍山不克。巡撫田鬫引兵至桂陽，爲潰兵所殺。武昌伯馬進忠復嘗德、辰州、桃源、石門。襄陽伯王進才復臨武、藍山。雒陽侯袁宗第復澧州。茶陵伯張先壁復沅州、靖州。都御史袁彭年疏劾朱謀埅、錢匡、吕爾璵混跡臺端，宜遠斥，臨桂伯瞿式耜疏請幸楚。

壬午，定興侯何騰蛟克永州，副總兵白貴死之。進復衡州。曾道唯兵部尚書、東閣大學士，預機務；于元燁總督楚、豫，兼巡撫漢、黄；李膺品兵部右侍郎、副都御史，撫治全、永。梁四等起兵交山。武陟伯閻可義、總兵黄恩等復龍南。

冬十月壬辰朔，吴璟禮部尚書；王嗣翰簡討；王嗣乾職方員外郎；戴國士僉都御史，巡撫偏沅。御史余鯤起等起兵寶慶。尚書蕭琦卒。清兵攻嘗德，武昌伯馬進忠迎戰麻河，大破之，晋進忠武昌侯。臨桂伯瞿式耜疏請回蹕桂林。掌錦衣衛李元胤辱罵科道官於朝門。惠國公李成棟復南安。大學士堵胤錫招興國公李赤心等於夔州。武昌侯馬進忠大掠常德，走奉天。

辛丑，襄平伯佟養甲等謀畔，伏誅。襄陽伯王進才棄寶慶，興國公李赤心等遂引兵東，湖南新復州縣復陷。武靖伯李明忠疏劾侍郎朱治憪帶餉潛匿，革職勘問。革副都御史沈源渭職。林健起兵永福埕頭，死之。江爵等起兵玉尺，死之。總兵薛貴等畔降於清。大學士嚴起恒疏請親政涖講，節國用，清封賞，慎恩紀，立威信。靖遠伯甘良臣爲總兵朱德洪所殺。忠勤伯郭天才復將樂。太僕卿賀丕業疏陳四維三綱。

丁巳，惠國公李成棟兵潰忠誠，殺總兵楊大用。程峋兵部右侍郎，宣諭江西。洪、雅兵亂。晋鄭成功威遠侯。威遠侯鄭成功復雲霄。大學士晏日曙督師袁、吉，道卒。鄭逢玄兵部左侍郎、副都御史，總督滇、黔、川、楚軍務；沈光文太僕卿。給事中金堡疏陳八事，劾慶國公陳邦傅十可斬。員外郎林亮招兵援南昌，戰宋湖，死之。張進澤起兵靈寶。夏望庵起兵盧氏。總兵謝如香戰攸縣，死之。李陽起兵攻太原，死之。鄭登啓等奉宗室朱梅川起兵絳州，死之。總兵楊桂杏復銅仁。開州陷，總兵傅一鷟等死之。

十一月辛酉朔，御史金鐘連絡河南、山東、河北義師，李元胤署吏部尚書，耿獻忠兵部尚書。

癸亥，大學士堵胤錫命毛壽登守嘗德，自督興國公李赤心等復湘潭、益陽、湘鄉、衡山，進復長沙不克，百户石元澤死之。巡撫魯可藻疏請各監紀官不得輒授兵科。揭重熙兵部尚書、左副都御史、東閣大學士，經理江西義旅，應援閩、直，總督兵馬；傅應銓兵部右侍郎、副都御史、東閣大學士，督師江西，會援南昌，敗績三江口。參將習鼎升等戰永豐，死之，侍郎余應桂起兵都昌，晋尚書督師。吴尊周兵部右侍郎，總督江西；陳芳僉都御史，巡撫江西。侍郎劉士禎等起兵龍泉，主事劉肇臨死之。孔徹元等起兵建昌，援南昌，孔徹哲死之。總兵金志達等起兵復東流、建德，死之。倪元貞攻安仁，死之。黄加綬復萍鄉。王享明起兵交城，死之。巡撫魯可藻自署總制兩廣，臨桂伯瞿式耜疏劾之。定興伯何騰蛟、臨桂伯瞿式耜疏劾巡撫胡欽華，罷之。總兵米國珍合靖虜侯王光興軍。曾唯復大田。吴伯泰起兵古田，死之。總兵東俊、陳彬、洪亮等自永福山中畔降於清。鄒華等攻寧化，千總夏有才等内應，死之。召大學士路振飛。南安侯郝永忠殺遠安伯陳友龍新寧。廖應亨僉都御史，巡撫雲南。僉事劉本桂等起兵石垛山，謀攻盧氏，死之。麻城陷，總兵張颺畔降於清。總兵李世英等攻興安，死之。總兵米國珍等戰漫溪山寨，死之。李奎起兵鎮安山寨，死之。元帥穆大相、總兵李應全等攻竹山，死之。石梁山陷，總兵王國賢死之。

十二月辛卯朔，全鳴時吏户兵三部尚書，主南昌内外軍務。都給事中謝元汴疏陳中興十事。遊擊杜承芳援撫州，死之。定興侯何騰蛟會大學士堵胤錫於湘潭，定議胤錫援江西，騰蛟北向，會師南京。清以鄭王濟爾哈朗爲定遠大將軍及順承王勒克德渾、恭順王孔有德侵湖廣。

癸巳，平虜大將軍姜瓖，將軍唐玨、王忠等以大同反正。

戊戌，安南陷養利，教授華白滋等死之。

庚子，大將軍姜瓖大破清兵，追至陽和。總兵余上傑等戰劍州毛蛇溝，死之。參將姜建勳等復朔州。

戊申，總兵劉偉等復寧武，楊振威復土默特旗，副使萬練左、大將軍劉遷等復偏關，郭彦武復岢嵐。巡撫李虞夔起兵平陸，合虞胤、韓昭宣、白璋、張萬全及總兵張鳳翼等復潼關、蒲州、解州各屬。章惇復聞喜。諸生趙浩起兵武鄉。經畧高有才等起兵神木、府谷。長木攻寧夏。招討大將軍王永强奉侍郎惠世揚起兵復延安、同官。巡撫劉永祚起兵固原天神廟。虞胤兵部尚書、東閣大學士，總督六省；賈同春兵部尚書、東閣大學士，督師山西；姜建勳僉都御史，巡撫大同；姜輝僉都御史，巡撫山西；韓昭宣兵部右侍郎，總督山、陜，封晋國公；白璋元帥。大學士李建泰起兵太平，復澤州、潞安。副總兵劉登樓起兵榆林，復靖遠、定邊、寧夏，楊成名等死之。刁爾吉起兵賀蘭山北，死之。郭懋祚起兵靈州，劉永昌死之。王遠兵部右侍郎，總督三邊；劉登樓兵部右侍郎，總督招撫。清以英王阿濟格爲平西大將軍及降將平西王吴三桂侵山西。陽和許堡陷，郭二用等死之。澄海石尾陷，鄭廣等死之。總兵白大千等自達州畔降於清。鮮可强等起兵射洪，死之。李虎戰遂寧國清寺，死之。總兵任存孝等戰射洪玉龍橋，死之。新津侯譚弘攻保寧，副總兵張天相死之。雲州土司蔣朝臣反。余朝相僉都御史，巡撫廣西。大學士王化澄、嚴起恒乞休。都給事中金堡疏陳四事，力請親征。御史胡澹起兵進賢，援南昌，死之。郎中曹子鉞乞師廣東，至忠誠，死之。知縣張載述疏劾都御史袁彭年罪，擢給事中。監紀鄒簡臣復順慶十餘城。總督謝存仁等被執祁門，死之。總兵車任重殺守道李光垣等。總兵陳武復崖州、昌化。感恩瑶黄萬勝攻乳源，死之。鄭勳庸等復尤溪。

是年，正朔所暨，有廣東、廣西、雲南、貴州、四川、湖廣、江西、福建、浙江、南直、山東、山西、河南、陝西諸地。侍郎劉令譽、張鏡心、王繼謨，巡撫鄭二陽、魏公韓、洪瞻祖、樊尚燝、廖大亨、孫穀、林贄、董象恒，將軍秦良玉，卒。

永曆三年己丑，春正月庚申朔，上在肇慶，大雷雨風雹，免百官朝賀。詔所在督撫勳鎮將吏，不得縱兵掠殺焚毁淫虐；有故犯者，督撫勳鎮削奪，偏裨以下按軍法勿貰。

辛酉，惠國公李成棟誅總兵車任重。禮部頒行新曆。程峋兵部尚書，總督江西援剿軍務；李赤心兵部右侍郎，總督山東、河南官義兵馬援江；高必正兵部右侍郎，總督浙、直官義兵馬，從程峋出江。左大將軍劉遷復平型、雁門諸關。高鼎起兵宣府、保安。副總兵丁箕等起兵崞縣，死之。路太平僉都御史，巡撫廣西；李相挂將軍印，管理楚、粵軍務。中書舍人屈大均疏陳中興六大典書。

乙丑，總兵姚舉等復崞縣。

丁卯，惠國公李成棟殺大學士朱由櫰、宣忠伯王承恩。夏國祥、江國泰司禮監。司禮監馬鳴圖奉敕連絡大將軍姜瓖軍。巡撫姜建勳復忻州、定襄。總兵陳武復萬州。朱嗣敏僉都御史，監督勳鎮兵馬，安撫湖南。僉都御史鄭古愛招降將馬蛟麟辰、嘗。巡按楊鍾疏劾大學士何吾騶。

庚午，忻州陷。

壬申，大學士朱天麟罷，疏請勿以四方無利害事執爲極重大事。黄士俊吏部尚書、文華殿大學士，何吾騶吏兵二部尚書、建極殿大學士，預機務；士俊充首輔，方祚亨、張尚等疏爭，削籍。封吴三桂漢中王，命僉都御史張嵋齎密詔金章宣諭。總兵王基成反正潼川，死之。李榮復孝感，攻雲夢，死之。都御史潘世奇卒。總兵楊先志自蘆山畔降於清。

戊寅，南昌陷，豫國公金聲桓、建武侯王得仁、南安伯宋奎光、忠勤伯郭天才，大學士姜曰廣，總督黄人龍，侍郎黄天雷，巡撫陳芳，總兵李之榮、李士元以下闔城死之；總兵湯執中、楊甲畔降於清。湘潭陷，定興侯何騰蛟陷清兵，宣威伯楊進喜，將軍朱先甲，總兵馬際盛、羅經禮以下闔城死之。大同北窑陷，李義等死之。漢城侯劉一鵬戰吉安，死之。王永强復榆林、延安、安塞、宜川，挂定國招撫大將軍印；高有才經畧；孫士寧僉都御史，巡撫延、綏。總兵張天威、徐陞春、廖冠傑等戰崇仁，死之。大學士揭重熙戰程鄉三江口，僉事桂泓等死之。袁州山寨陷，遊擊周良宇等死之。永寧陷，知縣胡從治死之。御史陳大生謁行在，行至崇仁被執，死之。大學士唐諴兵潰，走肇慶。曹志建屯衡州。汪一焕起兵衡山。

乙酉，定興侯何騰蛟猶在湘潭，誘降不屈，死之。

丁亥，定遠侯趙榮貴，總兵余上傑、王應選等奉秦王存榏攻階州，戰龍安平落驛，死之；秦王存榏薨。清以端王博雒、敬謹王尼堪侵山西。九江晝晦如夜。

二月庚寅朔，左大將軍劉遷復繁峙，高鼎等復五臺、靈丘、廣昌，遊擊姜甲等戰五臺建安寨死之。王[火+鼎]兵部尚書，總督鳳陽義師。

甲午，饒州、撫州陷，南豐陷，潘甲戰軍港，死之。

乙未，建昌陷。光禄少卿陳士京疏陳時政，擢左副都御史。析恩平、新興、新會，置開平縣。曹胤昌、沈會霖僉都御史，總督白雲義旅；傅夢弼、傅謙之、桂蟾、義堂兵部右侍郎、僉都御史。鍾志反正寧洋，死之。萍鄉陷，守備馬登雲等死之。副使陳九思復德興。何文瑞兵部右侍郎、僉都御史，監胡一青軍。都給事中謝元汴疏陳時艱憂憤。德化王□□、石城王□□、尚書羅南生復大田、沙縣，攻順昌、將樂失利，保延平將軍寨。陳和尚起兵建寧。楊林山起兵靈寶福底山，吴可俊死之。

壬寅，僉都御史劉斯崍等被執南昌梓溪，死之。

癸卯，守備唐虎復渾源。大將軍王永强復同官、鄜州。主事李可梗戰大荔，死之。諸生張倣復解州、運城。經畧高有才復雒川、白水、宜君。滋陽王弘懋挂翼運大將軍印。江寧伯杜永和疏陳郡王無典兵例，詔寢之。中書舍人劉維贊疏請用大學士嚴起恒代定興侯何騰蛟任楚事。

甲寅，安縣陷，總兵徐甲、楊甲，副總兵解應甲等死之。彰明陷，總兵黄夫死之。

乙卯，惠國公李成棟兵潰信豐，與尚書張調鼎等死之。閻可義僉都御史，巡撫南雄；羅成耀巡撫衡，守南雄；黄應杰守惠州。興安、觀音諸寨陷，總兵覃一純、覃遠等死之。毛壩關陷，山陰王鼎濟薨，元帥覃一涵等死之。副使許不惑等攻西鄉，死之。給事中金堡、丁時魁疏劾大學士何吾騶老不知止，顔甲十重。御史賀康年疏劾都御史袁彭年。都御史袁彭年疏劾大學士何吾騶。宗室朱統錡保飛旗寨，尚書周損等死之，總兵黃鼎畔降於清。開平伯林大綬起兵沙縣嘗順寨。大學士呂大器卒。

戊午，渾源、賈莊陷，王平等死之。張五嘗等保龍泉關，死之。李青復廣靈，死之。姚采起兵崞縣東山，死之。清以睿王多爾衮侵大同。

三月庚申朔，大元帥劉三元復平遥、祁縣，范計死之。胡一青復衡山。滋陽王弘懋疏請連絡惠、潮義旅，不許。

癸亥，渾源陷，守備唐虎等死之。

丙寅，杜永和兵部尚書，總督兩廣，恢復江西。興國公李赤心兵潰茶陵，走廣西，殺僉事周士元富川。命荆國公劉孔炤册封吴三桂，未行。曾唯等復尤溪。曾省復大田。威遠侯鄭成功復漳浦、雲霄、詔安，攻潮州。大學士堵胤錫以新寧伯趙應選、興寧伯胡一青兵守衡州。總兵陸士毅守安仁，龔瑞守攸縣。黄公輔刑部左侍郎，署部事。

壬申，左衛吴家窑陷，總兵王元泰死之。陳伯紹復霍丘。尚書王爆、總兵陳元方復英山。將軍侯應龍復舒城、潛山。副使張福寰復羅田。

甲戌，石泉陷，參謀戴桂死之。總兵魏麟鳳等起兵宜章。大理卿趙昱疏劾大學士何吾騶、司禮監夏國祥交通狀。光山侯劉體仁、雒陽侯袁宗第復慈利。大學士揭重熙督平夷伯張自盛、寧南伯洪國玉、威武侯曹大鎬、總兵李安民兵駐寧都石城，總兵揭玉卿等死之。大學士傅鼎銓合徐孝伯兵駐徐博。武陟伯閻可義殺總兵馮明高。僉事衛登芳起兵猗氏。

庚辰，經略高有才復蒲城，大將軍王永强、總兵平德復蒲州，張再元等復臨縣。

辛巳，守備楊材戰左衛雙山，死之。甘州陷，米喇印戰水泉古城窊，死之，總兵丁國棟走肅州。同知徐自礪等起兵涼州。帖清泰起兵鎮番。總兵李廷明自梓潼明月峒畔降於清，副總兵李榮恩死之。

丁亥，雲霄、詔安陷，中衝鎮柯宸樞戰盤陀嶺，死之。

戊子，左衛陷，周議等死之。

夏四月己丑朔，永興陷，總兵堵正明、尹具瞻等死之。安仁陷，總兵陸士毅等死之。定國公牛化龍復保德。巡撫姜建勳、總兵王顯名等復霍州。

庚寅，大學士李建泰、虞胤，大將軍王永强，總兵王顯名復汾州、清源。吴思明復翼城，死之。行人張元輔謀復孝義，死之。

癸巳，太白入月。

甲午，沈海復徐溝、交城、太谷。總兵侯甲復介休。張永錫復孝義。大學士堵胤錫戰衡州草橋，總兵陶仰用死之。羊山寨陷，都司許碩甫死之。梅家寨陷，監軍葛修懋等死之。

英窴寨陷，將軍方學達、總兵孔文燦等死之。保昌侯曹志建襲大學士堵胤錫鎮峽關，殺其將王一賓，大學士堵胤錫走梧州。

壬寅，總兵王顯名復交城。新建王由模復尤溪、大田。武昌侯馬進忠戰寶慶和尚橋，總兵馬有志、胡進玉死之。光山侯劉體仁復房縣。守備江文傑復萬載，不守，死之。武昌侯馬進忠復奉天。余心度兵部右侍郎，巡撫廣西。

庚戌，大學士路振飛卒。保昌侯曹志建殺僉事何圖復。

癸丑，總兵王顯名復文水。孫可望遣巡撫楊畏知乞王封，畏知請封之便，給事中金堡七疏力爭，巡撫錢邦芑疏請封公，太嘗少卿李用楫疏請當從其權。乃封孫可望景國公，劉文秀泰侯，李定國康侯，艾能奇信侯，晉楊畏知兵部尚書，總督川、湖、雲、貴，使雲南，不受。萬年策兵部尚書，總督湖北；黎士彦僉都御史，巡撫安□；馬光僉都御史，巡撫全、永；毛壽登兵部右侍郎，監督勳鎮兵馬。總兵嚴希賜自江油畔降於清。涼州陷，馬騰金死之。清以郡王瓦克達爲征西大將軍侵山西。

五月己未朔，新寧伯趙應選、興寧伯胡一青守全州、永寧，董方策屯羅定，楊大甫屯梧州，馬寶屯德慶。張同敞兵部右侍郎，督理諸鎮營軍，駐新寧。尚書程峋安撫忠貞營，至開建界口，爲張祥所襲殺。給事中文明遠奉敕諭忠貞營，至懷集，死之。給事中周禮調兵陽山，死之。新寧伯趙應選、興寧伯胡一青、總兵王永祚率兵至桂林，晉趙應選、胡一青爲侯。吴其靁僉都御史，監兩廣軍。滇、焦軍鬨，新興侯焦璉殺總兵趙興。

乙丑，總兵楊鳳山等戰忻口，死之。劉文煌復泰和。茶陵伯張先壁棄沅州，巡撫戴國士再畔降於清。總兵王鎮中殺巡撫劉鼒於柳州。方孔炤兵部尚書，總督蘄、黄、安、廬軍務，恢剿河南、山東地方；金光宸兵部右侍郎，連絡滁、和義旅，左光先、葉士彦僉都御史，連絡安、六、廬州各義旅。

己巳，侍郎熊化卒。王菁僉都御史，巡撫柳、慶；劉禄兵部尚書，總督奉天。巡撫姜建勳等大破清兵太原古城。

癸酉，巡撫姜建勳戰晉祠，歲貢薛宗周等死之。總兵孫一鳳攻龍安，副總兵張啓賀等死之。巡撫姜建勳戰白雲山，總兵王顯明，鄭孟魁等死之。參將沈海復屯留。僉事胡國鼎等復沁州。陳二南復武鄉，趙御封死之。沈海大元帥。參將王貴復宣府。高鼎復阜平。唐威起兵蒲城北山，死之。大學士虞胤等復絳縣。總兵丁國棟保肅州，塔什蘭等死之。

丁亥，大學士虞胤等攻平陽不克。肇慶大水。

六月己丑朔，都御史袁彭年罷。滇兵殺參議王奕昌陽朔。大將軍劉遷守南北二寨，總兵郭斌、趙英、韓斗樞死之。

壬辰，把總李世雄復潞安。吳國鼎僉都御史，巡撫澤、潞，沈烈、許守信總兵。陳杜復澤州，擢兵部右侍郎，督師河南，復陵川、沁水、襄垣。副總兵張斗光復長子。趙聯芳復黎城。胡宓復壺關、潞城、平順、襄垣、和順，王歌等死之。遼州陷，知州李長青等死之。參將周世德復井坪。武生龐甲復永和。王登憲復隰州。把總衛敏復吉州，蒲縣、大寧、鄉寧。總兵郭中杰復垣曲。吳李芳左都御史，監武昌侯馬進忠軍。大將軍王永强攻平陽，劉光明死之。劉四亨戰峪口村，死之。大將軍王永强敗績流曲川。蒲城陷，總兵王永祚等死之。宜君、同官、延綏、宜川、安塞、清澗陷。

甲辰，大學士堵胤錫自梧州朝於行在，疏陳攝主威、作士氣、收人心三事。李新兵部尚書、東閣大學士，監督直省恢勦軍務。給事中金堡疏劾大學士堵胤錫喪師失地。堵胤錫吏兵二部尚書、文淵閣大學士，督師直省，援江恢楚，節制忠貞、忠武、忠開諸營出江、楚，封光化伯；黄奇遇兵部尚書，提督惠、潮官義。封曹志建永國公。尚書吳璟引疾去。太嘗少卿鄒魁明以義師事連，南昌死之。武康伯胡執恭矯命封孫可望秦王、劉文秀撫南王、李定國安西王、艾能奇定北王。楚王華堞薨。薛命新謀起兵陝南，死之。光化伯堵胤錫疏請急措兵餉，以求招集實功。御史劉渤起兵安福，死之。大學士揭重熙復石城、宜黄、寧都。萬年策兵部尚書、副都御史，總督滇、黔、楚、粵軍務。程源疏陳内政外政各十事，擢兵部左侍郎。監紀羅英園惠來不克，死之。番天王奉護國將軍朱由植攻忠誠，與司禮監李元培等死之。陸繼望等起兵石城，死之。將軍白玉麟戰猫兒潭，死之。商城屏風巖寨陷，參將沈學積等死之。總兵張其倫等保雞籠山，死之。麻城羅田寨陷，周于義等死之。朱益吾等戰三關九圖，死之。劉治國自廣東攻忠誠，死之。

秋七月戊午朔，給事中金堡、御史趙昱疏劾大學士何吾騶。朱謀⿱例土僉都御史，連絡江西義旅。慶國公陳邦傅將曾海虎劫侍郎毛壽登，殺總兵薛甲。給事中甘永起兵永新，死之。

乙丑，汾州陷，巡撫姜建勳等死之。自五月乙亥雨，至於是日大水寒。光化伯堵胤錫疏請降敕封孫可望，使恩出自上，令縛執武康伯胡執恭歸朝正法；又密請封孫可望爲二字王，承制命尚書楊畏知、副都御史趙昱封孫可望平遼王、劉文秀濟國公、李定國康國公、艾能奇信國公，不受。張和尚自桂東攻永寧。江寧伯杜永和攻南安、信豐、崇義。臨桂伯瞿式耜疏劾巡撫魯可藻不守制。誅安樂伯楊大福。馬光僉都御史，撫治全、永、寶、武；張同敞總督各路恢剿兵馬；毛壽登督理武昌侯馬進忠、襄陽伯王進才軍。

辛未，總兵趙友鄢攻遂寧，遊擊涂甲死之。臨桂伯瞿式耜疏劾巡按辜延泰。封鄭成功廣平公。總兵彭象乾卒。瞿紗微掌欽天監，改用西曆。

乙亥，孝義陷，大將軍劉遷戰黃香寨死之。偏關、岢嵐陷，萬練死之。孔徹元起兵復武寧，死之。李標起兵南康。趙鐵棍攻宜川，死之。清兵攻梅關，羅明等死之。

庚辰，梅關陷，總兵李棲鵬、羅士珍等死之。宗室朱蘊钀被執黃州山寨，死之。

癸未，總兵袁韜殺宣平侯楊展。

乙酉，沙縣嘗順寨陷，開平伯林大綏死之。武靖伯李明忠殺侍郎洪天擢。尚書劉士禎卒。清以郡王滿達海爲征西大將軍侵山西。總兵袁韜、臨潼侯武大定攻嘉定，鮮可强等死之。

八月戊子朔，新興侯焦璉斬失機將軍劉起蛟陽朔。給事中姚大復戰祁陽大忠橋死之。趙昱兵部右侍郎、副都御史，總督川、貴，從光化伯堵胤錫出楚。興寧侯胡一青復新寧，敗績衡山。威武侯曹大鎬復建寧。

癸巳，總兵封汝宦復蒲州、聞喜、夏縣、臨晉、河津。知縣劉光裕等復岳陽，死之。賜臨桂伯瞿式耜彤弓鐵鉞，總督川、湖、滇、廣師。河津陷，鄉官張家璧死之。

丙申，朔州陷，總兵張英死之。總兵劉偉以馬邑、寧武、靜樂畔降於清。將軍王忠攻左衛，死之。井坪陷，參將周世德死之。衛甲戰臨晉令狐村，死之。元帥白璋戰滎河，死之。閻璟戰孫吉鎮，死之。猗氏陷，總兵張萬全等死之。解州陷，僉事王仕等死之。郭之奇禮部左侍郎，疏陳安内、攘外、措蜀糧、選守令四事。總兵李雲戰五寨死之。戊申，興寧侯胡一青、寧遠伯王永祚、綏寧伯蒲纓全師出楚，屯白牙市。武昌侯馬進忠敗績寶慶。奉天陷，屯古泥，晉鄂國公提督川、楚、秦、豫水陸援剿官兵；復城步。許啓洪副都御史，巡撫廣西。林傑等起兵文昌、古城，死之。葭州陷，總兵平德等死之。定國公鄭鴻逵戰揭陽，巫淑英等死之。

乙卯，總兵楊振威、裴季中殺大將軍姜瓖，以大同畔附於清，總兵張鳳翼以下闔城死之。巡撫姜建雄入交城山中，死之。

九月丁巳朔，程源經理黔、蜀。李陳玉兵部尚書，總督江西義旅，進恢南昌。各鎮復全州。總兵陳國柱畔降於清。新建王由模復延平高峯諸寨，陳光等死之。鄭文起兵德化，死之。大田陷，總兵廖奇、廖明正死之。新建王由模走新城。官威揚再起兵邵武。命内監秦宗文敕招降將馬蛟麟。臨桂伯瞿式耜誅亂將曾海虎。澤州陷，巡撫陳杜等死之。總兵申亥、郭亥、魏閔等畔降於清。總兵張甲、王甲等謀復汾州，死之。副總兵許守信等走西安，死之。李虎等戰霍州，死之。雷和尚謀復絳州，死之。雷鳴等戰夏縣，死之。

戊寅，運城陷，晉國公韓昭宣，總兵荆欲琯、張爾德、康五、劉天舒、楊盛泰等死之。知縣童聖功復萬載。

是月，廣州城下赤水如血，半月乃息。

冬十月丙戌朔，僉事段酃復酃縣，死之，清兵攻道州，永國公曹志建大破之，始興伯汪瑞儀自南雄畔降於清。南安侯郝永忠殺遠安伯陳友龍。撫治馬光疏陳時政。

己丑，鄂國公馬進忠復奉天。易漢宇復新寧，死之。總兵王三才復耒陽。

庚寅，太谷陷，知府蘇升等死之。張五桂攻五臺，參議張秀等死之。給事中金堡疏劾侍郎程源。諸葛倬光禄卿，傅應期太僕卿。光禄卿嚴瑋疏劾大學士王化澄、尚書萬翺等。辰州陷，副使胡會賓等死之。陵川陷，總兵劉繼漢、馬科、焦培馨、李桐、蘇士昌死之。陽城陷，總兵張斗光、許成儒死之。

戊戌，守備楊登周復山陰，死之。

己亥，總兵張拱濟復新寧。太僕丞張尚疏劾大學士何吾騶。印司奇兵部右侍郎；張鳳翼少詹事，掌院。郎中汪蛟疏請行察典，汰冒濫。總兵陳三台自鄰水、大竹畔降於清。太僕少卿楊永泰撫紅夷龍門，死之。吴貞毓户部尚書，文燠太嘗卿。甲辰，□□破清兵於石門。

乙巳，魯王以海入舟山。

丙午，潞安陷，巡撫胡國鼎等死之。副總兵唐仲亨戰屠油壩，死之。鄭逢玄左都御史。

己酉，屯留陷，知縣張鳳羽等死之。襄垣陷，知縣趙浩等死之。潞城陷，知縣李師沆死之。黎城陷，副總兵趙聯芳等死之。壺關陷，知縣胡宓等死之。平順陷，知縣董琇等死之。總兵郭中杰戰聞喜侯馬驛，死之，總兵康姬廷畔降於清。榆林陷，招撫大將軍王永强戰宜君石壁，死之。高名顯戰吴堡，死之。總兵左宗榜戰荆橋，死之。大學士何吾騶、王化澄罷，始命閣臣擬旨於文華殿。萬載陷，知縣童聖功等死之。

壬子，鄂國公馬進忠與馬維興復奉天。總督劉登樓與札穆素攻靈州失利。王虎戰楊方坪，死之。總督劉登樓保定邊漢伯堡，總兵謝汝德等爲下所害，登樓及總兵任一貴走鐵角城，死之。余惠爲下執，畔降於清。

乙卯，鄂國公馬進忠、襄陽侯王進才復寶慶、靖州。

十一月丙辰朔，延平將軍寨陷，德化王慈燁、石城王議漈薨。尚書羅南生等畔降於清。泰和東坑陷，蕭東鎮等死之。

己未，襄陽侯王進才、將軍劉之良復沅州、城步、靖州。總兵劉揚安復綏寧、黎平，死之。長子陷，知縣王者佐等死之。總兵王三才復永興、耒陽。總兵歐正福、總兵任大勝復嘗寧。總兵焦賫等奉宗室朱常漢復西鄉、平利，死之。王大漢戰興安階峪，死之。武生何士升起兵雒南三要口。

辛未，攸縣燕子窩陷，僉都御史巡撫湖南鄭愛等死之。肅州陷，總兵丁國棟，回王倫泰，都督和卓哈資、琥珀峯、茂什爾、瑪密輝、璔瑚里、帖密卜喇、里克特默以下闔城死之。連城璧兵部左侍郎、副都御史，督廣寧伯兵馬出江、楚。江寧伯杜永和入朝。

庚辰，西關寨陷，總兵余公亮畔降於清。

辛巳，光化伯堵胤錫卒。魯可藻兵部右侍郎，經理江□淮□軍務。飛旗寨陷，石應璉及總兵余尚鑑、儲伯仁、石際可死之。總兵黄書忠等戰袁州，死之。總兵王國英等謀起兵亳州，事洩死之。劉霖寰謀自信豐降清，爲楊大勇所誅。武陟伯閻可義與陳鳳復定南。總兵王俊以徽州黄山寨，總兵汪永高以張公寨畔降於清。總兵曹志攀、汪文生戰饒州、廣信，畔降於清。

十二月乙酉朔，上以給事中金堡、丁時魁、蒙正發迭劾大臣，内外畏之，因召對諸臣曰：「朝立言官，本期嘉謨嘉猷入告，以匡朕躬，贊國政。今時事多艱，軍國大計未聞一人條奏，乃日肆排擠，當是何意？」堡曰：「臣等奏者紀綱，言官不言，誰當言者？」上曰：「止見金堡、丁時魁、蒙正發瀆擾不已，明係結黨把持，何曾從國是起見。本當重處，暫且寬恕。以後大小文武，應共襄國是，勿蹈前轍。」復諭首輔嚴起恒曰：「卿爲百僚長，亦宜勸戒諸司。」起恒曰：「百官今日親承聖諭，誰敢再犯干國典。」是日，芮城陷，知縣薛勤王死之。

丙戌，副總兵沈烈執總兵郭天佑等自九仙臺畔降於清，大元帥沈海亦降。僉都御史巡撫澤潞劉漢爲下所殺。李膺品兵部右侍郎。

壬辰，廣平公鄭成功復惠來。武毅伯施天福至潮州畔降於清。提督五鎮總兵黎元宣、總兵王良禄屯酃縣、桂東、寧鄉。都司李正烈戰新化，死之。

丙申，寧遠伯王永祚、將軍張明綱等敗績永州。永國公曹志建復郴州、桂陽，屯鎮峽關，鄂國公馬進忠屯瓜里。總督張同敞檄武陵侯楊國棟屯全州。程景頤僉都御史，巡撫奉、寶。

戊戌，永國公曹志建復嘗寧、永州、桂陽州。瞿昌文簡討。左都御史喻思慥卒。大學士朱天麟疏請上自將，使文武盡擐甲胄，經畧嶺北、湖南爲六軍倡。總兵劉偉反正大同。平陸陷，巡撫李虞夔等死之。巡撫劉養貞卒。何閎中太嘗卿，督雲南學政；黄公輔兵部尚書。施尚義、葉標復化州、高州、石城。宋蔣起兵□□，死之。巡撫劉永祚戰韓城，死之。雷登高戰龍駒寨，死之。汪伯昇等戰德興山中，死之。程濟等起兵涇縣湧溪，死之。張福禄、全爲國司禮監。總兵董明魁、郭承珉自廣信畔降於清。尚書瞿鳴豐卒。太僕卿胡甲魁經理川、貴，監軍事務；劉泌僉都御史，巡撫都鎮、平黎，經理五省軍務。

戊申，臨軒試士，得劉蒞等八人，以庶吉士送館教習。詔仍用大統曆。侍郎魯可藻疏請召録遺賢楊廷樞御史，張自烈簡討，劉城、沈壽民、范康生等給事中。考選科道。新泰伯郝尚久以潮州畔附於清，知府劉世俊等死之。鄰水張口寨陷，總兵甘一爵、朱德洪死之。都督郁孟賢自茂州畔降於清。宜春王議衍敗績汀州，薨。張簡戰寧化竹篙嶺，死之。蘇榮等起兵永定。永春伯林日勝與林良保永春、德化、安溪帽頂山。劉黑龍起兵漳州。舉人陳奇等起兵南安。鄭丹國與將軍趙子章攻興化、仙遊、惠安，死之。永春陷，總兵陳己死之，陳奇入海，楚王華壥被執將樂，薨。主事劉肇泰等戰保昌長橋鋪，死之。龍泉陷，中書舍人朱大夏等死之。

甲寅，南雄陷，武陟伯閻可義，總兵劉治國、楊傑、董恒信、鄭國棟、趙惟藩以下闔城死之。定南伯劉炳畔降於清。清以降將平南王尚可喜、靖南王耿繼茂侵廣東。

永曆四年庚寅，春正月乙卯朔，上在肇慶，免百官朝賀。封李元胤南陽伯，李建捷安肅伯，陳起相御史。告廟親征，先靖江、漢，繼定雒陽，恢復舊都，以規一統，詔體上天之好生。內一款：「誅戮有罪，惟師陣可行軍法；其餘一切刑殺，必先奏明請旨。」將軍劉維新鬨南寧，下獄死。

丁巳，寶豐伯羅成耀棄韶州。謝秉鉉户部郎中；馬鳴鑾僉都御史，巡撫廣西。

己未，聞警，百官驚竄。召羣臣問備禦之策，莫有對者；至朝房會議，亦無發一策者，相對太息而散。

庚申，韶州陷，知府李士震、參將王猷死之。蕩虜將軍吴六奇，將軍蘇利、鄒瑞、鍾朝、吴鳳、楊真、王金、馬嵩，畔附於清。

辛酉，召閣臣衛臣内殿議移蹕，臨桂伯瞿式耜、都給事中金堡疏爭甚力，不得。上御龍舟，泊城南江上。晚，安定伯馬寶扈駕西幸；南陽伯李元胤留守肇慶；馬吉翔兵部尚書，督守肇慶；尚書曹燁督東粵諸軍協守；司禮監龐天壽與魏豹守三水；都御史袁彭年督南陽伯李元胤軍。永國公曹志建截侍郎魯可藻兵馬，殺總兵趙玉。新興侯焦璉兵至平樂，逐永國公曹志建兵。命尚書劉遠生、都給事中金堡敕諭廣州諸將，令江寧伯杜永和出師。

甲子，副使胡經文誘執宗室統錡、馬園，統錡薨。將軍寨陷，義勝將軍侯應龍死之。總兵楊燝新至保寧畔降於清。尚書傅夢弼、傅謙之、桂蟾、義堂，總兵唐明勝等，戰寶纛河，死之。清兵進逼廣州，江寧伯杜永和等復入固守。總兵鄒文光襲清遠，死之。

己巳，鄂國公馬進忠敗績奉天，總兵胡光榮等死之。司禮監趙進總監川、黔諸軍恢勦。封王祥忠國公，總督秦、蜀、楚、豫、滇、黔漢土官義恢勦，挂大將軍印。總兵潘永禧密款於清，伏誅。尚書黄公輔起兵三水。舉人陳奇戰雙坑，死之。總兵張恩選起兵上杭，攻平和，死之。蘇榮等戰永定，死之。賴軍門戰仁化水坑，死之。

庚辰，上幸梧州，以龍舟爲行宮。錢秉鐙庶吉士。下詔罪己，并諭督撫勳鎮。大學士黄士俊罷。朱天麟文淵閣大學士，預機務；陳博僉都御史，巡撫潯、梧；王之梅僉都御史，巡撫柳州；新安伯康永寧掌錦衣衛。廣平公鄭成功復潮陽。總兵薛進復海豐。臨桂伯瞿式耜命總兵徐高以兵迎駕。魏進禄渡洞庭，戰五里坪，死之。番禺龍眼洞陷，知縣崔甲死之。臨桂伯瞿式耜疏劾武康伯胡執恭賣國、私通寇敵，請付西市，以正悖逆之罪。將軍鄧耀復欽州龍門，將軍朱統鋈與周騰鳳先後入廉州應之。葉靈虎起兵處州赤葉源。張五桂攻龍泉關，戰冀家莊，死之。總兵朱尚志、余化龍、李通等入嘗德畔降於清。奉化伯黄應杰、討虜將軍李士璉誘執郡王十三人，以惠州畔附於清，滋陽王弘懋、崇信王誼漇、陽信王弘福、永豐王由桐、銅陵王由梃、德化王常汶、仁化王慈炳等薨。

二月甲申朔，上謁興陵。慶國公陳邦傅、寧端伯茅守憲、文水伯陳曾禹以兵入扈。新興侯焦璉以兵入扈，晉宣國公。尚書吴貞毓，侍郎郭之奇、程源、萬翱，與李用楫等，疏劾都給事中金堡等把持朝政、罔上行私、結黨誤國十大罪。尚書吴貞毓等疏劾大學士嚴起恒庇虎專横。鄂國公馬進忠、襄陽侯王進才大破清兵奉天、城步。

丁亥，命慶國公陳邦傅、郢國公高必正會師援廣州，大學士何吾騶督師三水，顯忠伯張鳴鳳掌錦衣衛。太嘗卿丁時魁，都給事中金堡、蒙正發，侍讀學士劉湘客以罪下獄，杖戍。臨桂伯瞿式耜七疏爭；總督張同敞、鄂國公馬進忠、宣國公焦璉、永國公曹志建、新寧侯趙應選、興寧侯胡一青、武陵侯楊國棟、襄陽侯王進才、安定伯馬寶，庶吉士錢秉鐙，交疏辨理。

癸巳，寧都陷，太僕少卿涂伯昌、僉事彭錕以下闔城死之。總兵蔡敬宇、彭上樓、彭雲梯、楊君義、聶慎初、周克念、陳唐玉、曾孟奇、葉象明、連錫萬等戰寧都山寨，死之。

甲午，城步陷，總兵胡光榮死之。尚書王爆等戰潛山、太湖，死之。昝應龍等起兵廬、鳳、泗、滁、和，死之。劉瑄太嘗卿。海豐陷，教諭李豐新死之。副使姜楷起兵南昌，死之。

戊戌，奉天陷，總督劉祿、御史毛發登等死之。武康伯胡欽華疏劾臨桂伯瞿式耜老奸誤國，請併逮治。鄂國公馬進忠退保靖州。靖虜侯王光興攻遠安洋坪，總兵熊應泰等死之。楊明起起兵竹山泥灣寨。張正中謀起兵攻黃安，死之。開化伯金子襄復石城。知府盧瑜疏陳修城、捐逋、設同知、去惡樹汁煮箭射人四事。參將葛佑明爲宣平侯楊展復仇，殺臨潼侯武大定參將馬龍章花溪，尋執死。眉州石佛棧陷，總兵向成功死之。尚書萬翱再疏請封孫可望。廣平公鄭成功復普寧。魯可藻南京兵部尚書，參贊機務，經畧直、浙、蘄、黃軍務，兼左副都御史，提督操江。大學士虞胤謁梧州，以故官督師山、陜，駐陽城鵰窩溝。

己酉，于元燁兵部尚書、左都御史，總督廣西、湖廣軍。馮天保起兵四會十峒。清兵攻廣州，博羅伯張月、安肅伯李建捷，總兵吴文獻等，力戰卻之。副總兵林世昌招撫清真定總兵魯國男，死之。巡撫姜輝、總兵劉偉戰寧武，死之。王海起兵懷來，畔降於清。翟玄等戰永寧，死之。

三月甲寅朔，袁忠援澤州牛鼻寨，死之。命永國公曹志建、興寧侯胡一青、新寧侯趙應選、綏寧伯蒲纓進兵長沙；信宜侯李明忠提督高、雷、廉、瓊義旅，鎮高州靈山、吴川。晋趙應選開國公、胡一青衛國公。

己未，卯刻，日赤如血。尚書吴貞毓、文安侯馬吉翔、慶國公陳邦傅合疏劾臨桂伯瞿式耜力救五虎宜誅，以示大逆之戒。

甲子，總兵馮耀齎敕封尚可喜平虜侯、耿繼茂靖虜侯，死之。袁繼新等奉敕招總兵鄭四維荆州，死之。

壬申，永州鎮峽關陷，總兵向明高、姚得仁，副總兵惠延年等死之。葉靈虎戰赤葉源，與總兵宋文元、鮑唐龍死之，將軍王宗聖、徐應凱畔降於清。鄂國公馬進忠大破清兵西延。永國公曹志建走灌陽，推官唐誼死之。大學士揭重熙督張自盛屯李家坪，大破清兵，追至撫州。總兵馬壽、勞迪祥等戰潼川，死之。新建王由模敗績尤溪四十五都，走新城，薨，總兵黄繼盛等死之。

夏四月甲申朔，程源兵部尚書，督師楚、粵。

乙酉，澤州牛鼻寨陷，田虎死之。考選朝官，授朱士焜等給事中有差。

辛卯，郴州、興寧陷。僉都御史巡撫湖南黄順祖、總兵林國瑞死之；總兵向文明畔降於清。冷雄傑殺洪天擢高州。王化澄禮部尚書、東閣大學士，預機務，疏請封孫可望。給事中雷德復疏糾大學士嚴起恒二十餘罪，奪官。主事董雲驤、行人王夫之疏陳大臣進退有禮，請權允輔臣之去，勿使再中奸毒。大學士嚴起恒自劾罷。程源兵部尚書、東閣大學士。文安侯馬吉翔、南陽伯李元胤、安定伯馬寶會攻三水。寧端伯茅守憲與施尚義鬨龍州，詔逮尚義，爲鄖國公高必正所取。江寧伯杜永和疏止慶國公陳邦傅、文安侯馬吉翔、南陽伯李元胤援兵。司禮監龐天壽攻廣州北郊捷，後敗之清遠。興國公李赤心卒。鄖國公高必正疏請赴敵，繇懷集、四會度清遠，斷清兵後，不許。歸興侯牛萬才復新寧、城步。大學士唐誠畔降於清。太平陷，大學士李建泰等死之。總兵白蛟龍等自□□畔降於清。

五月癸丑朔，日有食之。守備毛明卿等起兵建寧，大破清兵巖關。將軍李希賢等起兵甌、浦、建、嵩界上，大破清兵東源。鎮夷將軍楊學皋敗績漳浦。

乙卯，鄖國公高必正、興平侯党守素以兵入衛，與南陽伯李元胤朝於行在。復以嚴起恒爲文淵閣大學士，預機務。改戍都給事中金堡清浪。鄖國公高必正疏請勳鎮例無題委，開送部銓除，詔申飭著令。給事中張孝起、李用楫與御史廖永亨互訐，詔通政司文書房，凡本章奏關係封疆錢糧兵馬，准與封進；其一應參劾之疏，概不許封進。召用楊廷樞侍讀，張自烈簡討，劉城、沈壽民、康范生給事中。張九龍復信宜。慶國公陳邦傅襲鄖國公高必正軍，敕諭和好。安定伯馬寶復清遠以救廣州不克。晋李元胤南陽侯，杜永和江寧侯，張月博興侯，董方策宣平侯，張道瀛鎮安侯，馬寶安定侯。龍泉關西寨陷，劉定等死之。臨縣陷，大學士賈同春、總兵劉甲死之。僉都御史米琦總理恢剿兵馬。總兵梁標相、劉能勝、徐隆國等殺總兵汪捷，自肇慶入海畔降於清。大竹來蘇寨陷，千總李登甲等死之。廣平公鄭成功殺將軍黃海如。

六月癸未朔，清遠陷，鎮安侯張道瀛等畔降於清。鄖國公高必正、興平侯党守素總統御營兵馬，挂大將軍印援東。尚書萬翱疏陳十事。總兵劉國昌自陽山畔降於清。有詔親征，分遣尚書吴貞毓、侍郎郭之奇祭告，不果行。尚書劉遠生總督忠貞營兵馬。大學士文安之與李泰寧朝於行在。命安之入閣充首輔；李泰寧僉都御史，總督陝西恢剿。鄒華自寧化畔降於清。廖英戰寧化紅石寨，死之。朱嗣敏僉都御史，監督勳鎮兵馬，安撫湖南。主事董雲驤、行人王夫之疏請連絡江淮。

乙巳，羅從天復龍門。陳德貫起兵新會，死之。廣平公鄭成功討降將蘇利碣石不克，右先鋒鎮將林勇死之。

秋七月壬子朔，巡撫吴晋錫自郴、桂畔降於清。颶風盪舟，求直言。曾櫻吏禮二部尚書、文淵閣大學士，督師閩、浙，總理官義兵馬，恢剿直省；朱謀㙔僉都御史，連絡江西義旅，巡撫南直；陳璧僉都御史，督理浙江軍務，兼恢剿閩、直；梁應奇兵部左侍郎，總督嘉、眉；辜延泰兵部右侍郎，督理川北；廖文英僉都御史，巡撫江西。巡撫劉五仲、總兵劉惟明自達州畔降於清。

乙丑，東鄉東岳寨陷，參議張嗣續等死之。

八月壬午朔，封吴文獻尉氏伯，殷之榮儀封伯。尚書魯可藻疏爲僉事雷縯祚、郎中周鑣及鄭元勳請䘏。鄂國公馬進忠復城步、新寧。于元燁改總督廣西；劉鳴鳳太常卿，督貴州學政；江爾文僉都御史，巡撫□□。

丙申，中秋節，受羣臣朝賀。御舟泊繫龍洲，大學士嚴起恒奉敕書「水殿」二字爲額，上與三宫置酒簫鼓，濯纓唱和。中宵，聞東信急，不樂而罷。廣平公鄭成功回中左所，殺定遠侯鄭聯，併建國公鄭彩軍。孫可望遣總兵常榮至行在報出師，命師出楚，廓清中原；并請不改號，付廷臣集議，大學士嚴起恒、文安之力持不可。襄陽侯王進才與張光萃攻辰溪，戰米家潭，副總兵李成死之。定襄曹家寨陷，王貴死之；柏寨陷，總兵董景誼等死之。杜永和兵部尚書，李元胤兵部右侍郎。蔡甲等攻昌國衛，死之。嚴煒疏劾大學士王化澄、尚書萬翱。許衍蕃復電白。大寶國王使上疏。

九月壬子朔，灌陽陷，知縣李遇昇死之。李膺品兵部左侍郎、副都御史，總督興、靈義旅，保固全、桂。馮天保奉一男子假稱熹宗皇太子於陽山，信豐王議澳執假太子，伏誅。巡撫朱謀㙔誘殺信豐王議澳懷集。南陽侯李元胤誅寶豐侯羅成耀。董二等起兵新興雲河村，死之。南陽侯李元胤自行在執輯寧侯趙千駟赴肇慶。永國公曹志建走恭城，將軍劉大勝、總兵林永忠死之。己巳，鄂國公馬進忠敗績瓜里，走奉天山中，總督張同敞守榕江。太嘗少卿陳璧疏陳南直、浙、閩恢剿方畧。全州陷，開國公趙應選、衛國公胡一青、寧遠伯王永祚退入桂林。孫可望繇雲南襲貴陽，弑富順王平㮽，執匡國公皮熊，巡撫解立敬等死之；破平越，巡撫郭承汾、總兵徐登高等死之；連破威清、印江。文安侯馬吉翔攻清遠不利。孫可望別部王自奇、劉文秀、白文選畧四川，破遵義、建昌、越巂、黎州、威遠、滎經、雅州。李乾德兵部尚書，總督川、湖、雲、貴、河、陝。總兵甘一爵自□□畔降於清。眉州石佛棧陷，總兵向成功死之。

己卯，惠來陷，正兵鎮盧爵等死之。豐城侯李茂先起兵柳、慶，戰融縣，死之。總兵王甲戰融縣小港口，死之。總兵李應元戰沅州托口，死之。李希先等戰□□，死之。

冬十月辛巳朔，日食不盡如綫，氣色慘黯，上不怡，大學士嚴起恒疏請修省，主事吴景曾疏規同朝。忠國公王祥、將軍王稺璞拒孫可望綏陽鳳凰嶺，死之；總兵王拱辰、冷明國降。知府林季昌等攻新興鳳翔里，死之。命慶國公陳邦傅、郢國公高必正援東，入朝，上責其逗留。邦傅次三水不前，必正回横州。郎中魏光庭疏劾□□毛毓祥不堪佐計。尚書楊鼎和掌兵部。寧文龍等起兵寧化。皮應試招降將鄭四維荆州，死之。容縣兵變，殺太僕少卿鄭同玄等。總督劉天書等起兵興安八郎山，死之。陳璧僉都御史、總督浙江軍務，恢剿閩、直。教士卜彌格齎敕使羅馬國王。晋杜永和瑞國公。江油、大巖、房山陷，總兵史垂謨、按察使謝光祖等死之。

十一月辛亥朔，廣州陷，都督羽鳳麒、總兵楊有光以下闔城死之，瑞國公杜永和等走瓊州，大學士何吾騶、黄士俊，都御史袁彭年，陽春伯范承恩等畔降於清。文安侯馬吉翔、安定侯馬寶、慶國公陳邦傅、總兵馬應龍破清兵清遠，聞廣州陷，退梧州，馬應龍畔降於清。劉泌改巡撫柳、慶。總兵余仁自惠州畔降於清；尋又反正。總兵吴一星起兵將樂。肇慶陷，郎中施召徵、欽天監瞿紗微等死之。

甲寅，嚴關陷，諸軍皆潰。

乙卯，遂陷桂林，臨桂伯瞿式耜、總督張同敞陷清兵；靖江王亨歅薨；尚書于元燁、侍郎丁朝棟、江振鵬，巡撫許啓洪，將軍李當瑞，總兵胡祖虞、羊明節等死之；寧遠伯王永祚，尚書萬翶、童天門，侍郎張尚，都御史吴李芳，巡撫馬光、馬鳴鑾、王之梅，總兵王陳策等畔降於清。府谷陷，經畧高有才、巡撫孫士寧、總兵郭毓奇等死之，總兵郝自德畔降於清。

庚申，上西幸。初聞廣州陷，召羣臣議，將幸桂林，未定。夜一鼓，中官有自桂林回者，上大驚，命尚書魯可藻督總兵劉徐韜等守梧州；輿下磤舡，是日雞鳴發，諸臣皆不知。行數里，乃命中官還火龍舟。比明，諸臣踉蹌從扈，以舡行速，追不及。

辛酉，留潯州一日。命僉都御史胡欽華催調永國公曹志建、宣國公焦璉援桂林，信宜侯李明忠、東安伯熊兆佐援廣州。復舟西上。慶國公陳邦傅追駕不及，劫從官藤江。

壬戌，幸南寧，以府署爲行宫，侍郎陳圭等迎駕。命開國公趙應選屯遷江；衛國公胡一青屯賓州；朱盛濃兵部尚書，總督京營戎政。

丙子，日南至。總兵勞迪祥戰□□，死之。

閏月庚辰朔，總兵陳立朝、陳子朝自梧、藤畔降於清。鄂國公馬進忠敗績西延，取道入貴州。將軍鍾芳復陸川、博白，死之。總兵陳曰堯守德慶北鄉寨，死之。參將郭勝龍戰電白，死之。總兵陳懋修守東安，死之。

丙申，臨桂伯瞿式耜、總督張同敞、將軍徐高、總兵陳希賢等猶在桂林，誘降不屈，死之。給事中張孝起疏劾郢國公高必正。命編修劉蒞封孫可望冀王，猶不受。尚書楊畏知至行在。郢國公高必正、三原侯李來亨走川東。大學士朱天麟疏請幸滇，尚書吳貞毓疏陳不可。廣平公鄭成功奉詔率舟師南下勤王。

十二月己酉朔，張孝起副都御史，巡撫南寧，兼高、雷、廉、瓊；文安之兼吏兵二部尚書，督師經畧川、秦、楚、豫。封王光興荆國公，郝永忠益國公，劉體仁皖國公，袁宗第靖國公，李來亨臨國公，王友進寧國公，王光泰襄陽侯。馬平伯謝甲屯潯、梧、柳、象。吳弘業刑部尚書。趙應鼎僉都御史，巡撫貴州。蔡觀光謀起兵建昌不克，走鄱陽，死之。文安侯馬吉翔殺將軍林時望、總兵王忠。□□□劉京、泰和侯劉文煌、新淦侯李文斌、樂平伯蓋遇時，總兵魏麟鳳合攻永寧、泰和、永新敗績。總兵譚龍翔、譚起勝、楊祥、王應星、夏國宣等戰寶慶，死之。總兵劉芳節戰靖州，死之。副總兵莫文戰武陵，死之。諸生李拱辰謀起兵石門，死之。將軍周一烈戰博白，死之。黄加綬復萍鄉。吳君寵復東鄉，死之。高日洪復樂安，死之。萬寧起兵宜黄麻坑，死之。萬應龍復樂平。李希先等起兵蓬州，死之。軍師何可亮起兵興安箭峪、階峪，死之。何士升爲王友誘執伯牙山，死之。軍師雷惠民起兵合水，死之。將軍霍四、總兵劉弘才起兵保安，死之。甲螺郭懷一謀逐紅毛夷臺灣，事洩死之。信宜侯李明忠殺侍郎洪天擢。海豐陷，總兵薛進死之。侍郎程啓南、巡撫劉鎬卒。

南明史卷四

本紀第四

昭宗二

無錫錢海岳撰

永曆五年辛卯，春正月己卯朔，上在南寧。以國家多難，免百官朝賀。龍之虬副都御史，巡撫廣西。灌陽陷，知縣李豫新死之。恭城陷，知縣顧夔等死之。來賓陷，御史朱統銓等死之。

戊子，祀太廟。秦明宇起兵澤州，死之。何澤山起兵雒南。吴可俊戰靈寶福底山，死之。太嘗少卿施召徵爲亂兵所殺。會昌地震。永壽王子存梧至房縣，合韓王璟溧，連絡潼關拐河忠義，鎮國將軍朱敬銧往三邊會兵。大學士揭重熙命皂丁劉泰招浙降將，被執南京，死之。

二月戊申朔，楊鴻禮部尚書、東閣大學士，督師湖南；楊鶚兵部右侍郎，總督七省。寧都侯兵部右侍郎總督贛南義師彭順慶，爲下所殺。寧都山寨陷，僉都御史彭大慶，總兵楊覲宇、連棟梁、賴應文、彭武能、彭泰、謝韶美、謝傳、陳懋宇、謝芳名、謝襄廷等死之。樂平伯蓋遇時、萬安伯張士舉殺大學士周鼎瀚鄖縣，畔附於清，主事周師文死之。高州陷，信宜侯李明忠走龍門。郭之奇禮兵二部尚書、東閣大學士，預機務。梧州陷，副使黃晟元等死之，祥符侯侯性畔降於清。防城陷，南陽侯李元胤、安肅侯李建捷、鎮平伯周朝陷清兵，總兵袁勝、李用朝、李開祖畔降於清。孫可望遣總兵賀九儀入扈行在，殺大學士嚴起恒、楊鼎和等，乃命簡討涂弘猷封孫可望秦王。尚書楊畏知疏劾孫可望擅殺大臣罪。

癸酉，永寧陷，寧武侯馬養麟死之。楊畏知吏部尚書、東閣大學士，吴貞毓户部尚書、東閣大學士，預機務。大學士楊鴻、總督楊鶚募兵麻陽、烏羅，死之。張武奉徽王子翊鏽攻聞喜，死之。安定國復翼城。封鄭枏安南國副王。商人李楚等被執浙海，死之。

三月戊寅朔。上幸田州。宜章侯盧鼎等被執，誘降不屈，死之。將軍曹應元戰寶慶，死之。何澤山攻龍駒寨，李虎死之。張九龍等復信宜，死之。

丁亥，中左所陷，大學士曾櫻等死之。晏清吏部尚書、東閣大學士，預機務。信宜侯李明忠兵潰岈口。壬寅，駕回南寧。崔良槓等戰電白，死之。總兵楊奇盛戰建昌，死之。

秦王孫可望殺大學士楊畏知貴陽。尚書趙昱卒。□□□田嵩山、總兵楊國輔等謀起兵□□，死之。

夏四月丁未朔，定國公鄭鴻逵復中左所。李永輝等出秦嶺，死之。李印等戰飲馬漕，死之。

甲寅，大學士傅鼎銓招兵廣信山中，陷於清兵。

戊午，慈聖皇太后崩於田州。廉州武利內寨陷，副使上官星拱等死之。總兵寧武忠攻雷州，總兵王翰等畔降於清。李士元等戰玉峒山，死之。巡撫馮坪卒。廖文英僉都御史，巡撫湖廣。何澤山敗績星宿溝。

戊辰，威武侯曹大鎬、將軍曹大銓、總兵熊和等戰岑陽關，死之。廣平公鄭成功殺水師鎮鄭芝莞。副總兵黃登甲順流下巫山，死之。副都御史沈原渭冒升通政使，杖死。威宗袁淑妃薨。

五月丁丑朔，史伯韜等起兵長樂，死之。將軍張應葵平左江、新寧寇。廣平公鄭成功南下勤王，左先鋒施郎畔降於清。廣平公鄭成功誅援剿左鎮施顯貴。

甲申，南陽侯李元胤、安肅侯李建捷、鎮平伯周朝猶在廣州，誘降不屈，死之。總兵劉公顯等戰揭陽，死之。瀘溪王某被執潮州，薨。葬慈聖皇太后南寧，上尊謚。尋下詔曰：

「頃以大行皇太后喪，諒闇之中，不遑視事，今直服除，當與大臣商決政事。」即傳工部修中極殿；翰林院舉堪任日講記注員名，以二十七日舉行。秦王孫可望疏請移蹕雲南。大學士朱天麟經略左、右兩江土司。廣平公鄭成功圍漳州。曾明遠起兵宜黄，死之。廖文化等起兵豐城。

甲辰，大學士揭重熙等會師沙縣百丈磜，陷於清兵。大星隕順德如雷。

六月丙午朔，上足疾。太僕卿張恂起兵程鄉，死之。古道元戰安峨寨，死之。何澤山戰雒南，死之。嘗亹起兵洋縣米軍山，死之。黄鼎起兵普寧，死之。安定侯馬寶復連山。興寧陷，劉世俊死之。東莞伯葉標、將軍鍾芳復博白、陸川、北流、容縣。李戴復益陽，入山。

秋七月丙子朔，蔡良等起兵翁源，死之。祀太廟。

庚寅，中元節，望祭諸陵。尚寶卿程士鵬戰欽州大寺埠，死之。定川侯李占春拒劉文秀涪州不利。鄭國公于大海，總兵唐承忠、孫振、楊之潔、周天胤、石成燦、夏應祖、于繼成、張貞醇、李自讀、楊應勝、王學禮、陳啟棟、徐性、冉俸林等，入湖廣畔降於清。總兵徐啟祚、李兆捷、王在極、楊先志、黄國美、李廷明、陳三台、崔文元、秦應雍、李乾玉、余洪芳、劉敬先、魏國珍等，自重慶畔降於清。

八月丙午朔，大學士傅鼎銓、總兵楊起龍猶在南昌，誘降不屈，死之。潘志乾起兵懷集，攻融縣，鄧一彪等死之。主事賴應殿復鎮平。將軍王祐起兵永豐，屯九仙寨。都御史余文熠自廣西畔降於清。楊雙等起兵浦城周村。王起隆等戰雹白，死之。劉文秀破滎經，總兵張林秀死之；破嘉定，臨潼侯武大定、定虜侯袁韜降，尚書李乾德等死之。

九月乙亥朔，總兵閻宗魯自叙州畔降於清。

丙子，舟山陷，魯王以海航於海。慶國公陳邦傅誘殺宣國公焦璉，與文水伯陳曾禹、寧端伯茅守憲、懷遠伯陳安國，總兵胡欽夏、李時、方有聲、汪宗弘、方國泰等，畔附於清。降將陳邦傅引清兵陷平樂，鎮西將軍朱旻如以下闔城死之。黄兆龍戰龍川，死之。周池等起兵瑞州，死之。新平侯牛萬才屯横陽山寨。司禮監夏國祥齎敕諭秦王孫可望，行至養利被殺。耿虎自邵武反正，尋畔降於清。總兵張恩選戰平和烏石洋，死之。總兵師云旺自沅州畔降於清。瑞國公杜永和兵海上，進復廣東。大學士朱天麟、吴貞毓疏請幸新寧。

壬寅，上龍舟倉卒發南寧。馬吉翔兵部尚書、東閣大學士，留守。

癸卯，謁孝正皇太后陵，郎中王承甘扈從，戰清兵，死之。

冬十月乙巳朔，陳瑾兵部尚書，督師廣西，督開國公趙應選、衛國公胡一青屯崑崙關。馬天驥户兵二部尚書，守廣西。彭九顒兵部右侍郎，總督兩廣。李光樞等戰湘西太平峒，死之。

辛亥，上幸新寧。立皇子慈煊爲皇太子，大赦。都司龍韜迎駕柳城，封義寧伯，守柳城。海龍山復柳州，全綸死之。黄安邦合思明各土司兵入衛，命同開國公趙應選、衛國公胡一青進潯、梧。永國公曹志建復樂昌。吴一星等攻寧化，死之。總兵陳祖朝起兵古田。將軍陳德培、戴捷、洪亮、林永日、趙元翰、陳憲等復永福，曾省反正。寧文龍等攻寧化烏村，林珍等死之。楊寶起兵建陽、順昌、光澤。柳州陷，巡撫龍之虬等死之。鎮遠侯郭達伯戰寧都大猪坑，死之。方繼華等起兵麻城，死之。侍郎夏時亨卒。熊啟宇僉都御史，巡撫川南。黄華起兵嵩溪。林田寨陷，總兵陳一靖等死之。總兵葛登標、王九萬、曾正修、何新登等戰寧化小長坊，死之。安南副都統莫敬耀上貢銀二萬兩，擢都統。

十一月乙亥朔，鄭之奇禮兵二部尚書、文淵閣大學士，督師閩、廣、浙、直，合總兵鄧耀、陳奇策、羅全斌、王之翰守樂民所。

丙子，大學士揭重熙，將軍揭萬毅、揭羽沖等猶在建寧，誘降不屈，死之。守備蘇允适戰岑溪，死之。李孟徽以新興義師事連，死之。將軍侯君瑞起兵永福、福清，死之。廣平公鄭成功破清兵小盈嶺，方三等死之。廣平公鄭成功戰石潯，王義等死之。張洪閣等戰通江，死之。秦信戰馬家巷，死之。

十二月甲辰朔，賓州、横州陷。慶遠陷，知府吴起元等死之。陸川陷，把總郭志死之。

融縣陷，知縣樓得月死之。
戊申，議移蹕，員外郎楊禹甸疏陳甘心一死，力諫西行，乃已。
庚戌，南寧陷，副使李喬春、郎中吴文和等死之。開國公趙應選、衛國公胡一青屢戰敗績。上幸水道幸土司。太僕卿丁元相等扈駕，戰喬板村，死之。
癸丑，上如瀨湍。漏下二鼓，報清兵將及，上下失色，從官多散去，乃舍舟從陸，禁兵扶輦，盡焚龍舟重器而行，官眷從者三萬餘人。祁陽伯楊奇奉使出廉州洋，遇風死之。
甲寅，駕次羅江，追騎相去一舍。會日晡，大風拔木，人不能立，清疑有伏，不敢進，乃少安。
乙卯，徑壯雷、歸順、鎮安進發，土官儂紹周供糧餉，並起夫二千扈從，文武始轎。
戊午，廣平公鄭成功復漳浦、詔安、平和。劉龍等戰揭陽，死之。安化伯鎮守川、黔、沅、靖，提督土漢官兵。總兵莫宗文、仁壽伯顧存志、餘慶伯張登貴、總兵郭淩雲等保甕安。鄭歧喬起兵宜都，死之。總兵揭培赤戰汀州，死之。廖文化等起兵豐城，死之。
辛未，駕次龍英。秦王孫可望遣總兵狄三品迎扈皈朝，疏請移蹕安隆。寧南伯洪國玉，總兵李安民、王恒美等戰新城老山嶺，死之。趙大光起兵萬山，死之。將軍藍理自閩海畔降於清。延安地震。

是歲，大學士錢士升、范復粹，總督楊方盛，巡撫張鵬雲卒。

永曆六年壬辰，春正月甲戌朔，上在龍英。乙亥次皈朝。癸未，始發。甲申，次富川。乙酉，次沙斗。丙戌，次西洋江。丁亥，次寶月關。戊子，次廣南。秦王孫可望再命總兵王愛秀奉疏至，請幸安隆。丁酉，發廣南，次童卜。戊戌，次晒利。己亥，次鼎黃。庚子，次加蒲。辛丑，次那羊。壬寅，次姪堂。

是月癸巳，遊擊郝文興以海澄反正，周全斌來歸。耿虎起兵邵武，馬虎等死之。開國公趙應選復欽州。行人毛遠等謀起兵□□，死之。南寧伯楊崑賫敕連絡義師，事洩，與尚書楊卓然、總督汪碩德、僉都御史葉士彥、僉都御史巡撫天津于在鎔、副使萬日吉等死之。恢撫閩浙盧若驥破清兵平和。魯王以海至中左所。

二月癸卯朔，上次呼馬。甲辰，次扁牙。乙巳，次板屯。丙午，次板橋。丁未，次峒沙。戊申，幸安隆，以所署爲行宮，升安隆所曰安龍府。命太嘗卿吴之俊賫璽書慰秦王孫可望貴陽。詔諭秦王孫可望曰：「在位五年，二三元臣，中湘、粤國、寧夏，心膂左右手也，皆成功無就，殉節彌光，夢寐追傷，煢煢在疚。去年南寧荒遜，荷秦王親賢股肱，迎朕來此。王其厲兵張武，以復中原。大小戰爭，誅斬封拜，先行後奏。連當播遷，服御自奉，其損之又損，以稱朕待罪天地祖宗之意。」時總兵線國安、馬蛟麟以兵多病疫，分回柳、梧。

是月甲辰，遊兵營吴世珍攻長泰，死之。席世賢執新平侯牛萬才與總兵趙光璧、馬養德、張應才、姚國禎、吴桐、郭賓、師雲旺、汪浦明、任遇春等，自溆浦畔附於清。清兵攻廉州，巡撫李用楫死之，總兵萬良、蔡奎畔降於清。吴猷兵部尚書，高賚明工部右侍郎。總兵郭登第、馬應龍自羅定畔降於清。巡撫劉泌罷。開國公趙應選走。瑞國公杜永和、博興侯張月、鎮安侯張道瀛、尉氏伯吴文獻、儀封伯殷之榮，總兵李元泰、李國棟、李建標等，以瓊州畔附於清，張士俊死之。陽春伯范承恩、總兵梁標相反正廣州，死之。總兵郭爾隆起兵興化高平寨。清以降將平西王吴三桂、定南王孔有德分侵川、貴。成都陷，總兵林時泰死之，總兵黄國美、陳應宗、楊先志畔降於清。

丁卯，嘉定陷，巡撫范文光，總兵李明廷、林時泰、龍名揚等死之。

三月壬申朔，建行在太廟，鳳凰見。總兵王之翰、梁州牧等屯西海。總兵劉俊提督川、湖、雲、貴、廣西恢剿。

戊寅，廣平公鄭成功大破清兵江東橋。

己卯，湖北大風霾，晝晦。秦王孫可望疏請北伐，以康國公李定國、征虜將軍馮雙鯉繇黎平出靖州；鄂國公馬進忠繇鎮遠出沅州，復湖廣，會奉天，以趨桂林；濟國公劉文秀、南寧侯張先壁、將軍王復臣繇永寧出叙州；總兵白文選繇遵義出重慶，會嘉定，以向成都，復陝西。

甲申，廣平公鄭成功復長泰、平和。康國公李定國等復沅州、黎平。雷學鎮等起兵郃陽，死之。魏嘉隆等起兵富平，攻同官，死之。將軍孫守全奉宜川王敬鑼起兵紫陽洞、河山板、廠山。

辛卯，大學士王化澄兵潰平南山峒，死之。大學士晏清卒。何源僉都御史，巡撫湖廣。福清王子由杞被執沅州，死之。江西地震。

夏四月壬寅朔，尹三聘工部尚書；余鵾翔兵部尚書，督七省餉。御史余麟翔招兵辰溪，死之。張京兵部尚書，巡撫四川。重慶陷，都督盧三死之。叙州陷，將軍王復臣、白文選自嘉定走永寧。北流陷，都給事中朱士焜等死之。盧溪大覺巖陷，總兵何興等死之。黄雲紀起兵延平，死之。廣平公鄭成功圍漳州。楊文浴起兵浦城。奉國將軍朱議沿自四川畔降於清。洪雅空礮聲三，又如金鳴笙管奏。

五月辛未朔，德州大雨雹。

辛巳，康國公李定國復沅州。

丙戌，將軍馮雙鯉復寶慶。張勝國起兵湘陰。

戊子，康國公李定國復靖州。

六月辛丑朔，鄂國公馬進忠、南寧侯張先壁朝行在，晉張先壁沅國公。石泉陷，巡撫詹天顏，總兵曹洪、張玉伯死之。鄧希明僉都御史，巡撫夔州。

癸丑，鄂國公馬進忠復奉天。秦王孫可望弒徽王常淓等都勻。給事中徐極、員外郎林青陽等疏劾文安侯馬吉翔、司禮監龐天壽罪逆。副總兵牛光天等起兵許州、臨潁。乙卯，康國公李定國攻全州。戊辰，將軍馮雙鯉自祁陽破清兵驛湖。

己巳，康國公李定國自新寧破清兵。

是月，武定獅山地震，蒙化大震，民死者三千餘人。

秋七月庚午朔。

辛未，康國公李定國、將軍馮雙鯉復全州。臨潼伯郭有名、總兵張勝大破清兵嚴關、大榕江。倪兆龍攻興安，死之。

癸酉，康國公李定國復桂林，斬降將定南王孔有德，岳陽伯王允成、嘗寧伯劉用楚反正，降將陳邦傅、陳曾禹、董英等伏誅。吴璟兵部尚書，總督兩廣；陳經猷兵部尚書、經畧，守桂林；徐孚遠左僉都御史，贊理直、浙恢剿；滿之章兵部右侍郎、僉都御史，總督江北五省恢剿。尚書錢謙益與嚴栻連絡東南義師。衛國公胡一青、開國公趙應選、永國公曹志建、安定侯馬寶、征虜將軍徐俊、義寧伯龍韜、總兵楊武等，各以衆自永福、陽朔山中來會。總兵張隆、陳選、宋國相等起兵岑溪。總兵莫恒一等起兵懷集。懷安伯周大禎，將軍劉洪裕、邊一夔，總兵梁上棟、覃喬等起兵潯、梧。將軍韋來朝等起兵貴縣、賓州山中。張義起兵容縣。總兵袁邦泰起兵鬱林、欽州。總兵莫世欽等起兵來賓。總兵王之翰起兵廣西。巡撫陳博起兵雷、廉。韋朝國起兵上林。房壯猷等起兵連山。馬全懷等檄招降將馬雄，死之。總兵王之邦復梧州。李茂吉復柳州。康國公李定國復賓州、融縣、平樂、富川。

庚辰，復永州、郴州。徐天佑僉都御史，巡撫廣西。晉龍韜雒容侯。封康永寧新安伯，掌錦衣衛。蔡瓊飛等攻東西山，死之。郭天鵬謀起兵韶州，死之。田自强起兵信宜。黄霧四塞。郭之奇督師閩、廣、浙、直，駐樂民所。皖國公劉體仁、益國公郝永忠攻均州，復房縣、竹山、竹谿、南漳。李爾喬奉康國公李定國檄襲廣州，死之。紫陽陷，興安伯孫守全，將軍翹興寧、趙定國、謝天奇、王萬爵等死之，宜川王敬鑃薨，總兵覃琦等畔降於清。陳國等戰興化西津，死之。

八月庚子朔，皖國公劉體仁復夷陵。侍郎賴其肖復平遠。總兵魏鴻謨、江士斌等謀起兵興寧，死之。

丁未，康國公李定國復永州、道州。

戊申，濟國公劉文秀、將軍王復臣復敘州，降將吴三桂遁綿州。永國公曹志建、安定侯馬寶、郢國公高必正、總兵王之邦復連州、連山、陽山。王剛龍復廣寧，千户趙安死之。

庚戌，康國公李定國至祁陽，復桂陽、郴州。

乙卯，復衡州。都司陳良弼復西寧。

丁巳，大學士朱天麟卒。秦王孫可望弒黎山王禋滂、善化王禋潭貴陽。清以敬謹王尼堪爲定遠大將軍侵湖南。

甲子，將軍白文選復重慶、桂川。捷聞，告祀太廟。晋李定國西寧王，劉文秀南康王，馮雙鯉興安侯，王復臣東寧侯。

九月己巳朔，梧州，西寧、潯州陷。博興侯張月誘執信宜侯李明忠，以高州畔附於清。永國公曹志建復臨武，卒。李用楫兵部右侍郎，巡撫肇、高、廉、雷、瓊、羅。三原侯李來亨屯興山、茅麓山。尚書樊一蘅卒。

甲午，廣平公鄭成功敗績九龍江，解漳州圍，退屯海澄。將軍陳德容攻建陽不克，入分水關山中。武陵侯楊國棟命總兵王忠攻辰州。

冬十月己亥朔，尚書吴弘業卒。南康王劉文秀復嘉定、成都。

辛丑，廣平公鄭成功戰海澄，提督黄山、禮武鎮將陳俸、右先鋒廖敬、親兵郭廷、護衛洪承寵死之。順德彗星見，尾長二丈。胡際亨僉都御史，巡撫川東；萬任僉都御史，巡撫川南。

己酉，南康王劉文秀敗績保寧，東寧侯王復臣，總兵姚之貞、張先軫、王繼業、楊春普等死之。遊擊文胤元謀反正□□，死之。南康王劉文秀罷。將軍狄三品、總兵楊武代將軍白文選守嘉定；曹勳、侯天錫，總兵趙友鄢、劉耀、楊彪、陳安國守成都、雅、黎、叙、瀘；將軍塔新策守重慶。皖國公劉體仁敗績遠安高荒嶺，百總李大廷死之。劉京、李文斌、霍武起兵永新、安福，復袁州、瑞州、臨江，圍吉安，死之。樂平伯蓋遇時反正。李時戴復定南，死之。

十一月己巳朔，秦王孫可望出楚，次沅州。

庚午，將軍高文貴復吉安、永新、安福、龍泉、永寧，張士舉死之。總兵高鳳翔、徐廷威復城步。陶汝鼐湖廣布政使。總兵王之翰起兵雷州，屯廉州。彭琛起兵德慶，復東安，死之。威胡伯周立發、總兵霍武等攻廣信，死之。劉文煌屯冶坡，爲下所殺。李三戰古城，死之。蕭甲起兵寧州太湖山，死之。

丁丑，梁子直復香山，死之。參將楊士鑰謀襲新會，戰開平，死之。都司林高升起兵新興，死之。

辛巳，西寧王李定國至衡州。安定侯馬寶復南雄、韶州、連平。西寧王李定國命鄂國公馬進忠、興安侯馮雙鯉北取長沙、湘陰，前鋒及岳州、嘉魚、咸寧。荆江侯張光萃出寧鄉進嘗德。郢國公高必正自慶遠入川，合荆國公王光興軍。知縣張兆隆等復平江，死之。吴李芳左都御史，總督滇、黔。

丁亥，清兵大集湘潭，鄂國公馬進忠走寶慶。

辛卯，衡州陷，總兵馬甲死之。總兵廖鳳攻藤縣。陳武起兵瓊州，將軍謝志良應山寨，死之。諸生嚴一躍等連絡分宜義師，事洩死之。真定侯楊文戰木城，總兵劉理順等畔降於清。秦王孫可望殺郎中古其品坤寧宫。嘗在郭氏等以罪誅，賜巴東王儼鈺等死。

丁酉，西寧王李定國與清敬謹王尼堪戰衡州，斬之，屯兵奉天。黄平伯羅文宿戰寶慶、永州，死之。主事張儁等連疏發秦王孫可望、文安侯馬吉翔、司禮監龐天壽奸；命員外郎林青陽賫密敕西寧王李定國以兵入衛。

戊戌，卯刻蒙化東方有物，金光閃爍，狀若浮屠，聲如巨雷，墜西化煙氣而散。

是月，彗星見東南，二十餘日乃滅。

十二月己亥朔，總兵龍在田卒。封莫宗文安化伯。辛丑，副使習鼎聖等戰吉安，死之。郢國公高必正合臨國公李來亨兵興山。

癸卯，藤縣陷，總兵羅超死之。賀縣陷。副總兵謝上達復平遠。吴家寬等起兵南陽拐河，死之。僉事蔡之麟等戰水源，死之。何子才復餘干。趙國孝戰廣□桐木源，死之。

辛亥，總督滿之章等起兵寧海，死之。于七等起兵葉縣拐河。張大可等起兵光州。□□□王道直卒。大理卿毛鳳池謀起兵肇慶，死之。

庚申，將軍白文選、荆江侯張光萃、將軍張虎復辰州，總兵張景辰等死之。茂州陷，寧西侯朱化龍，總兵石可達、李一進等死之。秦王孫可望殺襄國公王進才及宗室之在貴州者。尚書劉遠生卒。

丁卯，平樂陷，總兵彭俊死之。

是月，清以降臣大學士洪承疇經畧湖廣、廣東、廣西、雲南、貴州，都統辰泰爲定南靖寇大將軍鎮荆州。

永曆七年癸巳，春正月戊辰朔，上在安龍，受百官朝賀。秦王孫可望殺沅國公張先壁。張霖起兵攻岳州不克。總兵張義等戰鶯歧，死之。廉州陷，太僕卿王道光，總兵曾仲弘、黄履全、周騰鳳等死之。

二月戊戌朔，郎中馬天俊與馬尊生起兵吉安，死之。宋大宗等起兵興國，攻新淦，死之。總兵宋朝宗屯樂安、永豐、寧都山中，□□金子襃、副總兵曾大勝等死之。靈山陷，縣丞鍾廷耀死之。洪淯鼇兵部右侍郎，總督粤、滇、黔、秦、楚、豫。

乙丑，永州陷，西寧王李定國敗走鎮峽關，秦王孫可望謀襲之，乃走廣西。

是月，清以貝勒屯齊爲定遠大將軍侵湖廣。

三月丁卯朔，魯王以海自去監國號。定西侯張名振、□國公劉孔炤以廣平公鄭成功兵入長江，復京口，侍郎賀王盛，將軍平一統、闞名世，總兵陳懷忠等死之。還戰崇明，副總兵林正禮死之。副使王臣縉等嚮應定西侯張名振，死之。辛巳，新泰侯郝尚久，將軍蔡元，總兵余仁、許龍、楊廣、吴其亨、吴貞亨奉尚書黄錦，以潮州反正，復潮屬各邑。總兵趙祚昌起兵肇慶。

壬午，秦王孫可望敗績寶慶岔路口，回靖州，總兵郭有名守楓木嶺，興安侯馮雙鯉、總兵楊武守奉天。西寧王李定國復梧州。武陵侯楊國棟、安化伯莫宗文復嘗德不克，武陵侯楊國棟死之，總兵葉世芳畔降於清。

甲申，大學士王化澄卒。總統廖師陸等戰□□，死之。吴勝奇戰宜黄大營竹，死之。

丁亥，雅州陷，副總兵林韜等死之。西寧王李定國復開建、德慶。趙國玉復四會、廣寧。將軍陳奇策至三水。總兵羅金鼐起兵賀縣。總兵廖篤增起兵富川。連城璧兵部右侍郎，總督兩廣，督廣寧伯王興、總兵梁標相復陽春、陽江、新興、恩平。

癸巳，名山陷，副總兵張七死之。李虎起兵朱鼻寨，死之。

夏四月丙申朔，廣平公鄭成功使靖州，約秦王孫可望會師南京。總兵宋國相復羅定、東安、西寧。漳平伯周金湯、東莞伯葉標、東安伯熊兆佐，將軍陳奇策、鄧耀，總兵王翰等，豯新會、順德入九江口、清遠、忠義，自從化襲廣州。都司陳文魁戰南豐，死之。

辛酉，西寧王李定國圍肇慶。副總兵陳世則等以義師事連，死之。秦王孫可望撤兵回貴州，王玉隆守辰、沅。

五月丙寅朔，潯州、梧州、平樂、桂林陷，將軍王應龍以下闔城死之。

庚午，廣平公鄭成功破清兵海澄，後衝鎮葉章死之。楊權戰海澄，死之。羅從天等戰龍門鰲溪，死之。

丙戌，錦江伯曹勳攻蘆山不克，總兵王甲等死之。象州、賓州陷。總兵白文選破安南兵交岡，回守奉天。清以喀喀木爲靖南將軍侵廣東。將軍林開宗被執泉州港，死之。

六月乙未朔，總兵趙應貴、胥榮明執兵道孫胤乾，自資陽東林寺畔附於清。復命孔目周官密敕西寧王李定國以兵入衛。總兵羅成基攻羅定盤敬山，死之。

丙午，晉鄭成功漳國公。漳平伯周金湯、東安伯熊兆佐復遂溪、信宜、石城。東莞伯葉標、石城伯施尚義復化州。戴國輝復吳川。司務霍達芳被執海上，死之。

秋七月甲子朔，秦王孫可望至奉天，西寧王李定國解肇慶圍，退屯柳州。清攻高州，副使歐光宸死之。戴兆隆等戰白石死之。東莞伯葉標殺東安伯熊兆佐。

癸未，周應魁等起兵通州老鹽倉，徐文等死之。靈川四、五都陷，尚書陳經猷、侍郎李膺品死之。

閏月甲午朔，□□伯施尚義守化州。定國公牛化麟爲下所殺，章正賓死之。副總兵姚啟唐起兵盧溪。沈黑山起兵資陽，死之。

丙午，西寧王李定國復賀縣、平樂。副使李來戰德慶，死之。仁武伯姚志卓入朝，命回召集義旅。

甲寅，西寧王李定國復桂林不克，總兵王國仁死之。將軍王之邦，總兵卜寧、張蓋戰陽朔，死之。嘗寧伯劉用楚畔降於清。秦王孫可望命興安侯馮雙鯉襲西寧王李定國柳州不克。

八月癸亥朔，張彪等戰雷州，死之。

己巳，化州陷。總兵宋朝宗戰興國瀧下，死之，王大勇畔降於清。毛沁泉等起兵通州，死之。張世新復羅定，死之。楊又衡起兵攻閩安。郭爾隆等起兵仙遊。副總兵楊明起戰竹山虎伏寨，死之。戴鵬等起兵南靖，死之。秦王孫可望回貴陽。太白晝見，亦經未申之刻，碎如泥金，忽明忽滅，久之，猝猝如有掖之者，凡兩月。

九月癸巳朔，遂溪陷。唐銓等應張名振上海，死之。漳國公鄭成功復潮陽、惠來。刁吉起兵洮州，死之。

癸卯，潮州陷，新泰侯郝尚久，總兵吳萬雄、吳廷楨等死之。饒平陷，總兵黄球、張鳳、胡榜死之。李天蛟復惠來。總兵蔡元、許龍畔降於清。總督吳璟卒。

壬子，西寧王李定國駐柳州。

冬十月癸亥朔，吳川陷，陳彝典等死之。漳國公鄭成功復揭陽。周欽貴、徐守平屯羅城巖，攻嵊縣不克，徐守平死之，周欽貴保羅城巖不下。嶧山久圍，楊三畏等死之。王俊、周魁軒等走長清，死之。賴其肖以原官回粵糾義師，至賀縣山中死之。保德陷，知州王維垣等死之。總兵李嘗榮起兵海陵，復新寧。林良攻安溪。將軍李有實攻黄州諸堡，畔降於清。周文璋等起兵延平，吳進等死之。西寧王李定國殺東莞伯葉標。總兵王奇壽、馬文仁等起兵西寧孫家堡，死之。馬正魁等起兵漢子河，死之。馬惠等起兵邵家堡，死之。楊得先謀奉宗室朱由極起兵宛平，事洩死之。總兵海時行反正膠州，復睢寧。輔明侯林察、閩安侯周瑞援西寧王李定國不進。下湖南五色雲見。

十一月癸巳朔，選貢鄒廷玠、俞子久等奉定王起兵，死之。庚申，彗星見。

十二月癸亥朔，定西侯張名振破清兵崇明。

甲子，總兵海時行敗績亳州郭家樓，自殺，總兵韓啟元、康延泰、劉成功畔降於清，李應啟死之。都御史吴李芳自□□畔降於清。

甲戌，郴州、桂東陷，僉都御史巡撫湖南朱俊臣死之，總兵羅念畔降於清。鎮篁苗吴老文亂，參將魏禎等死之。張惟良起兵徽州赤嶺。死之。

庚辰，陳四等應定西侯張名振嵺塘，死之。益國公郝永忠、皖國公劉體仁、靖國公袁宗第復均州。

丙戌，考選朝官，授蔣乾昌等簡討有差。諸生楊成洪等起兵將樂，死之。澄濟伯鄭芝豹自安平畔降於清。保康侯賀九義屯奉天，副總兵楊文屯新寧、城步。魯國道復慈利。延安地震。

永曆八年甲午，春正月壬辰朔，上在安龍，受百官朝賀。改雲南爲雲興府；辰州爲沅興府；升沅州爲黔興府，轄興沅、黔陽、麻陽、通道、會同、綏寧、天柱、清浪、平溪、靖州。秦王孫可望指使冷孟飪疏劾大學士吴貞毓。御史胡士瑞、給事中徐極等交疏劾文安侯馬吉翔、司禮監龐天壽奸。總兵李陽春攻桃源兩河口，死之。守備楊殿臣等以文昌反正。定西侯張名振入長江攻儀真，副總兵阮固死之。漳國公鄭成功復崇明失利，定南伯徐仁爵、仁武伯姚志卓等死之。漳國公鄭成功殺將軍王善長。賀王盛兵部右侍郎。林貴起兵澄邁，死之。彭信古復崖州，邢聖經死之。定遠侯譚龍翔卒。南康王劉文秀挂招討大將軍印，都督諸軍，繇嘗德、岳州、武昌復中原。總兵楊升戰寧波鹿頸洋，死之。

二月壬戌朔，開科取士，得熊渭等四十人，授庶吉士、知縣、教諭有差。宗室朱謨烚等謀起兵平涼，死之。秦王孫可望殺給事中雷德復。

乙丑，西寧王李定國在柳州，聞興安侯馮雙鯉來襲，走橫州。平遠陷，賴其賢死之。吴可訓等戰拐子河，死之。

壬申，西寧王李定國敗興安侯馮雙鯉靈安。僉都御史巡撫湖廣廖文英自□□畔降於清。副總兵印象鼎等戰桃源太平寨，死之。總兵謝瑞南自黔興畔降於清。西寧王李定國復廉州。

乙酉，總兵高文貴復石城、化州、電白。

丙戌，將軍靳統武復高州，博興侯張月反正。蕩虜將軍李昌等起兵昭平，死之。彭奇戰岑溪，死之。郭之奇吏兵二部尚書、文淵閣大學士。

三月辛卯朔，秦王孫可望殺御史李如月。廣寧伯王興、漳平伯周金湯，將軍鄧耀、王漢會師高州。大學士郭之奇復雷州。侍郎楊在疏陳恢復十二策。

丙申，秦王孫可望矯旨下大學士吴貞毓、武安伯鄭胤元等於獄，復疏請治西寧王李定國失律罪。方端士兵部右侍郎、東閣大學士；歐陽霖禮部尚書、東閣大學士；丁繼善吏部尚書、東閣大學士，預機務；何源總督湖廣；梁應奇兵部左侍郎、副都御史，總督五省軍務。

乙巳，總兵宋謙等起兵涉縣。平夷伯張自盛、總兵李全攻邵武不克，死之；總兵盧毓瑞畔降於清。高鼎復阜平，副總兵張湛華等死之。廣寧伯王興破清兵文村。

庚戌，總兵魏勇攻順慶，副總兵熊飛等死之。王必高起兵遂昌，死之。將軍何兆龍被執衢州，死之。屠大虎起兵縉雲。汪汝奇攻遂安。賴龍戰桂東，死之。將軍錢達破清兵吴江，唐四等死之。　大學士郭之奇會西寧王李定國高州。　將軍朱盛濂等謀起兵鎮江，死之。

夏四月庚申朔，定西侯張名振攻崇明，李七等死之。濟勝伯顧忠攻登萊、天津，歷金、復、海、蓋，至朝鮮。漳國公鄭成功殺鎮南將軍黄大振等。

丙寅，秦王孫可望殺大學士吴貞毓、武安伯鄭胤元等於行在。

己巳，將軍靳統武復羅定。西寧王李定國至高州。總兵賈文炳復新興，王令官復開平，董仲民復電白。西寧王李定國復恩平、石城、化州、吴川、陽江、陽春。清以朱馬喇爲靖南將軍侵廣東。總兵冷明國、文應元自卬、雅畔降於清。

五月庚寅朔，撫南王劉文秀按黔興、靖州諸營。總兵傅奇戰竹山小廣峪，死之。參將林伯嶽戰香山海口，死之。總兵宋謙戰武安，死之。總兵盧永譜戰虎頭寨，死之。昆明北山龍鬬。

六月己未朔。

癸亥，西寧王李定國圍梧州不克。

甲子，總兵張洪德反正定關。吴阿留復桐鄉、烏青。僉都御史朱統鍪戰靈山，死之。順德地震，臨鞏、平涼、慶陽地震如雷。

秋七月戊子朔，西寧王李定國前鋒至肇慶，張世新死之；擬大舉郴、桂，兵出韶州，江楚界上兵度海嶺，約漳國公鄭成功惠、潮，迎駕自閩、浙圖南京。將軍王漢等起兵復瓊州昌化。撫南王劉文秀出師自平越，屯天柱。鄧世雄復臨高。瑞金陳石寨陷，總兵許勝可等死之。符烈起兵廣昌。

八月戊午朔，定西侯張名振攻崇明，許奇等死之。將軍陳奇策復江門。樂安王議淜等謀起兵江西不克，死之。沐寅亮戰平遠死之。雲興、浙、閩地震。

九月丁亥朔，西寧王李定國發高州、電白、陽春，圍高明。桓萝龍起兵崇安、甌寧，死之。吴一星戰將樂，死之。郢國公高必正爲保靖土司彭鼎所殺。

冬十月辛巳朔，西寧王李定國圍廣州，副使李象履謀應南海，死之。總兵丘依東、蕭正、鄺仁、張五龍攻建寧、南鄉，畔降於清，全國祚等內應，死之。朱啟明戰南漳、遠安，死之。靖國公袁宗第、皖國公劉體仁、益國公郝永忠復房縣、竹山、竹谿、保康，向襄陽。昌化伯阮國禎等戰天目山，死之。廣信九仙山陷，真定侯楊文、給事中徐敬時等死之。副總兵周朝戰雹白，死之。

十一月丁亥朔。

戊子，劉國軒、總兵張世耀以漳州反正。升都康、萬承、安平、龍英諸州爲府。

己丑，西寧王李定國圍新會，將軍黄鶴鳴死之。

庚寅，漳國公鄭成功復漳屬各邑。蘧穎等戰廣信、永豐，死之。總兵温玄起兵石城，死之。

丙午，西寧王李定國圍高明，總兵武君禧等死之。劉時祥等戰徽、寧，死之。

丙辰，西寧王李定國克高明。

十二月丁巳朔，西寧王李定國圍新會、肇慶不克，敗績三洲，總兵李炳等死之。總兵廖篤增、廖定國等戰玉版寨，死之。高士瑄起兵涇縣山中，死之。將軍鄧耀、陳奇策回龍門。盛貴與將軍黄岳謀起兵濮院，死之。陳德奉宗室朱在錤起兵通州、泰州。朱在錤兵部右侍郎、東閣大學士，督師江北。漳國公鄭成功復同安、南安、惠安、安溪、永春、德化。劉國軒護衛後鎮。

庚午，西寧王李定國敗績新會，走鬱林。李泰等戰開建，死之。高州陷，副總兵姚奇等死之。化州陷，石城伯施尚義與冷雄傑死之。雷州、廉州陷，總兵孫際昌等畔降於清。

乙亥，將軍鄧耀、陳奇策鬨。將軍陳奇策至上思，被執死之。將軍鄧耀、漳平伯周金湯被執，死之。橫州陷，千總紀大良等死之。將軍俞撰、總兵紀國祥至崇明畔降於清。總兵余三被執天興白沙，死之。大學士朱在錤，將軍任啟祥、方鼎，總兵陳德、鄒魁吾等戰通泰，死之。司禮監龐天壽卒，李國泰司禮監。推官朱尊湅謀起兵海寧，死之。順德大旱，靜寧河清。

永曆九年乙未，春正月丙戌朔，上在安龍，受百官朝賀。庚寅，漳國公鄭成功克仙遊。將軍張武攻夏縣，死之。商人林行可等接濟海上，被執閩海，死之；林元等被執通州，死之。都司劉應德等應儀真，死之。

二月丙辰朔，南直地震。升中左所爲思明州。西寧王李定國自賓州入南寧，破總兵關有才兵田州。總兵馮士騶屯雷、廉海上。李圈胡子起兵平陽。扒山虎等起兵平陸，死之。曾人傑起兵吉安、永豐，死之。

三月丙戌朔，西寧王李定國出師南寧，復橫州、潯州。

丁未，簡討朱東觀視師海上。曾省、林良等復大田，死之。

甲寅，昭平陷，總兵倪志倫等畔降於清。總兵陸仕傅戰隆安，死之。新興地震。

夏四月乙卯朔，晉鄭成功延平王，總督南北直省水陸官義士漢軍務，節制勳鎮。封甘煇崇明伯，王秀奇祥符伯，萬禮建安伯，黄廷永安伯，郝文興慶都伯。香山、海洲陷，劉綦廉死之。楊殿臣起兵文昌，死之。吴覲等起兵泉州，死之。黄居起兵永福。謝朋等起兵福清。劉希亮起兵連江。尤元表起兵羅源。西寧王李定國復廉州。義興伯龍韜復柳州。總兵袁邦泰至象州畔降於清。總兵莫世欽自來賓畔降於清。彭兆龍等起兵信宜。王二戰裕州西南山，死之。

五月甲申朔。

戊子，涪陵侯譚文、荆江侯張光萃復夷陵。晉馮雙鯉興國公。宋德清等起兵瓊州，死之。

丙午，南康王劉文秀、興國公馮雙鯉、武陵侯楊國棟、安化伯莫宗文復沅興，攻嘗德不克。將軍盧名臣、鄂國公馬進忠、臨潼侯武大定、將軍周應熊攻岳州不得進。

辛亥，定西侯張名振等復舟山，總兵巴成功反正。總兵顧啟明通總兵孫起鳳於天津。

副總兵丁弘業戰崇明洋死之。

六月甲寅朔，陳璽太嘗卿，督川學。南直地震。總兵李成武命謝天惠詗事膠州，死之。延平王鄭成功復揭陽、澄海、普寧。清以簡王濟度爲定遠大將軍侵福建。延平王鄭成功墮安平、漳州、惠安、南安、同安諸城，回師思明。副總兵馬信自台州反正。江龍攻饒平烏石寨，死之。副總兵高復卿保雁蕩山，死之。贛縣鎮南太湖寨陷，曾成吾等死之。總兵朱恭柭等謀起兵豐城，死之。譚振亞起兵臨高。西寧王李定國回潯州。

秋七月癸未朔，撫南王劉文秀、興國公馮雙鯉、武陵侯楊國棟、安化伯莫宗文繇沅興攻嘗德，將軍盧名臣死之。總督侯恂卒。

八月壬子朔，李三才戰瑞金橫石寨，死之。朱蘊金僉都御史，巡撫沅興。糧官孫三魁等被執膠州，死之。

九月壬午朔，封鄭柞安南國王。開化伯金子襄等戰寧都、永豐、樂安山中，死之，總兵吴榮等畔降於清。慶都伯郝文興卒。總督朱盛濃起兵富川菜地沖，僉事周士顯死之。副使朱國臣等謀起兵吉安，死之。副總兵胡長卿等戰永豐，死之。

冬十月辛亥朔，廣昌伯高文貴守潯州，西寧王李定國回南寧。羅鼎榮起兵處州。魏福賢攻遂安。黄允會攻寧化，死之。南康王劉文秀經略四川，屯洪雅天生城，尋回雲興。總兵白繼英赴陝西詗事，孫自英等詗事北京，死之。延平王鄭成功敗績揭陽，何猛生等死之。張洪德自定關反正。富川菜地沖陷，總督朱盛濃等死之，總兵湛志倫等畔降於清。龜石源陷，劉登會等死之。總兵陳崇陽戰閩海，死之。總兵陳崇俊畔降於清。金勝等至青村，死之。

十一月辛巳朔，德化王慈燁被執沙縣，薨。何源兵部尚書、右都御史、武英殿大學士。將軍李先芳起兵藤縣，與真寧侯李承爵復潯州。吴祖胤起兵攻永寧。總兵湯有星至四川畔降於清。

丁未，定西侯張名振卒，侍郎張煌言代領其軍。千總魏邦清等謀自定海赴舟山，死之。

十二月辛亥朔，陳發戰東陽，死之。馬玉龍與總兵朱得勝等戰金華、嚴州山寨，死之。黄墨戰建安黄坑，死之。主事黄應泰謀起兵豐城，死之。吴月謀起兵潁州，死之。總兵羅成基戰羅定木欄山，死之。榆園陷，吴康華等死之。江鵬翥謀起兵佛山，死之。王興戰惠、潮大帽山，死之。李企晟兵部右侍郎、僉都御史，總督山西、陝西、河南、山東義師官兵，自華山連絡太行、五臺、開封、鄧州、淅川、光化、均州義旅。陳學進起兵花山。曾定老等設五大商號蘇、嵩，事洩死之。清以伊爾德爲寧海大將軍侵舟山。

永曆十年丙申，春正月庚辰朔，上在安龍，受百官朝賀。西寧王李定國命保康侯賀九儀守南寧，自率師敗秦王孫可望兵田州入扈，將軍張明志來歸。大學士馬吉翔罷。

庚寅，左先鋒鎮蘇茂敗績揭陽，援剿右鎮將黃勝、殿兵林文燦死之。楊又衡復連江。寧化留猪坑陷，黃沙禾等死之。張文龍起兵建安，死之。總兵丁國祥自貴州畔降於清。

甲午，永壽王子存梧等謀起兵雒陽，死之。彭兆龍、陳選等戰廉州天官鬧，死之。王之翰畔降於清。劉保守官田、黑坑。澄濟伯顧忠、總兵王有才等自舟山畔附於清。曹玉等戰茂名雲曇，死之。張騰鳳起兵文昌，死之。秦王孫可望遣將軍白文選劫駕。延平王鄭成功命袁彩偵事北京，被執死之。總兵何吉戰興化，死之。千總王千里等謀內應定海，事洩死之。

二月庚戌朔，改雲、貴、楚、蜀衛所爲縣。總督李企晟至鄖陽。

壬子，舟山城哭。富順伯李先芳，總兵歐霖猷、陳應鳳等戰瀨湍，死之。總兵李亞戰南寧，死之。總督曾拱辰等復雩都，守興國梅窖洞。王寰初假無爲教起兵天興，死之。吳一被執馬蹄嶺，死之。總兵劉廣等被執安仁墩，死之。總兵李旌至福清畔降於清。

丁卯，西寧王李定國入朝。

己巳，西寧王李定國、將軍白文選扈駕幸新城。

辛未，幸普安交水。周奉南等攻石碾死之。張三起兵瑞安，死之。何子成起兵青田十一都，死之。朱國鳳等戰永康，死之。總兵徐君美戰武義，死之。總兵楊瑞龍等戰梓山，死之。魏福賢攻慶元。總兵陳甲戰上隝田，死之。何德成等自□□畔降於清。沈調倫兵部尚書，經畧浙、直。

三月庚辰朔，上幸曲靖，以武英營衞爲行宫。黔國公沐天波迎馬龍驛，上次驛龍楊林。西寧王李定國、南康王劉文秀扈駕入雲興，百姓觀者如堵，耆老見而大慟曰：「不圖今日見大明天子！」上含淚點首而過。以艾能奇府爲行宫，升雲南爲滇京。晉李定國晉王，挂輔明大將軍印，總理滇、黔、楚、蜀兵馬；劉文秀蜀王；白文選鞏國公。扶綱禮兵二部尚書、東閣大學士；張佐辰吏部尚書、東閣大學士，雷躍龍禮刑二部尚書、東閣大學士，預機務；金維新吏部右侍郎、左都御史；龔銘兵部右侍郎；劉鳴鳳督學滇京。鞏國公白文選、東昌侯張虎慰諭秦王孫可望。延平王鄭成功殺左先鋒鎮蘇茂。蘇虎等戰平陽山中，死之。總兵呂志等戰普寧，死之。都統黃龍等戰惠州黃砂巢，死之。李茂戰龍南磜，死之。總兵胥登榮等至漢中畔降於清。史文等掌五軍都督府印。諭：「凡紳士軍民，勿以卑賤，自安其分。若有一得之長，有關於國計民生者，不妨直書奏章，不必拘奏本之體，即直書其名奏爲某事，備録原委，交通政使彙進；妄言者不究。」又諭：「重學政，講鄉約，舉高年，恤孤寡，訪節孝。凡一應祀典，悉炤舉行，於是民有漸登衽席之機矣。」副都御史王江起兵大蘭山，死之。英義伯阮駿復健跳。李汝賜等戰縉雲，死之。屠大虎戰小溪，死之。總兵顧鳴鳳戰羅山鄉，死之。朱禄明起兵宣平，死之。張亞山等起兵景寧，死之。總兵楊國相等起兵遂昌，死之。

夏四月己酉朔，婁三復郾城。董天龍等起兵淯川，死之。總兵李萬榮自新安山中畔降於清。永安王華堧等自廣西畔降於清。

甲子，延平王鄭成功大破清兵思明。總督曾拱辰戰梅窖洞，死之。張吉等戰帽頂山，死之。

五月己卯朔，虞胤兵部尚書、文淵閣大學士，總督，封萊國公。漳平伯周金湯走欽州。譚漸等謀起兵南昌，死之。

閏月戊申朔，總兵林興朱等自帽頂山畔降於清。林光自龍通寨襲清兵，死之。枚卜馬吉翔，通政使汪郊疏請勿予。

六月戊寅朔，中旨馬吉翔兵部尚書、文淵閣大學士，預機務。清將攻舟山，推官錢肅典入海告警，死之。李梁攻泉州，死之。林良戰□□，死之。將軍林文龍，總兵何傳、鄭飛熊攻侯官、古田、閩清，畔降於清。東鄉方斗寨陷，巡撫胡際亨、梁山侯徐邦定等死之。荆國公王光興屯建始。

己亥，前衞鎮黄梧等殺鎮後衞鎮華棟，以海澄畔附於清。光禄卿高勣、御史鄔昌琦疏劾晋王李定國、蜀王劉文秀功高不當往來權倖之門，蹈秦王孫可望故轍，削籍，尋復官。

秋七月丁未朔，選貢趙士恪疏陳恢復策。林日勝戰飛鴉寨，廖孔死之。庚戌，延平王鄭成功復閩安、南臺，進攻天興失利，楊炯等死之。歐子禧内應長樂，死之。千總董世滿反正建寧，死之。主事熊才疏陳恢復策。陳志禄等復靈山。定閩伯黄素禾，總兵黄老、黄赫等入忠誠，畔降於清。

八月丙子朔，晋李來亨臨國公，提督御營直省各路恢剿兵馬，行招討事，挂征虜大將軍印。高鼎自摩天寨畔降於清，劉永忠死之。以五華山秦王孫可望府爲行宫。昆明池有黄龍二來朝者三，白雲護之，盤旋碧霄，經時乃隱。段晅兵部左侍郎。總兵陳凱謀起兵烏鎮，事洩，都司高應龍等死之。周欽貴攻金、衢、嚴，蔣汝等死之。周欽貴卒，陳汝安代領其軍。總督李企晟等被執郎陽，死之。將軍黄鳳昇、任虎畔降於清。益國公郝永忠攻南漳，馬成名等死之。把總胡正昂以九溪反正不克，死之。把總杜文秀以岳州永定衞反正不克，死之。

辛丑，舟山陷，總督陳六御、定寧伯張弘德、英義伯阮駿，將軍劉永錫、張晋爵，總兵林德、胡自慶、李廷選、阮凱、姜英、楊挺生等死之。

九月丙午朔，尚書沈調倫，總兵黄中選、王秀、朱甲等戰大蘭山，死之。延平王鄭成功復連江。

甲子，沅興陷，總兵歐正福、唐國華、姜和生、王瑞泰、王仁靖、謝成龍、謝才尚等，畔降於清。陳汝安戰□□，死之，倪良儒代領其軍，屯合浦。

冬十月乙亥朔，通政使汪郊疏請行察典。中書舍人屈士燝疏劾秦王孫可望、大學士馬吉翔、尚書孫順。諸生屈士煌疏陳三大計六要務。郎中吴鼎疏劾晋王李定國獨擅威福，下獄。陳志禄戰靈山，死之。蜀王劉文秀經略川、廣。陳汝森等敕諭降將總督李國英綿州，死之。賴子明妻張起兵攻寧化，死之。鄭顛等攻徽、饒、衢、廣。軍師周麟虞等起兵慈奉定上莊，死之。總兵關起雲戰杭州器，死之。總兵符世禄戰高低嶺，死之。吕肖武起兵紹興山中，死之。總兵彭弘澍以永、順二州六司畔附於清。巡撫鄧希明、總兵張元凱以夔州畔附於清。

十一月乙巳朔，總兵歐正福反正沅興，死之。將軍周光節畔降於清。建安伯萬禮攻福寧，王玉死之。賴子明妾王等起兵清流，死之。張文魁、沈國清謀起兵朱家角，死之。武舉于樂吾復諸城。

十二月甲戌朔，總兵沈爾緒、王良樹、朱光祚起兵大蘭山，戰牛門，死之。何德成攻仙居西鄉，王國嘉死之。行察典，將軍韋來朝等戰武宣，死之。總兵張颺入湖廣畔降於清。援剿右鎮林順自漳浦，總兵李鳳自閩海，畔降於清。總兵王鉶、王誕、梅之信、冉秉乾自四川畔降於清。阿危戰獨山，死之。

壬寅，延平王鄭成功復羅源、寧德。崇明伯甘煇大破清兵護國嶺。

是年，巡撫崔源之卒。

永曆十一年丁酉，春正月甲辰朔，上在雲興，受百官朝賀。鬱林伯李勝、陸川伯李喬華起兵鬱林。懷集伯何奎豹、岑溪伯李盛功起兵懷集。富川伯梁忠起兵富川、賀縣。宣化伯曹友、總兵王得功起兵南寧、太平。萬任僉都御史，巡撫四川。趙立言等起兵復江山，死之。曾尾等自長泰畔降於清。威胡伯周立發，總兵張興、董元。自封禁山畔降於清。

二月甲戌朔，王樂天屯泰順。

庚辰，延平王鄭成功復温州。林日勝至漳州畔降於清。

甲申，皇太子出閣講學。滎陽王藴鈐、總兵李盛功自滇京畔降於清。義寧侯龍韜，總兵楊振威、韋文有、羅天舜戰柳城，死之。張嘗復宣化上林。

三月甲辰朔，威州、汶川地震，山傾水沸。定國公鄭鴻逵卒。總兵鄭飛熊起兵攻建安、建甌，畔降於清。添設尋甸府同知。都司王一龍攻興武，敗走花馬池，死之。將軍王玉龍，總兵龔瑞、熊慶等攻永寧，死之。副總兵韋綱起兵融縣浪洋。安南國使臣克工入貢，願歲上銀二三萬兩，優詔答之。

夏四月癸酉朔，上聖安皇帝、思文皇帝、皇后廟謚，大赦。孫可貴戰雩都山寨，死之。後鎮李順、施舉招撫定海關，死之。保康侯賀九儀復橫州。

五月癸卯朔，范日星戰雩都，死之。命送秦王孫可望孥三千餘人還貴陽。或勸上留之，不許。副總兵張應台等被執台州，死之。

六月壬申朔，清兵攻重慶，尚書張京死之。總兵張宿等畔降於清。總兵張隆、陳選、宋國相、莫廷陛等戰岑溪，死之。總兵莊進、張應辰等自海上畔降於清。

秋七月壬寅朔，延平王鄭成功次興化，巡閩安。

八月辛未朔，秦王孫可望反，犯雲興。主事屈士熼疏劾保國公王尚禮驕恣無人臣禮。侍講汪郊疏請黔國公沐天波執保國公王尚禮，絕内應。舉雲興鄉試。

甲申，副總兵王戎以黄巖反正。

庚寅，總兵李必等以台州反正。駙馬劉有福謀起兵北京，死之。

九月庚子朔，削秦王孫可望爵，以後章疏稱「畔賊」。文安侯馬吉翔督師交水。延平王鄭成功復太平。

丙午，復天台、仙居、樂清。

庚戌，復海門衛。

癸丑，閩安陷，右鎮余程等死之，護衛前鎮陳斌、神器鎮盧謙畔降於清。延平王鄭成功還思明。

戊午，晉王李定國、蜀王劉文秀、鞏國公白文選連師討孫可望，大破之交水，六安侯李本高死之。臨潼侯武大定、定虜侯袁韜反正。

庚申，孫可望遣漢川侯張勝襲雲興。給事中朱斗垣死之。

辛酉，晉王李定國禽漢川侯張勝渾水塘。保國公王尚禮自殺，漢川侯張勝伏誅。大學士范鑛、尚書陳謹卒。蜀王劉文秀掛招討大將軍印，追孫可望至貴陽。

冬十月庚午朔，孫可望率總兵張應科、葉應禎、高恩、程萬里、康國臣、閻鍾純、劉崇貴、閻臣、鄭國等奔長沙，畔附於清。晉王李定國間使約延平王鄭成功以明夏會南京，約忠貞營會荊州，大舉復楚。晉白文選鞏昌王，掛蕩平大將軍印；馮雙鯉慶陽王，掛戡定大將軍印；馬進忠漢陽王；馬寶淮國公；靳統武平陽侯；竇名望泰安侯；高文貴廣昌侯。論黨逆罪，誅東昌侯張虎；翰林學士方于宣廷杖，戍；禮部尚書任僎諂逆，戮屍，籍其家；削程源閣銜，爲禮部尚書；降荆江侯張光萃德安侯；狄三品岐山侯；王會等爵；降丁序琨、萬年策户部右侍郎；鄭逢玄兵部左侍郎；冷孟銋兵部右侍郎、僉都御史，巡撫貴州；汪郊詹事。晋皮熊黔陽王，鎮貴州。鄭鵬等起兵攻寧洋，死之。陳祖朝起兵古田，死之。陳德培、戴捷、洪亮、林永日、趙元翰、陳憲戰永福，死之。惠安伯林忠，總兵林暹、鄭世雄、張瑞、莊凱、陳秉讜、江南平畔降於清。楊三泰起兵將樂，死之。將軍陳德容等自建陽畔降於清。張建戰建安，死之。侍郎張煌言屯舟山。

十一月己亥朔，延平王鄭成功次南澳，回思明。劉泌疏陳黔、楚門户空虚，瓦裂不遠，起兵部右侍郎，總督五省軍務。張一甲太僕卿，督學四川。以滇、黔難平，下詔大赦。追贈安龍死難諸臣謚廕，賜祭立廟。錢邦芑右都御史。尚書程源疏劾大學士馬吉翔奸。總兵田國欽、黄世奎、鄧基昌、趙世超等自巴東畔降於清。荆國公王光興回施州。廣國公賀九儀復安龍、南寧。

己未，英兵鎮唐邦杰等自漳浦畔降於清。陳能等謀起兵雲夢任家港。死之。夔國公王自奇、永壽伯關有才反於永昌，晋王李定國討之。夔國公王自奇、永壽伯關有才，將軍李定，總兵王顯明、李順、張文明伏誅，將軍張明志反正。

十二月己巳朔，晉王李定國回雲興。封鄭文雄偃師侯。太監李八等詗事北京，死之。蕭三等戰臨高，死之。議開緬甸爲省備行幸，不果。張煌言攻寧海，管隊周元正内應，死之。

永曆十二年戊戌，春正月戊戌朔，上在雲興，受百官朝賀。晉鄭成功潮王，挂招討大將軍印，辭；命進復南京申大義於天下。蜀王劉文秀回屯平越。慶陽王馮雙鯉留守雲興。胡璇工部右侍郎；張煌言兵部尚書、東閣大學士，督師浙海；鄭逢玄禮部尚書兼刑部；淩夫惇太僕少卿，督學雲、貴。將軍錢達攻真義，總兵老陸二等死之。桐梓陷，仁壽伯顧存志，總兵顧金印、顧金純死之，總兵郭淩雲畔降於清。總兵莊鵬程朝行在，至安南卒。徐孚遠左副都御史，連絡閩、浙勳義官兵。

壬子，雲興大宴元宵，放燈火花礮，猶太平景象。横州陷，知州鄭雲錦死之。尚書傅淑訓卒。蔣尚膺僉都御史，巡撫湖廣。侍郎胡璇、詹事楊在疏陳恢復八策。

二月戊辰朔，命漢陽王馬進忠出師黔興，廣昌侯高文貴屯奉天，淮國公馬寶屯辰溪，高陵伯劉正國屯重慶，盡召各邊鎮將回雲興。寧國公王友進、宜都侯塔天寶、安化侯莫宗文、臨潼侯武大定、定虜侯袁韜、荆江伯張光萃入朝。清以信王鐸尼爲安遠靖寇大將軍、貝子雒託爲寧南靖寇大將軍、都統卓布泰爲征南將軍、降將平西王吴三桂爲平西大將軍，會降臣大學士洪承疇自楚、蜀、粵三路侵滇、黔。晉王李定國始遣潁上侯楊武、高陵伯劉正國等分守遵義三陂、紅關，漢陽王馬進忠守貴陽。總兵譚薪傳自□□畔降於清。總兵曹延生復横州，總兵閻維龍死之。延平王鄭成功復澄海。劉覽、甘永起兵永新，死之。清攻南澳，蘇興等死之。總兵陳國興等自太湖畔降於清。黄公輔兵部尚書，總督廣東水陸義旅。

三月庚戌朔，漢陽王馬進忠疏請益兵出楚。召蜀王劉文秀還。廷臣公疏劾翰林學士方于宣、□□范應旭、通政使朱運久等逮問。都御史錢邦芑疏劾大學士雷躍龍、尚書龔彝等。瀘州陷，總兵施天潤畔降於清。

辛亥，降將吴三桂至合州，總兵杜子香棄重慶走，將軍韋大等戰馬平死之。林忠復永福。光禄卿高勣，郎中金簡、裴廷謨，御史許紹亮疏劾文安侯馬吉翔。

夏四月丁卯朔，彭水陷，總督楊喬然死之。沅興、黔興陷，漢陽王馬進忠棄偏橋，走鎮遠、安順。

丙子，延平王鄭成功復澄海。

庚辰，降將吴三桂至三陂，將軍郭李愛，總兵王友臣、劉董才、王明池、朱守全、王劉倉等畔降於清。奉天、新寧、城步陷，總兵高啟隆戰洞口，死之。勒化龍起兵潞安，死之。魏福賢等戰浦城、江山山中，死之。命晉王李定國出師川、楚。清兵至興隆，漢陽王馬進忠、敘國公馬維興走貴陽，慶陽王馮雙鯉棄平越。貝子雒託入貴陽，漢陽王馬進忠遁；巡撫冷孟飪、將軍周斌、總兵許光遠等死之；將軍劉偁、徐廷威，總兵李敦慤、裴芳、李世傑、吴官、王嘉賢、韓國柱、李景瑜、趙武、趙弘德等畔降於清。主事屈士煌疏劾漢陽王馬進忠失律棄城不戰之罪。郭順等戰永豐枸樹嶺，死之。

庚寅，蜀王劉文秀卒。

辛卯，高陵伯劉正國自水西走永寧。通政使鄒簡臣疏請收大權、用正人十二策。

五月丁酉朔，辜延泰僉都御史，巡撫貴州。總兵劉福興戰南寧白楊河，死之。潁上侯楊武敗績開州倒流水。開州陷，總兵楊得勝死之。都勻陷，知府魏士沖等死之。總兵余仁等戰潮陽，死之。總兵羅成耀復羅定，戰木欄山，死之。總兵楊永禩等自□□畔降於清。敘州陷，□□伯陳希賢、總兵杜子香畔降於清。興寧伯王興，將軍王明池，總兵朱尚文、張伏成、楊士誠、李友才、張弘、羅志奇、李貞虎、周永福、馬承德、張飈自綏陽畔降於清。

丙寅，遵義、銅仁陷。

六月丁卯朔，漢陽王馬進忠屯新城。益陽王儼錦被執廣海，薨。楊方等攻温州，死之。

丁丑，單任遲以平陽反正。

己卯，艾誠祥以瑞安反正。范德等戰劉五店海外，死之。鎮閩侯温丹初起兵永定金豐里，死之。潁州水，地震。

秋七月丙申朔，晋王李定國欽命專征，節制郡勳文武、提調官義兵馬招討大元帥，賜黄鉞，出師。延平王鄭成功、大學士張煌言會師，大舉北伐以援滇。

甲辰，延平王鄭成功次羊山，颶風作，義陽王朝墠薨，左衝鎮林燦等死之，遂旋師舟山。延平王鄭成功攻象山，李葵、潘忠等死之。侍郎張嵋奉敕宣諭降將吴三桂，被執不屈，死之。宣化伯曹友，總兵王得功、李亞攻賓州，劉三傑等死之。李瑛等攻德慶，死之。薛士道起兵嘗寧，攻靖、奉，死之。涪陵侯譚文等攻重慶，副總兵陳良鼎等死之。

八月丙寅朔，晋王李定國次曲靖。□□劉漢臣賫敕封吴三桂濟王；錦衣指揮使賀覲明、將軍司顯枝賫敕封洪承疇興化王，皆被執不屈，死之。王樂天屯壽寧。永定金豐里陷，羅朗中死之。屯田官鄔俊自定海通大學士張煌言，事洩死之。

九月乙未朔，晋王李定國次安南衛。李月高攻龍巖，張崑山死之。黄鄒等起兵寧洋，死之。

甲辰，延平王鄭成功復象山，中軍許廷等死之。柴虎等攻裘村，死之。馮捷等起兵永安，死之。楊元慶等起兵侯官，死之。吴大禄走南平，魏六死之，總兵廖明旂畔降於清。大學士李之椿謀起兵，被執至南京，與尚書吴哲生、胡吉人，侍郎李樊同，總兵方君茂、孫奎、沈崑峒、王來同等死之。清平陷，黄平伯武邦賢畔降於清。巡撫萬任自江津畔降於清。

冬十月甲子朔，後衝鎮劉進忠自黄巖畔降於清。

乙丑，延平王鄭成功復海門衛。荆國公王光興復湄潭。清信王鐸尼總統三路兵會平越楊老堡。晋王李定國始命慶陽王馮雙鯉、咸寧侯祁三昇扼雞公背，真寧侯李承爵扼黄草壩，自守關嶺；別命鞏昌王白文選、泰安侯竇名望守七星關，抵生界立營。已定國出援安龍，命漢陽王馬進忠代守關嶺，卒，華陰侯馬士秀、總兵馬自德畔降於清。

十一月甲午朔，晋王李定國破清兵安龍，回守關嶺。

庚子，延平王鄭成功復磐石衛。

辛丑，復樂清，屯温、台海上，參將陳龍等死之。攻平陽，先鋒陳京等死之。參將黄道啟被執黄巖，死之。遊擊譚朝聖等攻瑞安，死之。將軍鄧耀復雷州。

癸丑，鞏昌王白文選回守七星關。高陵伯劉正國戰安莊響水橋，死之。將軍胡正禮、總兵李永昌攻龔安，戰曲黨貢，死之。定遠伯冉奇鑣以酉陽畔附於清。鎮遠將軍覃勳麟以散毛畔附於清。總兵向同廷以卯峒畔附於清。

十二月癸亥朔，甲子，真寧侯李承爵戰黄草壩，死之。總兵郭名儒自關嶺畔降於清。降將吴三桂過天生橋。鞏昌王白文選棄關走可渡橋。淮國公馬寶遁，鞏昌王白文選乃復走霑益。

庚午，清都統卓布泰自間道陷安龍，總兵張騏等死之，懷仁侯吴子聖援之不及，副總兵張成均死之。總兵余宏化召募連絡直、江、浙、閩，被執死之。

甲戌，晋王李定國趨戰炎遮河敗績，總兵汪大捷、副總兵李遠等死之。慶陽王馮雙鯉兵亦潰於雞公背，總兵李永成等戰羅炎涼水井，死之。曲靖陷，晋王李定國回雲興，請駕西狩。

丙子，召羣臣議。巡撫𡵨延泰疏請幸川，開荒屯練，圖恢復。御史任國璽疏請死守雲興。

丁丑，諭百姓避清兵。駕發雲興，廣昌侯高文貴扈駕。君臣分別，大哭。百姓老幼焚香隨輦遮泣請從，上慰譬之，哭聲震地。上顧之泣曰：「是朕一人之罪，不如與百姓同死。」欲止不去。羣臣再請，乃行。及次安寧，文武朝見。聞鞏昌王白文選敗，遂日夜行，次草鋪。百姓老弱者從至百餘里外，少壯者至二百餘里，上諭之再三，始散。

壬午，幸楚雄。百官扈從，兵民男婦老幼百餘萬人，日行不過三十里。兵士乏食，取之民間，所在逃竄，御前供頓缺，庶僚貧病，離次不前。

甲申，幸趙州。

丁亥，幸大理玉龍關。侍郎劉泌卒。宗室朱議㴋、總兵王祐、經畧彭珅等至南昌畔降於清。總兵高服卿、高泰、羅漢等戰台州、太平死之。

永曆十三年己亥，春正月癸巳朔，上在永平，留一日，西幸。

乙未，雲興陷，巡撫黄炳，衛國公胡一青、楚國公周室鼎，鎮國將軍艾承業，將軍劉之扶、許大元，總兵王宗臣、王有德、王國貞、劉玉田、鄭啟明、王朝欽等畔降於清；主事劉之謙等死之。

丙申，上幸永昌，以參將署爲行宫，從官以次至。

己亥，召對百官紳民，下詔罪己，有曰：「明知祖制之不可滅裂，而力不能見之行事，遂徒託之空言；明知邪正之不可混淆，而心幾欲辨其賢奸，又漸寢於獨斷，以致天下忠臣義士結舌而寒心。當路鬻爵賣官，寡廉而鮮恥。」又曰：「死而後已，寧爲六出之兵；天若不存，誓共一舟之覆。」是日，總督黄公輔卒。

庚子，上齋戒修省上帝懺文，有曰：「祖宗成憲，既不知所率繇；左右奸回，公然受其蒙蔽。」又曰：「惟蒼天不早生聖人爲中華主，使黎庶得謬推小子作億兆君。忠孝沮壅於銓門，而臣不及覺；苞苴公行於政府，而臣不及知。」云云。晋王李定國自劾十大罪，還鉞，請削秩；從臣亦請貶官，不許。尋甸陷，知府陳一爵等死之。將軍張治法戰印江沿河司，死之。大學士文安之督皖國公劉體仁、靖國公袁宗第、臨國公李來亨、涪陵侯譚文等攻重慶不克。新津侯譚弘、長壽侯譚詣殺涪陵侯譚文於巫山，與巡撫程正典，將軍譚昌誌、陳武衡，郎顯秩、李宮牆、任元禮，總兵劉愼、余文炳、楊枝秀、杜鴻儒、嚴啟倖、譚天憲、譚天圖、范應元、董清芳、牟世聯、郭衛城、譚天斗、冉紹鵬、余先貴、牟世延、杜夢辰、譚詩、周道永、任俶京、明上策、胡登甲、張應林、劉光辰、馮景明、譚天叙等，自天字城畔附於清。總兵陳洪、靳廷侯、陳玉、周明、謝廷高、李魁鳳等謀起兵湖南，死之。總兵龍尚可畔降於清。總兵魏麟鳳攻吉安，死之。張鑾子謀起兵翼城暬冢山，死之。總兵陳侯等自閩海畔降於清。總兵連捷、吴元等至延平畔降於清。

閏月癸亥，降將吴三桂自羅次、都統卓布泰自雲興發，侵永昌。將軍陳堯策、羅全斌奉江夏王藴鋏、光澤王儼鐵屯上思灘寧寨。

庚午，總兵王國勳戰普溯，死之。

辛未，楚雄、鎮南陷。陸涼陷，知州朱賓遠死之。河西陷，巡撫徐煒死之。霑益馬龍屠。羅次陷，知府李悉達等死之。選貢趙士恪等起兵易門，死之。楊國訓等拒守鄧川，死之。

癸酉，鞏昌王白文選敗績大理玉龍關，偃師侯鄭文雄、荆江伯張光萃，總兵潘正龍、秦斗金、呂三貴、張斗霖等死之。鞏昌王白文選自沙木和走南甸、鎮康，入木邦。

丙子，上發永昌。

丁丑，大理屠，楊祖詒等死之。永平陷。侍郎潘琪疏劾文安侯馬吉翔、司禮監李國泰表裏爲奸，乞賜罷斥，尋卒。晉王李定國命平陽侯靳統武扈駕，從者文武官四百餘人，兵四千人，官眷二千九百餘人。

己卯，上幸騰越，宰馬而食。永昌陷，尚書王應龍等死之。尚書程源、巡撫辜延泰卒。新寧陷，總兵何起龍等死之。總兵蔡琦走龍州；總兵尹振邦、潘居震走宣化村；將軍周文龍，總兵謝應元、蘇廣容、王秀山走田州，畔降於清。

辛巳，上發騰越，乘夜幸南甸。晉王李定國兵渡潞江。選貢丁運亨起兵永昌，死之。

壬午，晉王李定國戰磨盤山敗績，泰安侯竇名望等死之，清兵引還。總兵胡明道、袁桂以忠州畔附於清。

癸未，上幸干崖。晚，野次未定，忽潁上侯楊武至，詐言清兵將及，上遂接淅踉蹌行，昏黑迷路大谷中，羣臣妻子不相顧，亂兵因之劫掠，火光燭霄，驚擾奔馳，達旦仍在故處，而貴人、宮女已失去過半，副總兵孫崇雅劫殺尤烈。上以從臣多畔，決意幸緬甸。

丁亥，出鐵壁關。

戊子，抵囊木河，緬人奉迎具表如嘗儀，請從官勿佩戎器。文安侯馬吉翔遽傳旨從之。

庚寅，出銅壁關。

辛卯，次蠻莫，土司思綿迎謁甚恭。騰越陷，千户李玉奎以下闔城死之。岳陽伯王允成被執，死之。雅安伯高承恩率諸土司斂兵拒守。主事周官追扈，在道死之。

二月壬辰朔，上幸緬甸之大金沙江，隨扈者千四百七十八人。緬人以四舟迎駕，從臣自覓江舟者六百十六人。命岷王子等九百餘人陸行，會於緬甸。晋王李定國駐兵猛緬，殺都御史金維新。護駕將軍施煒然、施煥然追扈，死之。總兵曹延生等自騰越畔降於清。黄色卿復湄洲，死之。林金榮等攻詔安，死之。

丙申，鞏昌王白文選以兵迎駕於緬甸之阿瓦城不得。

丁酉，上舟東幸。

丁未，未刻，天狗星隕。

己酉，上如井梗。議遣使齎敕如鞏昌王白文選等營，文安侯馬吉翔阻之，不果。

乙卯，總兵馬雄飛、御史鄔昌琦使緬甸。從臣陸行者抵阿瓦，爲緬人所圍，將軍姜承德、向鼎忠、李大義、范存禮、嘗逢時、温如珍、鄭文彩、劉興隆、武甲、張甲、陶甲，總兵潘世榮等死之。總兵盧正友攻遵義、思南、平越，戰楓落壩，張思聖等死之。總兵李正洪等戰婺川客老屯，死之。龔安伯馮天裕戰泥落壩，副總兵劉江垓等死之。

三月辛酉朔，降將吴三桂陷姚安，大學士張佐辰、尚書孫順、侍郎胡顯等畔降於清。清兵還雲興，大學士扶綱，尚書尹三聘，敘國公馬維興、武清侯王國璽、臨潼侯武大定、定虜侯袁韜，將軍祁自貴、馬得鳴，總兵武國用，掌後府史文等，畔降於清。益陽王儼錦、鎮國將軍朱尊汯等被執遷隆，薨。尚書萬翺、巡撫陳德容自偏沅畔降於清。延長伯朱養恩，將軍高應鳳，總兵許名臣、龍贊陽、吴宗秀等，自嘉定詣羅次畔降於清。總兵閻永德戰□□，死之。將軍陳奇策被執□□，死之。守備王禮戰袁家渡，死之。副總兵雷雲等戰新添菁山中，死之。總兵江起龍、李漢、毛鵬程，自餘慶畔降於清。保德伯王安、將軍黄汝霖，自建昌至滇京畔降於清。上思陷，江夏王藴鋏薨。總兵馬龍至海鹽畔降於清。

夏四月辛卯朔，廣國公賀九儀棄南寧。南寧陷，總兵曾日芳畔降於清。將軍鄧耀攻徐聞海梟港，郭忠先等死之。上賜緬甸國王莽達喇金鼎杯二、綵緞紵絲各二十端。咸寧侯祁三昇以兵迎駕，文安侯馬吉翔遣使以敕書止之。餘慶伯楊光謙、將軍丁國祥等，自泥落壩畔降於清。廖道隆等起兵廣西、永福。寧國公王友進、宜賓伯陳希賢，總兵杜子香，自敘州至滇京畔降於清。仁和侯陳國能，將軍王三才、黑邦俊，總兵岳鼎、高恩、王應舉、洪應麟、張臣肇，詣扶上畔降於清。

己未，延平王鄭成功攻寧波崑亭，領班陳池等死之。順寧天鼓鳴。

五月辛酉朔，廣昌侯高文貴、總兵王璽卒。皖國公劉體仁復襄陽一日，走巴東。

甲子，緬人備龍舟鼓樂迎駕。

乙丑，上發井梗。

丁卯，至阿瓦城下，次緬王所居城對江。

戊辰，陸幸者梗，緬人爲臺止車駕，茅屋十廛，以竹爲城，諸臣伐竹木架屋爲室。雲興大雨雹。

癸酉，延平王鄭成功、大學士張煌言復會師，大舉北伐以援滇。

丙子，潁上侯楊武復騰越。

戊寅，延平王鄭成功攻崇明蘆竹洲，侯丁秀等死之。輔國將軍儒相自沅州畔降於清。淮國公馬寶，將軍塔新策、劉偁、徐廷威、李貴、焦宏曹、賀天雲、曹福德、蔡得春、劉國泰、王然、羅思忠、張善、張從仁、單泰徵等，自瀾滄江外畔降於清。公安伯李如碧、高陵伯劉鎮國、宜川伯高啟隆，將軍林得勝、王玉隆，總兵王朝欽、劉之復、盧朝陽，自麗江邊外畔降於清。

六月，馬湖、敘州陷。成都陷，總兵趙友鄢、劉耀、楊有才、曹昌祚、陳安國、楊彪、劉煥山、陳進賢畔附於清。封楊武潁國公。懷仁侯吴子聖、孟津伯魏勇，將軍吴三省復永昌。平原伯石仲芳反正諸暨，死之。李魁選謀起兵龍泉，死之。咸寧侯郝承裔、廣平伯陳建殺雅安侯高承恩。大學士文安之卒。將軍杜學至重慶畔降於清。岐山伯王會，總兵楊威、趙武、任夔道、鄧望功、萬致元、王敬、韓天福、王朝興、曠世宰、胡九鼎，自建昌衛入羅次畔降於清。

丙午，延平王鄭成功克瓜洲。

癸丑，克鎮江，破虜將軍高謙等反正。復儀真，鎮南將軍劉汝賢以太平府反正。宗國公武公志自安南畔降於清。延安大水。

秋七月庚申朔，那嵩兵部右侍郎，總督雲南。郎中阮春雷復江浦。

辛酉，復六合。

壬戌，大學士張煌言復太平。

甲子，復蕪湖。

乙丑，復當塗、繁昌。

丙寅，延平王鄭成功進圍南京，總兵黄鼎、中書舍人沈士柱謀内應，死之。

己巳，復丹陽。

壬申，主事袁起震復含山、來安。

癸酉，郎中阮春雷復滁州、天長、盱眙、泗州。

甲戌，主事袁起震復和州。

丁丑，復池州、溧陽。大學士張煌言攻安慶，劉玉等死之。副使陳九思起兵徽、饒山中。尚書王夢錫、侍郎于穎等復金壇，死之。知府周標謀起兵鳳陽，死之。總兵張守智攻宜興不克。將軍錢達攻角直十墩。

辛巳，延平王鄭成功攻南京，戰白土山，前鋒鎮余新死之。

癸未，延平王鄭成功敗績南京，崇明伯甘煇、建安伯萬禮，總督張英，户官潘庚鍾，前衝鎮藍衍，左驍騎鎮陳魁，左武衛鎮林勝中，權鎮李必，火武鎮魏標、林世忠、張廷臣，水武鎮林世用，總兵張禄、郭良玉等死之。王觀祖起兵復樂平，死之。程光謀起兵浮梁，死之。金之仁等起兵餘干，死之。遊擊李芝等反正祁門，攻婺源，董玉等死之。遊擊李芝等復浮梁，攻黟縣，把總劉養心等死之。總兵潘永禧等戰徽州潭口，死之。李奇生等起兵新蔡。德化伯汪龍、總兵吴讓德等起兵九江，死之。瑞金侯陳其綸起兵瑞金，戰雩都天心寨，死之。總兵朱永盛、曾加印起兵袁州。蕭來儀起兵廣昌陽石滴水寨。宗室朱議潤等謀起兵江西，死之。四川大雨，錦屏山傾一角。

八月己丑朔，傅甲以句容反正。知縣車輅等以溧水反正。梅復初以泰州反正。姚甲等以高郵響應。巡撫王驥、掌院陳于鼎等以鎮江，王觀海以六合反正。遂安伯張承志以清江浦，僉事沈壽岳等以寧國府，副總兵許大成等以旌德響應。知縣田瑞徵等以東流反正，與太平知府李芝蘭、貴池知縣吴一鳳、銅陵知縣高光龍、廬江知縣孫弘喆、建平知縣李天福、巢縣知縣趙熿、太平任可等，皆以内應死之。儀真陷，知縣周鐸死之。天長陷，副總兵楊瑞等死之。

乙未，大學士張煌言敗清兵銅陵，尋入海，所復徽、寧、池、太、和、廣、無四府三州二十四縣復陷。

己亥，延平王鄭成功圍崇明不克，正兵鎮韓英、將軍王起鳳死之。總兵李國寶、楊嘉瑞等自鎮江畔降於清。德安侯狄三品，將軍張明志、丁有友、馮萬保，總兵王有德、張好等執慶陽王馮雙鯉，以建昌衛畔附於清。吴元英等起兵攻寧洋，死之。盧洪士起兵靖安華坊，死之。

癸卯，黔國公沐天波以夷禮見於緬酋，侍郎楊在、行人任國璽疏劾之。右扈將軍楊國明自永寧衛，陽武伯廖魚自滇邊，總兵張俊龍等自甕安，畔降於清。

乙巳，清招降新會文村，唐王聿鍔薨，廣寧伯王興等死之。總兵吴在朝至成都畔降於清。僉都御史劉菬監潁國公楊武軍。總兵盧正友、李茂林、安良弼戰木猴屯，茂林、良弼與總兵金月殿等死之。總兵毛羽輝等戰席樂坪，死之。□□伯馮天裕、總兵馬任國等戰合馬菁，死之。總兵冉宗孝、吕昌等戰萬佛山，死之。總兵盧正友戰瓜子溪，死之。

是月，上病足，諸臣宴樂如故。

九月己未朔，頒緬穀於從官。潛良泗起兵周家埠，復靖安，死之。曹應鳳謀自台州入海，被執死之。潁國公楊武、將軍劉啟明、總兵李景瑜等，自騰越邊外畔降於清。

甲子，延平王鄭成功回思明，上疏待罪。廣平伯陳建，總兵武國治、楊聯芳等自□□畔降於清。總兵龍世榮自石屏畔降於清。總兵龔旗等戰慶遠，死之；總兵潘志乾、晏日章、楊啟芳、黄金貴畔降於清。懷德將軍許名臣反正，復石屏。

冬十月戊子朔，頒曆於緬甸。清攻元江，總督那嵩固守。晋王李定國移營孟艮，承制加土司勳爵。孟艮女酋爲梗，誅之。通海侯李廷玉等起兵攻忠誠。李五庭起兵萬安，丘雄等死之。萬雲龍起兵吉水，復吉水、新喻。思恩陷，知府盧瑜等死之。奉議陷，判官宋甲死之。鬱林陷，判官童欽舜死之。懷仁侯吴子聖自滇邊畔降於清。將軍李光㮨自銅廠畔降於清。咸寧侯郝承裔，總兵張世禄、靳洪玉，以嘉定、卭、眉諸州畔附於清。援勦左鎮劉猷戰温州隘頑所，死之。忠明伯周全斌戰沙園所，左協方英死之。安南都統莫敬耀畔降於清。秦翼明等以石砫畔附於清。劉鴻等起兵上杭，死之。陳式等起兵攻泉州，死之。陳元方攻英山，死之。楊玉環起兵商城。副使陳九思自徽、饒山中畔降於清，吴千斤死之。

十一月戊午朔，李奇生、楊玉環復商城、光州，死之。

癸亥，元江陷，總督那嵩，懷明將軍那華，懷德將軍許名臣，龍贊陽、高應鳳，總兵賴世勳、魯二力、許甲桂、孫應斗、馬秉忠、周長統以下闔城死之。彭信古等起兵崖州，死之。

十二月丁亥朔，鞏昌王白文選移軍猛壙。王兆貴等起兵徽、寧、地、饒山中，楊大旗等死之。吉國公王祐、宗室朱議滃、經畧彭珅，自永豐畔降於清。曹子布等起兵長寧五子石，死之。總兵張縉假稱太子慈煐，被執柘城，死之。郎中楊文琮謀起兵，被執至杭州，死之。總兵梅應芳自四川畔降於清。鎣達副宣撫使刁思韜，執干崖宣撫使刁定邊致清兵定邊，死之。吴偉新起兵增城綏雲。尚書齊環、將軍徐鳳翽卒。

永曆十四年庚子，春正月丁巳朔，上在者梗，免朝，百官進表行禮。德陽王至濬自安南高平畔降於清。

二月丙戌朔，安南國王黎維祺入貢於清。

丁未，忠州騾子城陷，總兵陳貴榮、高鶴鳴等死之，總兵譚益、關起鵬等畔降於清。

三月丙辰朔，大學士方端士自雲興畔降於清。廣國公賀九儀謀畔，晋王李定國誅之。

清攻彭武，總兵淩魁死之。安化侯莫宗文，將軍牟勝，總兵張倫、何成富、王朝諫、李品高等，畔降於清。大學士張煌言駐軍林門，移桃渚。

庚辰，梁山金城寨陷，總兵姚玉麟等畔降於清。

夏四月乙酉朔，把總劉得功復建寧。指揮使戚輔臣謀起兵慶遠，死之。土司龍吉兆等起兵麻哈。通海侯李廷玉戰雩都九山，死之。蕭發祥戰雩都羊石寨，死之。袁汝瓚戰石樓岡，死之。總兵馬受、劉士英自梁山舊縣寨畔降於清。鞏昌王白文選移軍景線。

五月乙卯朔，符龍吉等戰廣昌，死之。蕭矮子起兵興國衣錦鄉，死之。

甲子，延平王鄭成功大破清兵海澄海門。正兵鎮陳昇畔降於清。閩安侯周瑞、將軍陳堯策等死之。延平王鄭成功誅右虎衛陳鵬。

六月甲申朔，寧國公王友、進將軍武平孝自餘慶畔降於清。長官楊華如等起兵黎平曹滴司，死之。

秋七月甲寅朔，鞏昌王白文選以兵迎上阿瓦不得。南廳上、下川陷，參將王懋公等死之。延平王鄭成功命兵官張光啟征兵日本。王貴起兵泉州，死之。貴州大旱。

八月甲申朔，晉王李定國、鞏昌王白文選繇木邦攻阿瓦不克，還孟艮。咸寧侯郝承裔奉慶符王宣墍以雅州反正。副總兵張承恩自台州反正。總兵阮騂等畔降於清。郎中鄧居詔疏陳時事。總兵鄧凱疏請速出險地，與晉、鞏合。碎御璽給從官。副使張福寰戰英山將軍寨，死之。漳平伯周金湯等起兵雷、廉海上。靖夷將軍鄧耀起兵龍門。將軍李嘗榮起兵海陵，合復雷州失利，將軍李嘗榮畔降於清。漳平伯周金湯、巡撫張孝起戰隔水文廳，死之。副總兵蕭國龍等起兵復開平、恩平、陽春、陽江。武定屯陷，總兵周瓊飛、張權璽、張易能、林志昂死之。

壬子，副使黃確自隔水南廳被執至廣州，死之。

九月癸丑朔，咸寧侯郝承裔復洪雅。晉王李定國、鞏昌王白文選兵進錫箔江。延長伯朱養恩卒。興國公呂洪揚等謀起兵水西，隴革死之。竇妃薨。將軍何起龍，總兵李維明、楊朝欽等，自孟連入邊，畔降於清。太白經天，凡十有五旬。永豐寨陷，副總兵蕭國龍等死之。李崇貴司禮監。

冬十月癸未朔，楊在禮部尚書、東閣大學士，預機務。曾長等戰汀州石城塘下，死之。將軍黃繼忠等起兵桂陽九嶺諸洞，畔降於清。王才等戰興安南山，死之。延平王鄭成功戰海門，參將林登死之。

十一月壬子朔，命副總兵張隆偵各營消息，中道爲緬人所殺。王樂天等戰壽寧，死之。李月高戰龍巖，死之。許子敬起兵德化，死之。果毋寨陷，文元等死之。太白經天，景東紅霞蔽野一日。

十二月，太白經天。

永曆十五年辛丑，春正月辛亥朔，上在者梗，免朝，百官進表行禮。

丁巳，清世祖殂。

己未，聖祖嗣立，以明年爲康熙元年。范廷魁等起兵從化高沙，死之。靖夷將軍鄧耀被執千隆山中，死之。楊彥迪復欽州龍門。

是月，太白經天。騰越大飢，民死者六千人。臨安星隕西方，小白蝶羣飛蔽天，自東南而西北，月餘乃止。

二月辛巳朔，晋王李定國、鞏昌王白文選再以兵迎駕不得，擊緬兵錫箔江，大破之，進駐大金沙江。咸寧侯祁三昇、孟津伯魏勇，總兵劉芝林、王有功、邵文魁、周心翼等，自户臘畔降於清。吉王慈煃疏陳出險事宜，上召見涕泣。平遠侯謝上達攻大埔，羅滿子死之。麻哈陷，土司龍吉兆等死之。柯瑞起兵泉州，死之。

三月庚戌朔，馮天保等戰陽山池水峒，死之。錦衣衛趙明鑑等謀誅文安侯馬吉翔、司禮監李國泰，奉皇太子出緬不克，李甲等死之。延平王鄭成功進兵臺灣，克赤嵌城。將軍高應龍，總兵周名旺、馬良、張登武、蔣成龍等攻騰越，死之。葉爾行等戰仇山，死之。總兵周君泰、李魁、王大有等戰□□，死之。將軍沈文崇，總兵蔣戴舉、朱長興起兵鎮西，死之。

甲戌，竹箐關陷，總兵李棟等死之。范東陽等謀起兵孝感，死之。林順等起兵泉州，死之。張都起兵和平，死之。蕭都起兵增城，攻博羅。

夏四月庚辰朔，咸寧侯郝承裔戰八步石，總兵武現龍、張翼軫、汪騰龍、聶麒麟、劉虎、雷龍死之。

乙酉，黎州陷。

己丑，咸寧侯郝承裔戰漢源街，與總兵王功臣、秦有功死之；總兵艾奇英、劉耀、金學、蕭應舉、汪國祥、帥甲、湯克勝、劉正杰、劉加富、洪所吉畔降於清。晋王李定國大破緬兵大金沙江，移軍亦渺賴山。總兵丁仲柳、黃天才等畔降於清。

五月己酉朔，御史任國璽，郎中王祖望、鄧居詔，疏劾文安侯馬吉翔、司禮監李國泰，不報。緬人蟒猛白弑其兄蟒達喇，密通於清，來索賀禮。上曰：「以臣弑君，朕不能討，而言賀乎？」不應。清攻陽石滴水寨，蕭來儀等死之。皖國公劉體仁等大破清兵南陽河，總兵劉偁、周文楝死之。益國公郝永忠屯大昌，皖國公劉體仁屯巫山老木孔。房縣、竹山陷，岐山侯賀珍屯大寧。

六月戊寅朔，楊億起兵同安，死之。王忠等起兵臨高，死之。

甲申，平胡伯朱壽、宣毅左鎮郭義、右衝鎮蔡禄、總兵陳華、羅棟，自銅山畔附於清，忠匡伯張進死之。蕭甜棠起兵甌寧禾義，死之。吴賓寰起兵桂陽，死之。潘應祥等謀起兵蘇州。端應國等謀起兵溧陽，死之。渭南有稱定王慈炯者，謀起兵河州營，被執，與董易等死之。江西大水。

秋七月戊申朔。

壬子，瑞昌王□□薨。丙寅，緬人咒水戕從臣，吉王慈煃、嵩滋王儼鎠薨，黔國公沐天波、靖夷公魏豹、華亭侯王維恭、西寧侯宋國柱，大學士楊在、鄧士廉，侍郎王祖望，總兵王啟隆、楊可繼、王昇、王自京、龔勳、陳謙、吴承爵、安朝柱、任子信、張拱極、劉相、姚文相、黄華宇、熊相賢、宋宗宰、劉廣寅、丁調鼎、趙明鑑、王大雄、王國相、吴承胤、朱文魁、趙名望，司禮監李茂芳、李崇貴等，死之；文安侯馬吉翔、綏寧伯蒲纓、司禮監李國泰，亦被殺。變聞，上、后將自盡，總兵鄧凱與内侍之僅存者勸曰：「上殉固當，如太后高年何？且既亡社稷，又棄太后，後世其謂皇上何？」乃止。已而緬人入宮，上與太后以下二十五人聚小屋中，忽譯人引緬酋大呼曰：「毋得驚駕！」麾衆移上沐天波室。時大小存者三百四十餘人，樓居聚哭，聲聞一二里外，有寺僧哀之，進以粗糲。

戊辰，上悸不豫。緬人虞上晏駕，無以致詞於清，乃汎潔行宮，迎上延醫診視，貢衣被錦布什物，曰：「小邦臣實無害諸臣心，以清兵壓境，無可奈何，幸毋介介也。」上惟流涕而已。

是月，余思始等起兵泉州、南安，李鵬死之。劉尾等起兵黃肚寨，黃昌死之。謝汝棟等戰大埔，死之。平遠侯謝上達等戰鎮平紅畬箄，死之。臺灣番亂，左先鋒鎮楊祖死之。總兵傅汝友自眉州畔降於清。

八月戊寅朔，楊四起兵諸暨，死之。光澤王儼鐵、大學士郭之奇等在安南江坪陷清兵。宣慰前鎮陳澤破紅毛夷安平、鯤身，副總兵林進紳死之。

戊戌，大星起天，隕西南，白光徹天，良久乃沒。晉王李定國、鞏昌王白文選復以舟師討緬甸不克，還孟艮。定夷將軍吳三省誅總兵唐宗堯磨艿。

九月丁未朔，降將吳三桂上渠魁不除三患二難疏於清，與定西將軍愛星阿犯駕。武舉于樂吾起兵棲霞鋸齒牙山。清以都統濟世哈爲靖東將軍侵山東。丹平土官莫之廉攻定番，死之。戎旗左協黃安討紅毛夷，協將林鳳死之。

冬十月丁丑朔，將軍黎維祚督理滇、黔、楚、蜀，偏勵諸勳將士、山林隱逸，謹慎固防，枕戈以俟。

己卯，鄭芝龍死。莫崛城等攻陽山，死之。鄭昌反正樂民所，死之。參將王化中等攻陽山，死之。廖雲龍起兵英德，死之。黄盛舉等起兵寧洋，死之。張正綱攻文登，死之。徐耀宇等攻大嵩，死之。上召總兵鄧凱入宫，曰：「太后病亟，若天意不屬大明，寧清兵至，使太后骨歸故里。如此痛苦，不如無生。」又云：「馬寶功高未封郡王，朕深負之。當日朕在滇、黔，百姓已困多年，今陷腥羶，又不知作何狀也？」因淚下不成聲。

閏月丁未朔，清徙沿海居民，禁舟出海。

十一月丙子朔，東鄉侯楊秉胤自達州小城寨畔降於清。張嘗等戰武緣，死之。土舍沙飛雄謀起兵亦佐，死之。都司李國柱等攻鎮西，死之。延平王鄭成功定臺灣。乙未，鞏昌王白文選、伏羌伯趙得勝、同官伯張國用，總兵王三才、楊成等，自茶山畔降於清。宫嬪某死之。廣西飛星自北而南，大如盆，有尾，色灰白，墮聲若雷。

十二月丙午朔，降將吴三桂屯兵緬甸舊晚坡。緬酋蟒猛白奉金盤十六，置饌以迎，上知不免，遂遺書降將吴三桂曰：

將軍新朝之勳臣，舊朝之重鎮也。世膺爵秩，藩封外疆，烈皇帝之於將軍，可謂甚厚。詎意國遭不造，闖賊肆虐，突入我京城，殄滅我社稷，逼死我先帝，殺戮我人民。將軍志興楚國，飲泣秦廷，縞素誓師，提兵問罪，當日之本衷，原未泯也。奈何憑藉大國，狐假虎威，陽施復仇之美名，陰作新朝之佐命，逆賊授首之後，而南方一帶土宇非復先朝有也。

南方諸臣不忍宗社之顛覆，迎立南陽，何圖枕席未安，干戈猝至，弘光殄社，隆武登遐。僕於此時，幾不欲生，猶遑爲宗社計乎？諸臣强之再三，謬承先緒。自是以來，一戰而楚地失，再戰而東粤亡，流離驚竄，不可勝數。幸李定國迎僕於貴州，接僕於雲南。自謂與人無患，與世無爭矣。而將軍忘君父之大德，圖開創之豐功，督師入滇，覆我巢穴，僕繇是渡沙漠，聊借緬人以固吾圉。山遥水遠，言笑誰歡，祗益悲矣。

既失世守之河山，苟全性命於蠻服，亦自幸耳。乃將軍不避艱險，請命遠來，提數十萬之衆，窮追逆旅之身，何視天下之不廣哉！豈天覆地載之中，獨不容僕一人乎？抑封王錫爵之後，猶欲殲僕以邀功乎？第思高皇帝櫛風沐雨之天下，猶不能貽留片地，以爲將軍建功之所？將軍既毁我室，又欲取我子。讀鴟鴞之章，能不慘然心惻乎？將軍猶是世禄之裔，即不爲僕憐，獨不念先帝乎？即不念先帝，獨不念二祖列宗乎？即不念二祖列宗，獨不念己之祖若父乎？不知大清何恩何德於將軍，僕又何仇何怨於將軍也？將軍自以爲智，而適成其愚；自以爲厚，而反覺其薄。奕禩而下，史有傳，書有載，當以將軍爲何如人也！

僕今者兵衰力弱，煢煢孑立，區區之命，懸於將軍之手矣。如必欲僕首領，則雖粉身碎骨，血濺蒿萊，所不敢辭。若其轉禍爲福，或以遐方寸土，仍存三恪正朔，更非敢望；倘得與太平草木，同霑雨露於聖朝，僕縱有億萬之衆，亦付與將軍，惟將軍是命。將軍臣事大明亦可謂不忘故主之血食，不負先帝之大德也。惟冀裁之。

戊申，未刻，緬人紿上以晉王李定國兵至，馬步數萬列江滸。語未畢，即舁上暨太后、皇后、皇太子、公主以行，宮女十四，中官七，及諸臣婦子百餘人從之，號哭震天。徒行五里許，登舟，已昏黄不辨徑路。有負上躋陸者，問之則降將吴三桂前鋒高得捷也。上幸三桂營，南面坐達旦。

己酉，三桂標官謁者，猶跪拜如禮。頃之，三桂入，長揖不拜。上問姓名，三桂噤不能對。再問之，不覺膝之屈也。問之數四，始稱臣以對。上切責曰：「若非漢臣乎？若非大明臣子乎？何甘爲漢奸畔國負君若此！自問若之良心安在？」已而嘆曰：「今亦已矣！朕本北人，欲還謁十三陵而死，而能任之乎？」對曰：「臣能任之。」上麾之出，三桂伏地不能起，左右挽之行，面如死灰，汗浹背，自是不復見。是日，景綫烈日正中，暴風黑霧，飄屋瓦翻空，移時，霹靂動蕩，天地昏沈。

癸丑，總兵鄧凱扶服謁上曰：「事至此，上當行一『烈』字，使老臣得其死所。」上曰：

「有太后在，吴三桂世受國恩，未必毒及朕母子也。」

甲寅，降將吴三桂以上、太后、皇后、皇太子、公主北狩，從行者總兵鄧凱及小内官五人、陋小宮女三四人。途次進膳金盤，衣被馬匹皆鮮麗。上自是不食，日吟詩大哭。延平王鄭成功承旨以臺灣城爲東都，置承天府，天興、萬年二縣，澎湖安撫司；遣使日本。大學士張煌言駐師沙埕。金築土司王應兆等戰紅崖石寨，死之。鎮遠侯馬九功招兵古剌會、景邁。延平王鄭成功殺承天尹楊朝棟等。僉事王應泰奉石泉王奉銓起兵復叙州、馬湖、屏山、慶符。將軍章桂芳自沅興畔降於清。總兵萬禧自思明畔降於清。萬雲龍起兵新喻，死之。閩、粤人起兵吕宋。

永曆十六年壬寅，春正月丙子朔，上蒙塵。

戊子，次木邦，停三日。

甲午，次騰越。

庚子，次永昌。蠻山陷，吕自恪等死之。王俊等戰□□，死之。

二月乙巳朔。

己酉，上發永昌，紳民泣送者十餘里。

甲寅，次大理玉龍關。

乙卯，次趙州，紳民上謁，大哭去。

丁巳，次洱海，停十日。

壬辰，次楚雄。總兵柳會昌自浙海，總兵張颺自閩海，畔降於清。諸生魏耕等以通延平王鄭成功，死之。祥雲見忠誠。

三月甲戌朔。

丙戌，降將吴三桂以坐輦迎上還雲興，各官郊迎，太醫孫懷吾哭拜，百姓縱觀，無不飲泣。道經五華山，上曰：「何不奉朕故宫？」駕居世恩坊李本高宅，嚴兵守之。服食倍前，并進參燕。上訝曰：「汝王子食亦有此耶？」上自蒙塵，冠馬尾楞鬃帽，衣屯絹大袖袍，束黄絲帶，舉止端莊，甲士參謁，静坐不視，奏語不答。滿兵中有藍旗章京兀兒特者，見而大憤，曰：「吴三桂食明厚禄，何無毫髮恩乃爾！」謂其下曰：「此真天子也，可奉之爲百世功。」八旗將士拜呼萬歲，爭去辮爲號。統領邵爾岱牛录下蟒出灑出，糾兵官阿爾必、岳得濟、蘇問色、對大拜、門都海、住厄西兔等四十餘人，自稱平漢王，刻印繕裝，乘城演劇舉事，共扈上幸漢中起義，盡殺漢中大營兵。事洩，死者二千餘人。

是月，尚書龔彝卒。唐彪戰□□，死之。總兵張守智被執蘇州西山，死之。忠勇侯陳霸自南澳畔附於清。侍郎嚴通謀奉楚世子盛治起兵天興，死之。

夏四月甲辰朔。

辛亥，知縣尹士鑣等謀起兵雲興不克，死之。戊午，清詔至。巳刻，甲士數十人請宣旨。上曰：「朕言爲旨，尚有何旨？」甲士曰：「今上旨耳。」上乃入謁太后，握皇后手，微示別狀，無一語。甲士擁入行宮太廟旁，進帛，上曰：「朕尚有言。」甲士曰：「此更何言？」上遂崩。皇太子慈煊薨。上年三十八。明亡。是日天氣晴明，忽大風霾，雷電交作，空中有二龍蜿蜒而逝。漢滿兵民震悼如喪考妣。天晦黑，七日乃止。降臣昆明知縣巫山聶聯甲火上遺弓於翠湖，不盡者棄墟中。雲興士民相率罷市，假稱丁艱，喪服提筐上冢拾骨，葬之北門外。李小六等舉義雲興，死之。

辛未，太后、皇后北狩。皖國公劉體仁等奉韓王璟溧正朔。

五月癸酉朔，馬湖陷，石泉王奉銓薨，僉事王應泰等死之。

庚辰，延平王鄭成功卒，弟鄭襲護理國事。太嘗博士陳正心在□□，總兵曾大斗在安順，副總兵羅熙在湘潭，聞上崩，先後死之。

乙酉，建威伯馬信卒。

丙戌，鄭經襲延平王於思明。主事鄢見謀起兵茶陵，死之。主事陳有功謀起兵郴、來，被執至武昌死之。周楚貴起兵乳源梅花畬，死之。副使陸宇爀等謀起兵，被執至杭州死之。宋都起兵博羅。肇明將軍陳文達敗清兵沙埕。晉王李定國屯猛獵。黎州山顛數日陷，溪水不流。

六月己巳，晉王李定國、平陽侯靳統武卒。將軍馬士良、胡順，總兵王道亨等自思茅畔降於清。司禮監江國泰住暹羅，死之。鎮遠侯馬九功卒。

秋七月，高明戰澤河，曾成裔等死之。羅弘志被執融縣，死之。

八月，朱福戰開平馬岡，死之。

己未，光澤王儼鐵薨。大學士郭之奇、伏波將軍楊祥，總兵李聯芳、張仕朝等猶在桂林，誘降不屈，死之。

九月，長寧伯雷朝聖，將軍黄尚質，總兵李嗣興、盛如德、周柱，自慢怯，總兵劉震、谷友、傅法、聶守先、雷光庫自猛窪，畔降於清。

冬十月，鄭經登岸。

十一月辛未朔，鄭經襲延平王於東都。

辛卯，魯王以海薨。鄖西房山陷，韓王璟溧薨。商人陳阿玉等接濟海上，被執南直，死之。朱國祥戰定海關，死之。將軍楊學皋、陳文達，總兵楊洪先、楊捷、羅永德、吴國臣等自閩海；周龍自霞浦；總兵王士鼇自廣海，畔降於清。林阿斗起兵饒平，死之。

十二月，江德百等起兵進賢，死之。張跑子起兵建昌縣，死之。岐山侯賀珍卒。

永曆十七年癸卯，春正月庚午朔，正朔在東都。上凶問至，延平王鄭經爲發喪，上謚曰匡皇帝，廟號昭宗。黃安總督承天南北路，承制封周全斌忠明伯。蕩胡伯阮美，總兵許貞、楊洪、楊泮、周寬、周珍曾傳、黃寶林與張隆、區瑞、陳麟、賴公、張岳、余覺、魏明、吴陞，自閩海畔降於清。臨國公李來亨破清兵李家店，已而失利，遊擊蕭四等死之。歸州、巴東、巫山、夔州陷。

丁亥，富平侯賀道寧，將軍賀福全，總兵王繼祖、劉三顧、李友道、賀良相、陳挺、劉自友、王俊、黃文福、戴君鳳、黃萬良、賀道泰、馬君武、楊明啟、嘗國傑、劉揚武等，自大寧畔附於清。

壬辰，清攻甘溝關，總兵陳元吉等死之。

癸巳，茶園坪陷，總兵趙雲、何連等死之。將軍劉三等被執保定，死之。武舉于樂吾入諸城。鈕思唐等戰淮安，死之。

二月庚子朔，新化伯馮啟鳳，總兵黃守庫、裴有才、馮盛世等，自西山畔降於清。練總李宗韜等攻長樂、永安、興寧，死之。總兵邵應祚攻廣海，死之。黄國琳攻欽州，總兵禓有通死之。黄占山戰雷州，死之。楊老漢起兵清水白沙坡，一點油等死之。部郎查如龍説降將吳三桂反正，死之。

三月己巳朔，宣平侯董方策起兵廣州，走。將軍白良輔、總兵宋段戰巫山三會鋪，死之。將軍武自强卒。巫山侯李嗣名戰雙龍觀，死之。臨國公李來亨屯七連坪。總兵吴天成、孫繼偕、古中乾、張珍起兵富順，復江安，死之。

夏四月戊戌朔，何大忠被執雲夢，死之。運副楊標奇等以義師事連孝感，死之。

五月，主事李令晳等以莊廷鑨史事，執至杭州，死之。清以靖西將軍穆里瑪、定西將軍圖海、降將總督李國英侵川、楚。

六月丁酉朔，高成棟起兵德化，死之。建平侯鄭泰總督金、厦。

癸卯，殺建平侯鄭泰。同安伯鄭鳴駿、永城伯鄭纘緒，侍郎蔡協吉，將軍顔立勳，正兵鎮楊富，左虎衛何義，總兵鄭賡、楊來嘉、吴蔭、陳宗、楊忠、王明、陳義、陳一鵬、陳斌、謝元、朱德、陳奇策、許廷珪、陳琪、陳增、陳振、王超、辛球、黄成章、方晋、李義、楊亨、陳祖、陳耀、洪福、劉崇會、程偉、曾偉等，畔附於清。

秋七月丙寅朔，黄五等戰天目山東行隖，死之。

戊子，臨國公李來亨、益國公郝永忠大破清兵黃龍山。竹谿、房縣陷。

八月丙申朔，王福戰七連坪，死之。

庚申，臨國公李來亨、益國公郝永忠、皖國公劉體仁會攻巫山，總兵陳甲死之。總兵王甲戰東井，死之。

辛酉，總兵魏甲攻巫山，死之。副總兵劉三化等戰東井，死之。

壬戌，副總兵許甲攻巫山，死之。

癸亥，副總兵柯甲攻巫山，死之。

甲子，總兵吴甲攻巫山，死之。

九月乙丑朔，副總兵向甲攻巫山，死之。參將楊甲戰三會鋪，死之。總兵陳謨、張進忠等戰巫山江岸，死之。

戊辰，陳領旗攻巫山，死之。

己巳，副總兵李甲攻巫山，死之。

辛未，總兵劉甲、張甲等攻巫山，死之。總兵馬甲等攻東外城，死之。

壬申，總兵胡甲、李興隆等攻巫山，死之。臨國公李來亨、益國公郝永忠、皖國公劉體仁解巫山圍。益國公郝永忠、靖國公袁宗第棄大昌，走巴東。譚化春等起兵廉州。忠靖侯陳輝、總兵吴英自南日畔附於清。副總兵林維等戰海澄海門，死之。將軍陳舜穆等自閩海畔附於清。

冬十月乙未朔，恢粤將軍周玉、李誉榮起兵復江門。王鐵佛起兵建、延、邵山中。延平伯施天福等自閩海畔附於清。將軍蘇利以碣石反正。右虎衛陳蟒自閩海畔附於清。

癸丑，忠明伯周全斌大破清兵金門烏沙港，總兵陳昇畔附於清。思明屠，延平王鄭經退銅山。

丙辰，將軍周玉、李誉榮攻廣州不克。

丁巳，復順德。

十一月乙丑朔，武生劉伯通等攻桂陽，死之。

辛未，將軍羅茂同至夔州畔降於清。

十二月甲子朔，總兵沈遇龍、楊文啟、李良禎自大昌畔降於清。

己亥，將軍馬進玉、王之炳、張大盛、武自强，總兵徐自望等，至夔州畔降於清。將軍鄧秉志、楊詢、趙雲至大昌畔降於清。隴納土官阿仲等起兵遮别，攻安龍。黄天貴起兵恭城，攻道州、永明、江華。

甲寅，總兵鎖彦龍、吴之奇等，至大昌畔降於清。

丁巳，老木孔陷，皖國公劉體仁死之，總兵劉應昌、胡君貴等畔降於清。小尖寨陷，東安王盛蒗薨，太監潘應龍被執沙溪河，死之。

戊午，總兵田守一、王志禮等自黃連莊畔降於清。

己未，益國公郝永忠、靖國公袁宗第，總督洪育鰲等戰黃草坪，死之；總兵譚國泰、王嘉玉、李之翠畔降於清。將軍周玉等被執□□，死之。將軍李嘗榮戰寺橋，出大洋，死之。李桂孫起兵邵武，死之。楊文琮被執□□，死之。總兵紀鳳攻雲霄、海門，死之。

永曆十八年甲辰，春正月甲子朔，正朔在東都。大學士張煌言散軍居南田懸嶴。援勦右鎮林順自鎮海衛畔降於清。湘平伯嘗金印等謀起兵水西，死之。

二月甲午朔，將軍杜煇、吳陞、楊世炯、張雄、鄭夢蛟等自南澳畔附於清。馮澄世爲下所殺。總兵林俊奇畔降於清。延平王鄭經悉衆東徙。陝國公党守素、宜都侯塔天寶、高陵侯馬騰雲，自竹山、房縣畔附於清。總兵譚心傳、鄧楚琨、張國美、田弘賓、田有元、譚宴元、田大繡、鄧繼昌、田國欽、譚國選、黃士魁、田守一、田弘圻、鄧福臣、黃國欽、龔方昇、鄧大臣、鄧之國、譚尹、田希珍等，以巴東畔附於清。屈青天起兵洋縣屈家山，死之。荆國公王光興誅指揮陶啟唐、錢禾，攻寧化，死之。將軍安坤等起兵水西。

三月癸亥朔，尚書盧若騰卒。將軍陳燦、吴盛自閩海畔降於清。將軍毛興、水師四鎮毛玉等自銅山畔降於清。總兵張堯天等自金門畔降於清。設南路安撫司。忠明伯周全斌，總兵陳文焕、吴賢、周履坦等，自鎮海衛畔附於清。永安伯黄廷、將軍許貞等以銅山畔附於清。祥符侯王秀奇至南直畔降於清。黄明標起兵雷州，攻西山，死之。羅七等起兵增城，死之。那烈起兵元江，死之。土司王耀祖等起兵新興。興陽侯齊正等復易門。諸生周羲等復丘北。

夏四月癸巳朔，總兵林國梁等自閩海畔降於清。張寅申等戰增城沙灣，死之。趙劈石等起兵香山，死之。

五月壬戌朔，長沙王璟溪自□□畔降於清。將軍翁求多、總兵余寬自南澳畔附於清。

六月壬辰朔，將軍周家玉至温州畔降於清。湯梁七自富陽攻蕭山。總兵魯朝全、龔萬里起兵大蘭山，死之。總兵張賢戰浙海，死之。黎國祚起兵德慶大廟，死之。將軍鄭殷、總兵林賢戰閩海，死之。

閏月辛酉朔，蘇利將桂林等戰牛塘、官田、梅隴，死之。

秋七月庚寅朔。

丙午，大學士張煌言等在懸嶴陷清兵。蔡登昌自浙海畔降於清。

八月庚申朔，袁瑞起兵新安官田、富瀝源，死之。

癸亥，茅麓山陷，臨國公李來亨，將軍李春緌、應炤、余加日、張盡孝、王從新、高淩雲、楊山、周士貴、李玉、賀進明、高國玉、郭陞、王學禮、李可明、王希忠、高虎、梁國運、李學秀，總兵劉汝魁、唐新國、譚所志、李守俊、緌明顯、余明、王政新、馮可興、王任、劉光先、黑有功、張士英、王加録、文良柱、張士秀、王有智、張文表、陳可榮、吴性敏、盧三畏、高一虎、姬嵩、高弘智、劉滿榮等死之。將軍高必玉、馬齒子、党守義，總兵陳經、黄晋明、王步雲、張雄、馬如清等，畔降於清。譚化春、韋太寧等被執貴縣，死之。陳演鴻等戰□□，死之。碣石陷，周真等死之。甲子所陷，總兵鄭盛等死之。改東都曰東寧，升天興、萬年爲州，設鳳山、諸羅二縣。

九月己丑朔。

乙未，大學士張煌言等猶在杭州，誘降不屈，死之。廖萬千被執修仁，死之。周晚等被執永福，死之。

冬十月己未朔，將軍蘇利與陳英、陳盛反正海豐，死之。余覺等起兵茶仔畬山，死之。黔陽王皮熊等謀起兵烏撒，死之。

十一月，龍韜、龍飛揚攻石屏、廣西。

十二月，僧慈茂散劄寧都寒溪山，死之。總督黄安平土番阿德狗讓。

是歲，王皇后崩於北京。

永曆十九年乙巳，春正月戊子朔，正朔在東寧。清兵攻施州，王戎旗死之。荆國公王光興、侍郎毛壽登、巡撫蔣尚膺畔附於清。

二月，陳老起兵雷州，死之。黄國琳、黄文起戰防城，死之。黄明初等戰馬流門，死之。譚琳高戰大奚山，死之。將軍安坤等戰大方杓箐，死之。陳老善起兵東隆箐，死之。阿木戰大木廠，死之。總統安如鼎戰水西死之。副總兵陳璉戰新亭，死之。

三月，將軍廖午養、總兵廖文登戰武宣勒馬，死之。

夏四月，將軍李榮攻龍門，死之。安昌王子某謀起兵上海，事洩，與總兵金仲美、宗韓等死之。

五月，龍平伯羅大順自十萬大溪畔降於清。總兵任守綱自九姓司畔降於清。

六月，湯舜等攻長寧、翁源，死之。

秋七月，總督黄安卒。

八月沈章龍等戰龍門山中，死之。烏家駒起兵閩海，死之。

冬十月，范伯駋起兵興化，死之。總兵朱英、翁貴、金興、黃榮、劉進、陳綺、朱忠、張朝紘等自澎湖畔降於清。參將陳義戰甲子所，死之。

十一月，周子建起兵貴縣死之。

永曆二十年丙午，春正月壬午朔，正朔在東寧。總督王忠孝卒。孫二等謀攻六安，死之。

二月，知州祿昌賢復寧州。副長官王朔等攻臨安。開國公趙應選復彌勒。龍韜等攻石屏。縣丞李世璠攻蒙自。知縣祿益復嶍峨。知州祿昌賢攻河西，舉人蘇若頫等死之。楊道生等復彌勒、江川、霑益、平夷。

三月，伍仲雲戰金溪里，死之。

夏四月辛亥朔，李忠義等攻宜良死之。土司王耀祖戰新興大營，死之。總兵馬麟甲、李明陽等戰易門，死之。

丁卯，易門陷，興陽侯齊正等死之。副長官趙思忠起兵隆安溪處，死之。副長官錢覺耀起兵瓦渣，死之。嶍峨陷，舉人楊緗等死之。彌勒陷，開國公趙應選死之。

五月，余富彥戰圓美，死之。沈甲、克甲自黔陽攻奉天。

秋七月，女酋隴氏等起兵永寧，攻大定、威寧。宣慰使隴安藩起兵朗岱，死之。土司阿豆起兵水西，死之。總兵李順至浙海畔降於清。

八月，李癩子等攻城步，死之。忠振伯洪旭卒。

九月，龍元慶戰牛羊，死之。李日森戰打巫白箐，死之。縣丞李世璠等戰勒古簿，死之。維摩陷，沈應麟死之。

冬十月，王廷魁起兵昌化，死之。龍韜、那烈、龍飛揚等戰落恐，死之。八寨陷，知州禄昌賢等死之。副長官王朔戰霧露結，死之。丘北陷，副長官張長壽等死之。

十二月，隴氏等戰永寧，死之。

永曆二十一年丁未，春正月丙子朔，正朔在東寧。清攻鋸齒牙山，尹應和等死之。武舉于樂吾衆散。周義等以武舉于樂吾事連，死之。王玉海等戰郯城五丈溝，死之。

夏五月，鄭君赤起兵惠來魯陽寨，死之。

秋九月，諸生張驥攻新會石城油麻坡，死之。

冬十月，魏韜起兵潮陽，參謀吴俊等死之。

十二月，魏仲卿等戰瑞州，死之。尚書傅永淳卒。

永曆二十二年戊申，春正月庚子朔，正朔在東寧。

二月，王國相起兵增城證果峒，死之。

夏六月，金漢臣復海澄。陳大旗起兵雷州，死之。

秋八月，楊其青等起兵平樂，死之。莫扶化起兵梧州，死之。

冬十二月，丘煇入揭陽。陳玉友等戰揭陽，死之。

永曆二十三年己酉，春正月乙未朔，正朔在東寧。陳永華總政事，劉國軒掌軍事。顏顯等起兵永定，死之。

二月，清展界。

三月，韋嗣寬起兵柳州，死之。

夏四月，梁亞向等戰塛底，死之。

六月，王之詵謀起兵定安，死之。

秋七月，彭奇復容縣，死之。

九月，苗人田氏起兵黎平，死之。

冬十月，土司阿戎起兵定番，戰阿魯山，死之。

永曆二十四年庚戌，春正月己未朔，正朔在東寧。李宗盛自交城山中復張家莊，惠天成死之。

二月，王兆貴戰徽、寧、池、饒，死之。

三月，總兵阮欽殺吕勝，至泉州畔附於清。

夏四月，李紹誨反正南寧，死之。

六月，楊奇青攻横州。

秋八月，平斗尾龍岸番。義武鎮丘煇屯達濠。

冬十月，將軍林柏馨、總兵施轟等自浙海畔降於清。沙浦六攻黄岡，死之。平沙轆番。

是年，大學士吴甡卒。

永曆二十五年辛亥，春正月癸丑朔，正朔在東寧。賴君選攻鎮平，戰和平，死之。

夏四月，吴祖期等謀反正恩平，死之。

冬十月，守備鍾明節等戰交城山中，死之。

是年，大學士方以智卒。東寧大有年。

永曆二十六年壬子，春正月戊申朔，正朔在東寧。將軍錢達戰泗溼，死之。土司阿福起兵臻剖、凱里，死之。沙浦七攻港口，死之。土目莫貴忠謀奉總兵李象新等起兵忻城不克，死之。

夏五月，李奇攻新安蠔涌，死之。嚴鎮威攻羅定，死之。

六月，葉瑞散劄廣州，死之。

秋九月，陳元京等起兵長樂。

冬十月，周德紹等攻萌頭，死之。

永曆二十七年癸丑，春正月壬申朔，正朔在東寧。總兵詹盛、陳大興、包永等自閩海畔降於清。

二月，羅環伯謀起兵英、霍西山，死之。

夏五月，張三道起兵北京，死之。

六月，董子亮等謀起兵光澤，死之。

秋七月，周大聖攻城步，死之。

冬十月，羅其熊起兵沙縣。

十二月，吴三桂起兵雲興，使至，約會師。楊起隆等謀戴定王慈烱起兵北京。大學士張大、陳繼志，總督史國賓等死之。

永曆二十八年甲寅，春正月丙寅朔，正朔在東寧。義武鎮丘煇復潮陽。

三月，降將靖南王耿精忠使至，請繇海道出南直。

夏四月，朱纘之等起兵湖州，戰白鶴嶺，死之。

五月，陳永華總制，留守東寧；延平王鄭經出師至思明。總兵李春謀起兵揭陽，死之。鄭阿葵攻大埔，死之。張治起兵興國陳尾園、江背峒。黄捷先起兵寶石寨。馮錫範復同安，張學堯等反正。將軍趙得勝以海澄反正，承制封興明伯。

六月，將軍王錫璠以泉州反正，延平王鄭經駐泉州。李瑚起兵永福，李梓等起兵泉州，陳申等起兵南安，黄機起兵寧化。黄芳度以漳州反正，承制封德化公。將軍劉進忠以潮州反正，承制封定夷伯。石昭爲降將蔡璋所執。

秋七月，陳奠復程鄉。總兵陳璉復晋寧、澄海，遊擊邵良臣復詔安。武生張萬選起兵博羅。劉唐宗等起兵永安南嶺，死之。董元魁等起兵長樂。甘秀等謀起兵歸善，死之。勞陸初等起兵潮海，死之。蔡元義起兵安溪。

八月，普寧陷。舉人朱統錩起兵復貴溪。李標復都昌。

丁未，潮州鳳凰洲陷，援剿後鎮金漢臣等死之。張治攻興國，楊元真死之。澄海陷，澄海鎮蔡茂植復之。英兵鎮李虎復揭陽。義武鎮丘煇復潮陽。

九月，總兵林鳳戰長泰天柱山，副總兵孫恭死之。將軍吴田戰東埭、塔潭，死之。蔡龍復寧洋。將軍陳申、李復貴，總督林日向，戰同安小盈嶺，死之。周肇良等攻欽州，死之。韓超起兵文昌，死之。

冬十月，劉國軒大破清兵興化塗嶺。舉人朱統錩復南康。總兵許志遠自閩海，將軍楊鎮邦自廣海，畔降於清。戎旗一鎮許耀大破清兵叮噹關。

十一月，馮錫範攻漳浦。

乙亥，劉炎以漳浦反正。興明伯趙得勝總督援潮州。

十二月，副總兵黄忠戰泉州小營，死之。沈瑞以饒平反正。定夷伯劉進忠復澄海、揭陽、潮陽。周海元等起兵平遠，戰武平，死之。楊自修等戰夔州太平山中，死之。沈紹基起兵天保。劉啟禎等起兵黄州東山。

永曆二十九年乙卯，春正月庚申朔，正朔在東寧。左虎衛何祐大破清兵潮州百子橋。

沈瑞以饒平畔附於清，尋反正，承制改封懷仁侯。林明等攻甲子所，死之。

二月，楊鎮邦起兵始興。

三月，韋志龍起兵融縣，走羅城，死之。

夏四月，定夷伯劉進忠總督潮州。

五月，延平王鄭經回思明、海澄。定夷伯劉進忠大破清兵鬻魚山。洪羽復龍川。副總兵羅萬里自象山反正，死之。楊士蔚内應大埔，事洩死之。總兵陳武魁復萬年。復平和。

六月，德化公黄芳度以漳州畔附於清，延平王鄭經督師往討，援剿後鎮萬宏等死之。

冬十月庚申，總兵吴淑以漳州反正，延平王鄭經移駐漳州。舉人朱統錩復建昌、金谿。

十二月英圭黎、暹羅、安南入貢。左副都御史徐孚遠卒。

辛巳，朱纘戰揭陽湖寮，死之。

永曆三十年丙辰，春正月甲申朔，正朔在東寧。

丙戌，總兵苗之秀以程鄉反正，復興寧。定夷伯劉進忠復海豐、碣石。洪羽等復惠來、和平、連平、河源、龍川。定夷伯劉進忠攻博羅，親隨營黄經邦等死之。施學楹起兵欽州，死之。黎化中攻連州。

二月，義武鎮丘煇自虎門攻廣州，總兵張國勳、趙天元以東莞反正。定夷伯劉進忠復長樂、新安、新會、龍門。劉國軒鎮惠州。黄建明招撫石城，死之。

三月，吴三桂歸惠州、歸善、博羅連和，命使聘尚之信。陳昇以龍泉反正。總兵徐命久等復定南，毛龍光等死之。黄玉山攻翁源不克。將軍劉應麟以汀州反正。吴淑經畧江西。

夏四月癸丑朔，吴淑復上杭、寧化、建寧。

癸酉，將軍劉應麟復瑞金、會昌，攻雩都，副總兵張某死之，承制封劉應麟奉明伯。

六月，總兵王百萬戰定南大石堡，死之。

秋八月，將軍馬成龍等以興化反正。

九月，天興陷。

冬十月，提督王進功、將軍郭炳興以□□反正。楊德等以邵武反正。馮有魁等復光澤。吴淑復泰寧。許耀總督諸軍攻天興，守烏龍江。總統徐堯、總兵陳信戰鳳凰嶺死之。龍韜等戰納更山，死之。

十一月，朱天貴以定海反正。許耀敗績烏龍江，總兵林祖蘭死之。興明伯趙得勝守興化。

十二月辛亥，戎旗二鎮吳潛攻延平，戰於長橋，總兵楊大任、陳德元、阮信、王大才等死之。

壬子，邵武陷，遊擊張人傑死之。將軍彭世勳，總兵李象乾、廖國勇、閻秀奇、李世用、盧進玉等畔降於清。總兵賴鼎球等入江西畔降於清。總兵王安邦、王正義，將軍寧永定，總兵唐堯相等，以泰寧畔降於清。光澤陷，總兵胡祥等畔降於清。瀘溪、金谿陷，總兵楊昇、徐用、饒天瑞、張其澄等畔降於清。總兵張威以古長關畔降於清。

辛卯，左武衛薛進思棄汀州。

庚申，吳淑還漳州，建寧陷。

壬戌，汀州陷，總兵曾獻洪、清流總兵朱漢、寧化將軍寧鳳定、上杭總兵尹雲龍，畔降於清。

是月，奉明伯劉應麟卒。將軍劉天福、黃炎，總兵劉祖漢至溫州畔降於清。

永曆三十一年丁巳，春正月戊寅朔，正朔在東寧。泰寧、寧化、清流、歸化、連城陷。興化陷，興明伯趙得勝死之。舉人朱統錩復貴溪、瀘溪。光澤將軍江美鼇自□□畔降於清。

二月戊辰，清兵攻泉州維陽橋，參宿營謝貴等死之。

己巳，延平王鄭經回思明。漳州陷。將軍蔡元義攻安溪，提督林惠、徐化死之。寧洋陷，蔡龍死之。林艮等起兵安溪。瑞金、上杭、武平、永定陷，總兵尹雲龍、曾顯、張威畔降於清。那如等起兵瓊州，鄭梁死之。

三月戊寅，海澄、漳浦、詔安、雲霄陷，王世澤等畔降於清。張七攻泉州，死之。誅薛進思。

乙酉，將軍蔡元義復泉州，不守，許挺死之。□繁祉散劄長寧，死之。將軍張治妻楊自鯉公寨，朱明自崖石，畔降於清。

夏四月，朱仁戰泉州小門山，死之。王雲龍戰信豐，死之。

五月，延平王鄭經復東安、深扈、日湖、哂湖、大石湖各澳口。將軍郭炳興畔降於清。石貴反正陽江，引李積鳳、謝昌復海陵。長樂陷。

六月辛亥，定夷伯劉進忠，將軍劉炎，中鎮陳璉，左鎮何鳴鳳、蔡茂植等，以潮州畔附於清。

丁巳，劉國軒棄惠州，回思明。總兵王化龍等自同安畔降於清。廖丑起兵南安名坑，死之。總兵郭維藩以仙遊畔降於清。林信起兵大田。陳蛟等自南安攻泉州不克，死之。

庚午，將軍何祐、李茂林復平和。

秋八月，陳式等攻泉州，死之。副總兵李賀戰洞天橋，死之。

九月，金淇等戰濾溪，死之。

冬十月，參將謝良等戰灌口，死之。副總兵洪忠戰泉州西晋山，死之。總兵陳龍、蔡淑、馮珩、吴萬惠、何應元執舉人朱統錩，以光澤畔附於清，舉人朱統錩、總兵朱議浙死之。總兵許志遠、陳武魁、施建宇等畔降於清。將軍江機、楊一豹自弋陽、貴溪鉛山反正。

十一月，吴萬勝起兵崇安，死之。阮文起兵古田，死之。將軍苗之秀自□□畔降於清。

十二月，總兵陳彬自閩海畔降於清。

永曆三十二年戊午，春正月癸酉朔，正朔在東寧。甲午，劉國軒總督攻漳州，參將陳真戰海澄東石，死之。韓有獻復海口。

二月辛亥，劉宗邦自玉洲反正，圍海澄。總兵林英起兵泉州，總兵林耀等死之。

三月壬寅，總督劉國軒攻漳州赤嶺，朱成等死之。

辛亥，總督劉國軒大破清兵江東橋。

己未，復平和、漳平。將軍蔡元義攻漳州，提督楊寧戰天寶山，死之。漳平陷。

夏四月，總督劉國軒圍海澄。總兵李自榮、蔣筦戰南安六都，死之。

五月辛亥，張鳳戰祖山頭，死之。將軍蔡元義攻安溪，將軍李榮等死之。

癸亥，汪明謀以海澄反正，死之。陳鎮等戰泉州黄肚寨，死之。平和陷，陳志死之。

六月己卯，總督劉國軒克海澄。

癸未，吴淑復長泰、平和。

丁亥，復同安，攻泉州。

丁酉，林勝復南安、漳平。陳福等攻泉州，洪傑死之。

秋七月，總督劉國軒與何祐復永春、德化、安溪、惠安，承制封劉國軒武平伯，吴淑平虜伯。

八月辛巳，漳平陷，總兵張勝死之。總兵黄瑞鑣畔降於清。惠安陷，王一鵬等死之，總兵郭威璠等畔降於清。永春、安溪、南安、德化陷，守備陳祥等死之。

辛卯，撤泉州圍。總兵章元勳與吴兆綱攻閩安灌口，死之。樓船中鎮蕭琛退海壇，伏誅。同安陷，副總兵林欽死之。

九月，武平伯劉國軒攻漳州，戰蜈蚣山失利，總兵鄭英、劉正璽死之。長泰陷，□輝死之。何觀攻南靖，死之。副總兵林雲等執總兵麥仁自温州畔降於清。武平伯劉國軒屯江東橋。參將王亮等戰三沙風火門，死之。水師三鎮林日惠戰沙埕，死之。楊一鳳等攻邵武，死之。

冬十一月，洗彪復徐聞，不守，副總兵葉可昌等死之。

十二月，張毛皇起兵同安。總兵馬承𧺝自閩安畔降於清。

永曆三十三年己未，春正月丁酉朔，正朔在東寧。清重遷界。總兵蘇亮、蘇桂、王西莊、王永爵自浙海畔降於清。

二月丙子，武平伯劉國軒大破清兵果堂寨。

甲午，陳諒水師提督，破清兵海壇。

三月蔡仲琱、黄靖、廖琠、賴祖、金福、廖興、何遜、胡廷采、黄柏、戴𧶘、吴定方、陳化中、林翰、許毅、林忠、吕韜，入泉州畔附於清。總兵鄭士愷、鄭奇烈，入漳州畔降於清。

夏四月庚午，鄭克壓以世子監國。

庚寅，協理林忠等戰深滬，死之。劉保自官田畔降於清，黄元沛等死之。

六月，參將童耀戰定海孝順洋，死之。

秋九月戊午，東石陷，協將陳申等死之。總兵吕貴、蘇亮等起兵崇安，死之。

冬十月，柯瑞攻泉州，死之。副總兵楊金木等攻潮州山頭仔，死之。總兵鄭元忠保海陽山寨，死之。副總兵李棟等戰潮州井洲，死之。陳起萬起兵雙頭洞，死之。

十一月己亥，平虜伯吴淑卒。石井寨陷，林英生等死之。總兵紀朝佐、葉明起兵德化、永春，畔降於清。將軍江機走江滸山大竹籃，楊一虎死之。

十二月，林陞水師總督，守思明。林鐵要等戰雹白，死之。

永曆三十四年庚申，春正月辛卯朔，正朔在東寧。

甲辰，亢宿鎮施明良、女宿鎮王世澤等，通清謀畔，伏誅。鮑女起兵漳州烏丁。

二月，陳飛龍戰大定、小定，死之。總督林陞破清兵海壇，遽退料羅。撤武平伯劉國軒兵回思明。

乙酉，康騰龍以汭洲畔降於清。

丁亥，總兵蘇堪、羅士鈐等以海澄畔降於清，總兵楊吉死之。延平王鄭經回東寧，將軍陳昌、張志、陳珍，總兵裴震忠、吴桂、黄瑞、張雄以思明海門畔降於清。總兵吴國俊以金門畔降於清。

三月，海壇陷，總兵吴丙等死之。樓船左鎮朱天貴、將軍楊一彪以銅山畔附於清，□□□馬興龍、昭義鎮楊德等死之。總制陳永華罷。

夏四月，清攻達壕，吏官洪磊死之。沈紹基復鎮安，死之。東寧彗星見，在寅甲分野，一更盡，忽生四五足，至夜半白氣下長，俄復收起，一月乃滅。

五月，總兵楊禄、張輝自閩海畔降於清。長官鄧世廣等謀反正永順，死之。東寧有聲如驢鳴，半路店雨雹大如雞卵。

六月，總制陳永華卒。將軍洪元懿攻鳳頭港，死之。承天豬四耳三目，前足上生。

秋七月，棄達濠、南澳。

八月，將軍江機、楊一豹，總兵高茂芳，自江滸山畔降於清。陳虎等戰鉛山，死之。土官鄧世慶等謀起兵獨山，死之。

九月，楊起隆假定王慈炯命起兵漢中。

冬十一月，彗星再見西南庚酉分野，白氣如劍，衝指東方，自七月至是月方消。

十二月，李積鳳復虎門。白氣見西方，長數丈。

是冬，總兵許龍自南洋畔降於清。

永曆三十五年辛酉，春正月乙卯朔，正朔在東寧。

壬戌，延平王鄭經卒，馮錫範弑監國世子鄭克壐。

二月乙酉朔，鄭克塽襲延平王，承制封馮錫範忠誠伯。

夏四月，王雲龍自保昌黄石寨畔降於清。李積鳳、洗彪戰海陵，死之。

五月，守備黄世賢復澄邁、定安。未幾陷，總督周勝、總兵陳曾死之。

秋七月，李應祥戰贛榆，死之。

冬十月，賓客司傅爲霖、總兵高壽等謀畔，伏誅；事連懷仁侯沈瑞，死之。吕龍戰揭陽，死之。武平侯劉國軒總督諸軍，陳諒陸師提督，林陞水師提督，防澎湖；何祐北路提督，守雞籠。

十一月，總兵程可任等攻瓊州，死之。

永曆三十六年壬戌，春正月己酉朔，正朔在東寧。

二月，清以降將施郎爲靖海將軍水師提督專征。

癸巳，丑刻天昏，白氣三道自西北直貫東南。

丙申，丑刻又如前昏暗，白氣從東南起貫西北。

三月，平竹塹番亂，設北路安撫司。

夏四月，周楚貴等起兵乳源，死之。

五月，平雞籠、新港番亂。

秋七月庚申，夜四鼓，彗星再見甲卯方，至乙丑夜不滅。

八月丙子朔，申刻，又見西方光芒北指，至庚辰酉刻，芒轉指東方。

乙酉，夜二鼓，大小星數百墜雞籠。甄振祐等起兵開平，死之。

冬十二月，承天災。

永曆三十七年癸亥，春正月癸卯朔，正朔在東寧。總兵李瑞等畔降於清。總兵曾英相自瓊州畔降於清。

二月，鎮國公劉國軒駐澎湖。

夏四月戊子，澎湖大風雨。

己丑，有魚一，金鱗，長二丈四尺，登岸死。

五月壬子、癸丑夜，東寧大星四五從西北墜，無數小星隨之。

己巳，大雨崩山，沙壓田園。

六月丁丑乃晴。斗米銀六兩，人不堪命。

丁亥，清兵窺澎湖，鎮國公劉國軒迎戰宮前澳，提督林陞破清兵，義武鎮陳侃、戎旗五鎮陳時雨、中前鎮陳旭等死之。

癸巳，副總督江勝，將軍曾瑞、王順、沈誠，宣毅左鎮丘煇，折衝左鎮林順，斗宿鎮施廷，水師鎮蕭武、陳政、薛衡，後勁鎮劉明中，提督中鎮洪邦柱，右鎮尤俊，後鎮楊文炳，護衛左鎮黃聯，援剿右鎮鄭仁，親軍水師四鎮鄭立，親隨一鎮陳士勳、蔡明，戰媽祖宮，死之。澎湖陷，提督陳諒，戎旗一鎮吴潛，援剿後鎮陳起明、王隆等死之，將軍楊德，遊兵鎮陳明中，提督前鎮黃球，果毅後鎮吴禄、林韜，侍衛後鎮顔國祥，壁宿鎮楊章，總兵曾成等，畔降於清。

乙未，鎮國公劉國軒回東寧。

秋七月甲戌，鎮國公劉國軒、忠誠伯馮錫範、輔政公鄭聰、鎮南伯鄭斌、□□□林陞、提督何祐，以及其他文武官員黃良驥、董勝、杜亮、黃國柱、姚朝玉、蔡文、李茂、李廷桂、陳繩武等，挾延平王鄭克塽、魯監國八子弘桓、奉新王朝逵、巴東王尊江、樂安王議浚、淮王由桂、鄭王某、舒城王慈爝、瀘溪王慈爌等，以東寧畔附於清；寧靖王術桂死之。

八月丁未，大星如斗隕西南。

壬子，清兵陷東寧。

丁巳，薙髮。陳辛起兵水沙，死之。鄭克塽等入北京，明朔亡，時清康熙二十二年也。

上體貌修偉，面如滿月，鬚髯過臍，趾爪内卷，日角龍顏，酷肖神祖。不甚學，而喜講忠義事。侍兩宫盡孝，無逸豫之過。慈仁恭默，性惡繁華，衣無錦繡，食不兼味。宫費有餘，日節助餉。祁寒觀本章，袍單，持絮被擁之。嘗於元日謂后曰：「夫婦莫言歲旦之樂，當克念二祖列宗在天幽恫含淚之苦。」每朝退，拜太廟，泣伏曰：「聖祖、聖宗在上，兒孫彈丸壘守，何日能光復舊物耶？」孳孳中興，不愧繼統守文之令主云。

贊曰：上即位之初，瞿、嚴平章於内，何、堵、陳、張堵禦於外，金、李、姜、丁之反正，版圖奄有中國之大半，甲士雲蒸，兵食充足，駸駸乎有大一統之勢。已李、劉、鄭、張分道出師，南東響應，亦爲萬曆來全盛之世所未有，似可有爲矣。然優柔少斷，無雄視經畧之意，動止循家人小節，闇於知人，羣臣自嘗朝召對外，希得進見。正人外而不内，尊而不親，左右佞幸爲奸，昏椓肆欻，緑林横噬，故進寸退尺，朝得夕失。以蒟漿藤醪充天橱，桂布賨幪爲衮服，露大紈牛爲法乘，紇鳥鸞花爲上林，顛阨播遷，苟延殘喘。緬甸之幸，虎落蛇鄉，身爲俘囚，不自引決，鞠埸亡身，燈檠化骨，求爲瀛國人奴而不可得，亡國之慘，書契以來未之有也。顧志士遺民不甘左衽，相依天涯，川東海南猶爲明守者又三十餘年。龍馭之夕，有風霾雷電之異，人心天象如此而竟亡，天道果不可測耶？悲夫！可爲流涕者矣。

南明史卷五

本紀五

無錫錢海岳撰

監國魯王

監國魯王，諱以海，字巨川，太祖十世孫魯肅王壽鏞五子，萬曆四十六年夏五月壬寅，誕於兗邸。壽鏞薨，長子孝王以派襲封。崇禎六年秋七月，王封鎮國將軍。十五年，清兵陷兗州，以派薨。王詭稱牧兒，見兵入王宫，皆忽下淚。怪而察之，知爲王，刃之三，皆不中，駭曰：「汝大有福，吾不汝害。」乃舍去。十七年春二月甲戌，嗣魯封。北京之變，偕諸王南下。

安宗立，是年六月丙子，渡江入浙。十一月，特敕慰問。十二月乙巳，居台州。弘光元年乙酉夏四月，徙封江廣，駐處州，尋回台州。五月，南京陷。六月，杭州降，浙東各屬多款附。

閏六月丁亥，紹宗監國天興。

己丑，僉事孫嘉績、給事中熊汝霖等起兵餘姚。

庚寅，給事中章正宸、諸生鄭遵謙等起兵紹興。

辛卯，靖夷伯方國安攻富陽。

壬辰，員外郎錢肅樂、將軍王之仁等起兵寧波。僉事沈宸荃與馮元飂等起兵慈谿。御史陳潛夫等起兵台州。諸生陸韜復海寧。

癸巳，守道于穎等復蕭山；尚書張國維起兵東陽。尚寶卿朱大定等起兵平湖。主事吴麟武、監紀孫爽等起兵海鹽。張寂惺起兵秦望山。海寧陷，千户沈陵等死之。主事查繼佐等奉護國將軍朱華堞起兵海寧。

戊戌，舉人張煌言奉啟至台州。

己亥，總兵劉穆、方應龍、將軍姚志卓復餘杭。知縣帥應璧起兵昌化。武生周其仁起兵臨安，死之。總兵劉穆復富陽。遊擊陳萬良等起兵臨平。副總兵呂宣忠起兵崇德。錢達起兵陽城湖。

辛丑，靖夷伯方國安、大學士朱大典、尚書張國維等使至，浙東諸臣共議推戴。時入浙五王，惟王最賢，乃奉箋勸請王監國，王即以是日監國台州。宋之普吏部右侍郎、東閣大學士，預機務；陳函輝詹事；吳廷猷僉都御史，巡撫台、紹、寧；張煌言行人。參將吳凱以兵入衛，封開遠伯。

甲辰，富陽陷。宣義將軍裘尚奭、總兵錢伯彰起兵嵊縣。舉人方維新等起兵諸暨。知縣俞文淵起兵於潛。

乙巳，總兵劉穆攻富陽，大破清兵。

丁未，王移駕紹興。是日，紹宗即天子位。

戊申，羣臣再奉箋勸進，不許。張國維兵部尚書、東閣大學士，督師江上；朱大典兵部尚書、東閣大學士，督師金華；章正宸户部左侍郎，行吏部尚書事；余煌禮部右侍郎；王思任詹事。

隆武元年乙酉，秋七月庚戌朔，侍郎余煌啟請王親戎。

辛亥，僉都御史于穎會尚義伯沈鎮東，將軍劉穆、金有鑑，復富陽，劉肇勷等死之。

壬子，王如紹興，以分守署爲行宫。

癸丑，羣臣三奉箋勸進，不許。頒監國諭，大赦，祭告天地祖宗，仍用弘光年號，以明年爲監國魯元年。臣民稱國主，詔稱令，制稱敕，追尊毅宗皇太子帝號。贈元妃某、繼妃周諡，册張氏爲元妃，子弘甲爲世子。靖夷伯方國安啟劾大學士宋之普貪污，大學士宋之普罷。方逢年禮部尚書、文淵閣大學士，預機務；朱兆柏吏部尚書；李白春户部尚書；王思任禮部尚書；余煌兵部尚書；徐人龍工部尚書，屯西興江口；李仕魁簡討；葛世振祭酒；金蘭、莊元辰太嘗卿；陳潛夫太僕少卿；譚貞默、包爾庚、周齊曾、汪惟郊、吴之器、陳士元、邵之詹給事中；董守諭户部主事；朱統鉌兵部右侍郎，總督；柯夏卿職方郎中；孫嘉績兵部右侍郎、僉都御史，督師瓜里，兼巡撫浙江；熊汝霖兵部右侍郎、僉都御史，督師龍王塘；錢肅樂僉都御史，督師瀝海；沈宸荃僉都御史督師上下協防；章正宸僉都御史，督師龍王塘、盛嶺，上下協防。晋方國安靖夷侯，守七條沙；封王之仁武寧伯，守西興。義興將軍鄭遵謙守小亹；吴易兵部右侍郎、副都御史，總督浙、直，封長興伯；總兵裘永明提督九門禁旅。太僕少卿陳潛夫啟請直渡海寧。郎中方端士屯義橋。守備丁壽昌戰江上，死之。職方主事張岱啟請立斬馬士英以謝天下。太學生陳洪綬啟陳一代興亡。大學士張國維會師西興。尚寶卿朱大定參贊長興伯吴易軍；于穎浙江按察使，行巡撫紹、台、温事。侍郎熊汝霖復海寧，把總趙元謙等死之。長興總兵金國雄、德清總兵龐培元、太湖總兵沈泮、雙林總兵陳恭賢、烏鎮副總兵楊惟明與主事查繼佐師相應。

丙辰，海寧陷，御史俞元良、總兵姜國臣等死之。海鹽陷，馬士遴等死之。千户馬甲起兵乍浦，死之。平波伯裘兆錦鎮浙海。副總兵王雲龍等起兵澉浦，死之。餘杭陷，總兵方應龍、俞龍、董萬等死之。

丙寅，副使荆本澈復上海。

丁卯，侍郎熊汝霖命副總兵徐明發援□□。陳萬良、王雲衢等起兵澉浦。

丁丑，僉都御史錢肅樂啟請繇海道作恢復南直計。

八月庚辰朔，荆本澈副都御史，總督浙、直水師，兼巡撫蘇嵩；朱大定左僉都御史。尚書朱兆柏罷。章正宸吏部尚書；白抱一御史。副總兵張名振屯白楊。

甲申，侍郎熊汝霖戰江上，參將盧瑋等死之。大學士張國維復於潛。蕩胡將軍方元科攻六和塔。給事中譚貞默啟劾主事錢栴身未至越，奏報不實，冒圖晋秩，不敬。羣臣請上尊號，固不許，令曰：「孤之監國，原非得已，芟夷大難，須命世神聖，俟拜孝陵，擇宗賢中外翕然有中興誼辟之望焉。」尚書田仰與義興將軍鄭遵謙爭餉，閧於朝，解之。將軍李唐禧總理浙、直恢剿，鎮海門；田仰兵部尚書、東閣大學士，預機務。

甲午，副使唐自彩等謀起兵臨安，死之。員外郎周宗彝守硤石，諸生周啟琦等死之。張煌言編修；陳洪綬、吕章成待詔；萬泰户部主事。靖夷侯方國安啟請復用馬士英爲大學士，不許。

己亥，總兵金有鑑再攻長興，吏員王士麟死之。黄毓祺兵部尚書，總督南直義師；陳子龍兵部尚書，節制漕務；于穎兵部右侍郎，督師江上，守漁浦。

癸卯，將軍周晋、總兵鄭之翰西渡，戰將軍殿，死之。義興將軍鄭遵謙戰江上。總兵鄭維翰攻太平門，死之。平胡將軍陳萬良復平湖。總兵汪碩德起兵雙林，屯塘棲。太嘗卿莊元辰啟陳時政。歲貢林奕隆啟陳時事。

九月己酉朔，靖夷侯方國安啟劾大學士方逢年、黄道周東林朋黨。總督荆本澈攻福山，蔣德死之。平胡將軍陳萬良復吴江。劉文舉等戰江上，死之。

丁巳，副總兵張名振攻杭州，破清兵江上。戊午，平胡將軍陳萬良兵至塘棲北。總兵施湯賢戰江上，死之。

甲子，總兵方士衍等戰富陽，死之。靖夷侯方國安屯江東。總兵張堅謀内應杭州，死之。將軍蔡子標被執德清，死之。將軍穆祖泉起兵歸安。任應乾等起兵徐州，死之。徐庫起兵蕭縣，死之。將軍孫繼洪等起兵嘉祥滿家洞，死之。于光斗等起兵單縣孔家樓，死之。周魁軒起兵東平、東阿。

是秋，饑，浙東大水。

冬十月己卯朔，僉事洪錫祚啟陳三策。姜埰、馮敬舒兵部右侍郎；沈延嘉禮部右侍郎；馮起綸工部右侍郎；秦祖襄太僕卿；楊德周尚寶卿；駱方璽、陳朝輔太僕少卿；姜垓郎中。大學士張國維啟請剋期會師。

丙戌，大學士張國維會靖夷侯方國安僉都御史。錢肅樂等師戰江上大捷，直抵張灣，遊擊魏良死之。唐彪、王俊奉邵陵王在鉞起兵天目山。陳盟禮部右侍郎、東閣大學士，預機務。主事董守諭啟請計兵授餉，不果行。平虜侯鄭芝龍密啟臣魯，御史查繼佐啟陳鄭芝龍貳於福京即貳於我，不可信。紹宗命給事中劉中藻頒詔於王，衆議開讀，王欲守藩回台州，人情惶惑。大學士張國維，尚書陳函輝、侍郎熊汝霖力持不可，王亦惑於芝龍言，擊案曰：「有如言開詔者，與衆棄之。」議始定，劉中藻廢然返。然是時真、閩、江、楚、秦、蜀、粤、桂、滇、黔皆受福京詔朔，獨浙東以監國在先，義旗分豎，不宜降屈，天下多不直魯。大學士陳盟啟陳諸鎮虐民及朝廷門户之非。侍郎孫嘉績啟陳西渡策。舉人蔡堯中啟陳足餉練兵火攻策。教諭沈潛啟陳救時四務。諸生柏襄甫起兵長興，將軍朱德死之。

丙申，總督荊本澈破清兵劉河。庚子，平胡將軍陳萬良敗績五杭。壬寅，戰雙林，前鋒及杭州北關，副總兵沈一安戰落瓜橋，死之。司禮監客鳳、李國輔兼制軍餉。總兵金有鑑、賈應龍、楊觀象、吴永昌攻長興失利。武寧侯王之仁啟請以所部沈船一戰。

十一月己酉朔，晉方國安荊國公；王之仁寧國公；方元科威胡侯；劉穆威夷侯，挂大將軍印；鄭遵謙義興伯；張鵬翼永豐伯；陳萬良平胡伯；唐彪崇安伯；汪碩德兵部右侍郎，總督義師。王視師西興，築壇拜荊國公方國安鎮夷大將軍，節制諸軍；賞賚有差。大學士馬士英、阮大鋮啟請朝見，大學士張國維啟劾其誤國十大罪；尚書余煌啟陳其南京誤國罪；副使陸宇燝啟暴其十惡罪。荊國公方國安脅王命馬士英督師，與阮大鋮合營，屯內江新壩；已兵敗餘杭。壬戌，兵部左侍郎總督荊本澈復崇明。李之椿啟請西征。荊國公方國安啟糾侍郎孫嘉績、副都御史林時對、御史沈履祥。

丙寅，參將王寅生等攻孝豐，戰王家莊，死之。御史查繼佐督總兵孔思誠、趙天祥、顧石破清兵赭山。

庚午，副總兵陸國祥等戰臨安廣陵源，死之。

乙亥，崇明陷，總兵李守庫、徐君美、荊集、荊杉死之。參將趙體元等起兵復青州，死之。

十二月己卯朔，荊國公方國安大敗於江上。高祥等戰赭山，死之。王親祭陣亡將士，駕回紹興。僉事文乘等謀內應蘇州，死之。謝三賓禮部尚書、東閣大學士，預機務。李之椿禮部右侍郎、東閣大學士，督師江北。太常卿莊元辰啟乞罷。沈廷揚户部左侍郎，總督浙直水師。平波伯裘紹錦啟陳合保策。副都御史林時對啟請誅馬士英、阮大鋮。徐殿臣僉都；御史魯元寵、陳爾翼副都御史。遊擊奚安國爲下所殺。朱議漇僉都御史，巡撫衢、嚴。侍郎錢肅樂啟陳國有十亡而無一存，民有九死而無一生。余煌禮部尚書，辭，啟陳三危三蹙三非。御史黄宗羲啟請西渡，與御史王正中合軍。護國將軍朱華堞督浙直義師。副總兵方元章等戰於潛大湖山，死之。將軍張嘉運被執餘杭山中，死之。崇安伯唐彪，將軍唐緝，總兵周君泰、李魁、王大有、韋國平戰瓶窑失利。封王俊崇仁伯。開遠侯吳凱啟請監軍浙西，速發兵渡江。

丙申，平胡伯陳萬良攻吳家埠，沈志學等死之。

壬寅，大學士張國維、荆國公方國安率諸軍大舉戰萬嵩嶺，總兵陸建夔等死之；戰五雲山，王明義等死之。僉都御史柯夏卿、給事中曹維才聘於天興，用敵國禮。紹宗深自抑損，並手敕王曰：

王邇來無恙，謝來使齎到書啟禮物。披閱再四，嘆王意之良厚，愧朕躬之無似也。吾太祖夜不解甲，日不去戈，十四年而成一統洪業，封諸藩以周天下。仰窺聖意，一日千秋，或亦曰年穀歲豐，四海咸寧，天子萬年，本支百世而已。朕與姪同分高廟，喪亂之後，存吾二人。但使稍明理道，何忍一綫嫌疑，即是自亡高廟。若求無嫌無疑，惟各善體祖意。有唐蹀血，萬世唾罵；靖難云云，痛祖斯甚。使朕處之，蓋必有道。

既見今人笑往，斷不令後人笑今。此實朕志，王勿汎觀也。

朕性至澹，遇每違心。家難垂三十年，荷吾威宗，幸不墜祀，七載奉藩，日以圭紱爲桎梏，辭爵雪父，蒙難八年。昨春寇變，初夏時，鳳鎮牟文綬三請進營，願躬擁戴，朕志守節以死自甘，今其人固在，不可欺也。聖安恩宥，溯流遇變，至嘉興，擁勸頗衆，朕復以死自誓，出揭首奉潞王。臨安再覆，黄道周、鄭鴻逵翼戴於前，鄭芝龍、浙閩諸臣奉迎於後，朕猶出揭讓賢，如姪王者，亦在此讓揭之内。其時虜勢如傾，人心如沸，瑞、惠、桂王近枝，既邈不可問，但有朱家一庶宗，能發憤而纘鴻名，使我祖祀不斷，朕實甘心北面；惜不見此，乃爲文武所逼，以巢、繇之身，被堯、禹之服。一毫利此，則天地祖宗誅之殛之，四方萬世誅之殛之。蓋朕雖才非光武，而志願頗效周文。秦漢以後，帝制太濃，使篡弑接踵，傷哉此位，至苦至危，故祖制所以有親王樂過天子之教也。閏六月七日監國，二十七日登極，誓以身殉祖廟，御詔求助萬方，猶曰始借大號以復舊疆，終必訪道而全高尚。然今半年，名曰天子，依然長素布袍，宛一疇昔故我；所增者，三鼓披覽不休，黎明寒暑先起。見一好臣，如得性命；聞一警信，似痦埋胸。焦兵勞民，憂文悼武，多少傾不盡苦。朕年過知命，未耀前星，疲面癯形，或亦殉祖之實狀也。王以七月四日監國紹興，朕方喜有分勞，而慮開歧視，日盼王之善音，如冀衣食寒暖。陳曜之回，詞愈於理，音得而未善也。今柯、曹二臣至，音善而猶未盡也。蓋膝下之稱，以父待朕，是王之過厚；而猶曰啟、曰書，是則似婉示朕不足纘鴻名而雪高廟也。

朕實虚心自慚，焦勞六月，各路之師未至，江上寸土未復，親征遲緩，累吾姪王枕戈臨戎忍痛，然亦非無自也。姪王雖直虜衝，然所當西興一帶數百里，稍易爲力。朕自頒詔四方，雲、貴、兩廣、楚、豫、江、川奏賀畢至，虜寇交訌，錢糧一分未至，而數千里安危仰成於朕，致朕左支右吾，拮据六月。幸賴祖靈，闖逆授首於楚省，靖江底定於粤西，江右境土漸復，三吴臣民踵至。

痛念血戰六月，杭虜猶抗，徽逆尚梗，師未奏功，是用今臘六日，朕已親自臨戎，直趨江干督戰，先衢暫住，俟王回音。或諸臣不信朕之坦懷，各恐失其佐命，王或不答，或再復以責備，朕一定怡然自咎，惟期奮力江干，贖朕無能之過。或又不爾，則實不敢舍温、衢，自絶八閩咽喉，躬率兵將於建、撫爲上游，瞻仰孝陵之計，王勉事武林，期與姪王共至南京。以情不忍將秦比祖；以地不得不借成説，聊以自明。蓋如所謂先入關者王，當關舊京，不當關一杭。咸陽之定，原有成法，是諸臣之小誤當政，勿令義帝笑人。萬一姪王排紛紛之羣議，不以列國自待，而負一統高皇。朕之處王，止有一讓；王之處朕，豈恁恝然！監國既奉欽命，何難一表明尊，此實帝廟之靈，非朕福德所致。然存亡關頭，實在於此。朕有言曰：「今而後，與王以玉帛見，斷不與王以弓矢見。王未帝，則無不盡其挽；王稱尊，則無不盡其讓。」朕志決矣。願王首善爲高廟計，次善爲朕與王計也。總之，雖變遇萬壽，朕第有樸誠自待。信筆無文，惟貴達意。

王雖自有其曆，朕曆亦不忍徧頒四方而獨遺姪王不贈也。朕心切盡，置用惟王。十一月二十日册封親郡十王，令徽遼再續，功繼熒陽，以上答我高廟。王或不厭所聞，故於書尾併及。冬寒珍重，惟賢姪王亮之。

是歲，清以都統辰泰爲靖南大將軍侵浙江、福建。

隆武二年丙戌，春正月己酉朔，王在紹興，稱監國魯元年。御殿受百官賀，哀思孝陵，動色涕洟。王思任禮部尚書，啟陳亟正事、持正氣、用正人、聽正言四事。余煌兵部尚書，啟陳請祭、請封、請蔭、請謚，應思先帝。張文郁工部尚書；李山太嘗卿；李安世尚寶卿。平胡伯陳萬良攻德清，將軍徐龍達等死之。御史王正中命副總兵王沖衢等攻澉浦，死之。總兵金有鑑等再攻長興，死之。總兵史弘弼攻長興，參將嚴貞死之。諸生許平侯與劉文禹謀攻霸州、容城不克，死之。和寧等復臨洺關，死之。韓國璧起兵寧晉，死之。張二幌子攻恩縣賽貓眼，復臨邑。紹宗再賜王手敕，命僉都御史陸青源轉餉十萬兩犒師，王意終不慊，發敕封鄭芝龍、鄭鴻逵國公。

二月戊寅朔，封陳謙靖夷侯，鎮衢州；王玉藻、來集之太嘗少卿；來方煒太僕少卿；徐爾一光禄少卿；何弘仁御史；孫槼、沈綵給事中；黄宗羲職方主事；巢鳴盛中書舍人；徐允昇兵部右侍郎，巡撫金、衢、嚴；章正宸吏部尚書、東閣大學士，預機務；王夢錫户部尚書。給事中孫槼啟陳戰守策。大學士章正宸啟劾大學士田仰作奸。謝三賓入直。將軍陳梧掠餘姚，御史王正中擊殺之。指揮徐啟睿等攻杭州，死之。仁武伯姚志卓復蘭谿。僧隱元攻於潛，死之。總兵蔣若來復開化。勝虜將軍張國柱劫定海，總兵張邦寧劫慈谿，紹興戒嚴。

是月，浙東各府州縣試生童。

三月戊申朔，楊廷樞簡討、給事中。大學士張國維、荆國公方國安、寧國公王之仁、義興侯鄭遵謙、將軍張名振戰江上大捷，進圍杭州不克。尚寶卿李安世啟劾將軍張國柱舉考選。余煌吏部尚書；邵輔忠兵部尚書，聯絡恢復。通政使谷文光啟陳喉舌之任，極言謬論無從式遏，何以節制諸悍帥。總兵壽胤昌副荆國公方國安守富陽。

丙寅，威宗大祥，於朝堂哭臨。將軍張名振擅回石浦。定胡侯方元科破清兵嚴州。總兵薛允勳爲同事所殺。將軍吕宣忠戰爛溪。宗室朱蘭皐等謀起兵海寧，死之。將軍徐鳴珂起兵四明山。尚書王思任啟陳官亂、民亂、兵亂、餉亂、士亂五失。御史查繼佐啟劾將軍張名振不進。職方郎中馮家禎啟陳時政。清攻嘗山，將軍張繼榮死之。大學士馬士英殺僉都御史陸青源江上，大學士張國維分兵西備，尚書余煌督師江上。

夏四月丁丑朔，紹宗聞，大怒，逮王使行人林必達、平波伯裘紹錦，朝廷與魯竟成水火。御史王正中復澉浦，韓萬象等死之。晉護國將軍華堞爲新安王，督浙、直義師如故。總兵龐培元等謀再起兵德清，死之。諸生陸韜連絡太湖義旅，至嘉興，死之。

癸巳，主事查美繼等戰通園，死之。

五月丙午朔，晉議氿翼王；柯夏卿禮部尚書、東閣大學士，預機務；孫嘉績、熊汝霖兵部尚書、東閣大學士，督師如故。錢肅樂吏部尚書罷。張采副都御史；馮元飂副都御史，總督軍務，巡撫蘇、嵩；谷文光兵部右侍郎，總督寧、紹、台。大學士熊汝霖戰江上，陳孔言死之。遊擊趙毅攻杭州，死之。大學士孫嘉績、熊汝霖兵改隸御史王正中、黄宗羲。提督裘永明至杭州，死之。左僉都御史朱大定、黄宗羲，太僕卿陳潛夫，御史查繼佐，主事吴麟武等出屯壇山。通判馮時敏等來約師，中道被執，死之。馮京第僉都御史。總兵劉世賢鎮寧、紹、台、温。總兵武景科戰江上，死之。紹宗斬靖夷侯陳謙。總督荆本澈、將軍胡來貢，爲威虜侯黄斌卿所殺。將軍穆祖泉自□□畔降於清。壬申，荆國公方國安拔營走紹興。

癸酉，桐廬陷。

甲戌，副總兵余大貞等戰淳安皁河鋪死之。

乙亥，午，王南行。時夏旱水涸，江潮三日不至，有浴於江者，清騎試之不及腹。

六月丙子朔，清以數十騎渡江，列戍驚潰，清兵遂畢濟，定胡侯方元科卒，寧遠伯沈迴瀾，將軍謝正謙、汪登瑞、高應龍、黄明卿、熊師、涂有聲、莊甲，總兵鄭懋繩等死之，總兵周魁畔降於清。蕭山陷，參將史在慧、知縣郝愈等死之。紹興陷，尚書余煌、大理卿陳潛夫、巡撫黄希憲、定安伯俞玉、靖南伯任龍、襄毅將軍張國紀等死之；大學士宋之普、謝三賓，尚書蘇壯，巡撫李懋芳，將軍潘茂斌、王之任、楊汝慶，總兵張慎、池鳳鳴等畔降於清。

戊子，王如台州，以舊府爲行宫，上疏紹宗謝罪，謂向爲諸臣所誤。命大學士張國維遏守東陽四縣。荆國公方國安啟請屯黄巖爲後圖，不許；又疏紹宗請入閩，不許。總兵方國泰戰富陽，守備阮日生等死之。總兵方國榜戰嚴州，死之。扶義將軍吕宣忠被執，死之。尚書王思任、平虜伯馬漢、威夷侯劉穆卒。

己亥，大學士孫嘉績卒。

庚子，義烏陷。

辛丑，東陽陷，大學士張國維死之。

壬寅，大學士陳函輝卒。四明山民變，經歷汪涵等死之。

秋七月乙巳朔，王如海門，以參將署爲行宮。

丁未，嚴州陷，斫夷伯顧勳等死之。開平將軍姜君獻、王用陞，翼義將軍陳韶，總兵周廷輔、陳德芝、雷虎彪、楊子龍畔降於清。分水陷，知府徐志進等死之。淳安陷，典史紀成佺死之。阮進破清兵於舟山。荆國公方國安擬獻王爲入闖贄，遣洪濤率内司千人守王。濤忽病，於夢中訴其逆狀。總督谷文光命總兵王朝鼎、王有志誅濤。會捧日將軍張名振以舟師迎駕，遂於辛亥午發海門，王哭告廟，君臣相向失聲，百姓焚香遮道號呼，晚始登舟，至石浦。大學士馬士英、阮大鋮、方逢年，荆國公方國安，總兵葉承恩、趙體元、趙文室、方元振、陳學貫、任和、高猶龍、方祥、高懋明、徐大錦、周尚斌、馬珽、林佳深、陳萬鼎、方胤珂、王從謙、張邦寧、劉士寬、劉思可等，自新昌畔附於清。是日，台州陷，靖逆侯徐瑩、將軍李礎、御史翁明英等死之。保定伯毛有倫扈張妃、世子弘甲出海，勝虜將軍張國柱劫之，畔降於清，張妃、世子弘甲薨。海門陷，將軍李唐禧、總兵章廷綬死之。清兵出海追王，忽有龍昇天，清兵歿水者無算。慈谿陷，訓導李遹觀等死之。定海陷，主事朱懋華死之。知縣章一焯謀起兵太平，死之。將軍朱贊元戰蘭谿，死之。蘭谿陷，知縣呂如賓等死之。

庚申，金華陷，婺安伯朱大典，總兵朱萬化、蔣若來、吳邦璿、何武、陳漢章、嚴萬齡、錢茂權、金良拱、劉復以下闔城死之；總兵趙天祥等畔降於清。御史傅巖等起兵義烏，死之。

辛酉，主事王之栻，謀起兵永康，死之。捧日將軍張名振扈王至舟山，威虜侯黄斌卿不納。

壬戌，王如石浦。處州陷，總兵樓士鶴等死之，總兵方國泰、屠埒鼇、方國選畔降於清。將軍周鶴芝次沙埕，屯鎮下關。

八月甲戌朔，方三總等戰嘗山，死之。乙亥，衢州陷，楚王華壁、崇王慈爚、鄒平王壽硂、通城王盛瀓，巡撫朱議溎、□□王景亮，永豐伯張鵬翼，總兵張鵬飛、吳汝琦、徐汝琦、徐日舜、徐彥琦、徐洪彥等死之。王如普陀。總督馮元飀卒。方端士兵部右侍郎，協理戎政。

庚辰，江山陷，知縣方召等死之。總兵郭士捷、郭士聯自龍遊畔降於清。温州陷，開遠侯吳凱、總兵項鳴斯等死之。吳肇興起兵攻平陽，死之。陳天樞等起兵紹興。武生俞國望起兵天台。袁應彪等起兵奉化。諸生柏襄甫起兵湖州。

丁酉，寧國公王之仁自詣南京，誘降不屈，死之。總兵夏道隆等自瞿山畔降於清。楊秉孝等攻邳州，死之。裴守政等攻冠縣，死之。

九月，紹宗凶問至，發喪哭臨。

壬子，永勝伯鄭彩、定波將軍周瑞以師來迎。平海將軍周鶴芝屯海壇。蔡乃漢復鄒縣。張元石起兵滕縣。何光起兵平原，死之。

冬十月丁酉，永勝伯鄭彩奉王發普陀，如福寧，以察院爲行宮。陳子龍總督七省義師。副都御史朱大定被執嘉興，死之。將軍謝遷等復高苑、新城、章丘，軍師趙來卿死之。李三帽簷子復高唐，攻夏津，陳國選死之。周魁軒攻東平，復汶上、寧陽、平陰。劉大堯復昌邑。將軍李小亭起兵，復夏津、恩縣、莘縣，攻館陶，死之。平原伯石仲芳立寨諸暨庾賢嶺。威虜侯黃斌卿殺巡撫朱常淓。

十一月癸卯朔，諸生張錦起兵仙居，死之。主事楊謨奉遂平王紹焜入海，被執上海，死之，紹焜薨。蔡乃漢、周魁軒復高唐。

癸丑，諸生王謀起兵謀復嘗州，死之。

丙寅，王次厦門中左所，晋鄭彩建威侯。吴鍾巒通政使。陳國祚起兵漳州，副使陳六翰等死之。泰順陷，知縣李裴死之。經畧嘗爾韜攻南京，郭士威等死之；中軍陳增美内應南京，死之。

己未，忠孝伯鄭成功起兵海上，亦駐中左所，仍稱明年爲隆武三年，於是王改次長垣。清兵大索，□□伯黃蜚餘衆太湖諸生劉炳等被執雁門，死之；諸生許之濬被執耿灣，死之。

陳度山戰太湖，死之。諸生高孝貽起兵靖江，死之。

十二月巡撫劉中藻起兵復慶元、龍泉、嵩溪、泰順、壽寧、福安、寧德、政和、古田、羅源。將軍蔡乃漢起兵東昌、兖州。總兵張輿、諸生楊威等起兵高密，攻登萊，死之。郭把牌起兵樂安，死之。將軍孫化庭起兵長清五峯山。總督招討王俊復高唐、東平、東昌，屯沂州蒼山、花盤山抱犢崮。李三帽簷子攻南宮，楊大死之。劉黑虎攻青縣，死之。譚元方被執東陽，死之。

永曆元年丁亥，春正月癸卯朔，王在三盤，稱監國魯二年。將軍王善長保會稽山，郎中謝龍震被執，死之。俞茂功等戰玉山，死之。諸生尹燦復永康。李廷輔等應沈廷揚崇明海上，死之。周以揚、徐守平、宗和尚入縉雲。何士禎復武義，死之。譚振舉、馮坪，被執死之。

庚戌，尚書黄毓祺起兵常州白土，攻常州，總兵王春、李琦等死之。都督趙奎等起兵如皋，謀攻通泰，死之。諸生孔師起兵南匯，死之。

丙寅，管軍潘國緒糾海鹽兵，事洩死之。熊汝霖東閣大學士，預機務；張煌言僉都御史。

辛未，王禡牙誓師，義興伯鄭遵謙、平夷伯周鶴芝，招討將軍楊耿，將軍周瑞、阮進，總兵鄭聯皆以兵會。晉鄭彩建國公、元帥、兵部尚書；鄭遵謙義興侯；封張名振定西伯；吳䮄職方郎中；林嵋都給事中。經畧嘗爾韜被執眉嶺，死之。平夷伯周鶴芝復長樂海口。王俊攻臺兒莊，封平夷伯。諸生厲豫奉原武王肅㳆復廟灣，張華山等死之。

戊寅，丘金孫等攻淮安，死之。孫盛宇等被執如皋，死之。徐胤文等被執泰州，死之。劉中藻兵部尚書、東閣大學士，督師閩、浙；李向中兵部右侍郎，巡撫福寧，兼監中藻軍。册貴嬪陳氏爲元妃。昭宗命王總理南北直省錢糧兵馬恢復事宜，文武爵賞悉聽便宜。

二月壬申朔，復海澄。

癸酉，攻漳平不克，總兵陳國祚死之，將軍藍理畔降於清。

甲戌，清兵攻海澄，退入海。

丙子，洪有禎等起兵復漳浦。商周胤起兵紹興，死之。沈廷揚攻崇明，韓景仁等死之。

己卯，圍天興、興化；癸巳，圍福清，皆不克。侍郎曾慶奉德化王慈煒起兵平和，復漳州，敗入平和山中。左僉都御史王瑞枬啟陳餉臣宜不擾於民以固人心。永康伯張世鳳被執□□，死之。長興伯吳易兵歸□□汪碩德。吳勝兆挂平虜大將軍印。曹小吾攻高唐，死之。王啟元起兵陵縣，死之。任復性等奉侍郎葉廷秀起兵榆園、濮、范。將軍孔五攻南樂。

益王裔某起兵復廟灣，攻淮安，入海。

三月壬寅朔，總督唐世禎、將軍曹子嘉、總兵施湯賢敗澱山湖，死之。諸生蔣爾恂起兵蠡縣，復河間，死之。壬子，馬雲龍戰臨平，死之。諸生翁思明被執□□死之。

戊子，平胡伯陳萬良等戰□□，死之。

己未，平夷伯周鶴芝圍閩安。僉事陳六韐以總兵陳國祚事連，死之。周欽貴起兵岸溪坑。丁維岳復日炤。安昌王恭櫆、僉都御史馮京第、太嘗少卿張在宥、錦衣黃孝卿徵兵日本。

夏四月壬申朔，漳浦陷，知縣洪有楨等死之。封阮進蕩胡伯，吳鍾巒兵部右侍郎。參將潘運等戰烏龍江，死之。封洪承疇鎮國公、土國寶太康侯，命謝克文齎敕印宣諭，被執柘林，死之。總兵盛貴屯餘杭山中。

己卯，錢三等起兵慈谿，死之。將軍錢達招兵太湖。總兵鄭汝熊內應天興，死之。

乙酉，總督沈廷揚等師覆白沙福山，陷於清兵。吳邦畿起兵壽州，死之。丁亥，平虜大將軍吳勝兆等以嵩江反正不克，死之。武生俞國望起兵新昌、嵊縣南洲山。尹燦起兵東陽湖溪。趙壽起兵東陽。金湯起兵天台。謝以亮起兵台州。董克慎、金元采起兵仙居。周以揚起兵永康。韓殿閣起兵昌平，死之。侍郎吳鍾巒啟請嚴加核實。海忠伯田仰自浦城山中畔降於清。

五月辛丑朔，吴鍾巒禮部尚書。給事中楊廷樞等以大將軍吴勝兆事連，死之。尹燦將軍，徐守平、金元采、周欽貴、任仲華、周以揚、宗和尚總兵。李用順戰七都，死之。吴應上戰管山頭，死之。主事楊履圜招兵南靖山中，死之。守備王丕承等反正河間。薛承祚起兵天津，死之。麥漢等起兵唐家屯。羅洪宇等攻寧津，死之。

癸丑，總督陳子龍等以大將軍吴勝兆事連，死之。

乙卯，副都御史王瑞枏卒。霍起如起兵攻開化。

壬戌，建國公鄭彩復長樂、連江。海口陷，總兵趙牧、翁長宣以下闔城死之。平夷伯周鶴芝退火燒嶼。惠安伯林忠起兵惠安、永春、德化、大田、尤溪山中，奉給事中郭符甲爲帥，復永春、德化。郭符甲副都御史，提督義師，統制全閩招討軍務。

六月庚午朔。

辛未，威虜侯黄斌卿殺忠威伯賀君堯等。建國公鄭彩攻漳州不克。陳瑞起兵諸暨，黄龍死之。指揮使高天爵起兵天興，敗績。連江陷，指揮使劉有基死之。司務鄢正畿起兵德化、仙遊。趙之超起兵衢州，死之。錢肅樂兵部尚書。

秋七月庚子朔，黄貞五起兵遂安，死之。

辛丑，總督沈廷揚，總兵張名斌、蔡德等猶在南京，誘降不屈，死之。王親征，次長垣。甲辰，會建國公鄭彩、義興侯鄭遵謙、平夷伯周鶴芝、閩安伯周瑞、蕩胡伯阮進、總兵江漢攻天興，敗績，平海將軍朱統鐕、朱慈鯛，總兵葉輔、高儀、王建昌、區美、林大壯等死之。故將湯蘭、涂覺、章義、艾元凱、方國慶、李成虎、張時任、王公哲來歸。

己酉，尚書盧若騰起兵長泰。僉都御史林垐等起兵福清。廩生林師稷起兵永福，死之。林蘭友兵部尚書、副都御史，總理恢剿軍務，督師泉、漳。林汝翥兵部右侍郎，總督義師，與僉都御史林垐攻福清。郭天才反正，封忠勤伯。葉伯惠等起兵紹興，死之。盧若騰兵部尚書，督師。趙壽屯十三都如莊，趙愷等死之。總兵周以揚再復縉雲，陳憲佐等死之。章國維戰下家畈，周欽雷等死之。總兵朱嘗淓起兵福寧，李守寶死之。中書舍人何兆龍攻瑞安不克。諸生陳家麟起兵長樂，死之。李祥羽起兵滄州，死之。周珊英復贊皇。

八月己巳朔，巡撫閻爾梅入山東，合白馬黨謀大舉。

庚午，仁武伯姚志卓復淳安，章元之等死之。雷時鳴復慶元。

丙戌，諸生鄭大奏起兵攻福清，死之。

庚寅，推官諸葛斌等會忠孝伯鄭成功攻泉州，死之。總督林汝翥，僉都御史林垐，安福侯鄧良藩、平夷伯周鶴芝，將軍周瑞、陳文達復福清、長樂、閩清、永福。總督林汝翥、僉都御史林垐守閩清，王屯北嶺，規復天興。太僕少卿林之蕃内應天興，死之。陳大衮攻漳平，死之。郭文寬等戰福清，死之。嚴通兵部右侍郎。狄文通謀起兵淶水，死之。

九月戊戌朔，張寂惺起兵連江。將軍王朝先破清兵海寧。李能七、俞茂功起兵玉山。將軍尹燦復縉雲、永康。陳藩戰同安，死之。武定伯湯蘭戰海澄，死之。同安伯楊耿復永福。

甲寅，僉都御史林垐，安福侯鄧良藩，總兵施三陽、鄭士奇等敗績福清，死之。定遠侯石仲芳復諸暨。

丙辰，諸生欽浩通表事發，知縣劉曙、顧咸正與夏完淳、翁英等執至南京，死之。諸生厲豫、元帥楊可之起兵鹽城，攻廟灣，楊可之死之；已復淮安，敗入海，周文山死之。僉都御史李長祥寨上虞東山，僉都御史張煌言寨平岡，給事中徐孚遠寨柴樓，御史張夢錫寨大皎，諸生杜懋俊等寨管江，總兵章憲寨偁山。諸生梁大用起兵新安，死之。謝遷復臨淄。將軍丁維岳、周魁軒復壽張。

丁卯，御史李士彦戰福清蒼霞嶺，諸生張可均死之。總兵林榆、戴忠自閩海畔降於清。

冬十月戊辰朔，林太師與副總兵馮生舜起兵龍泉五都，復泰順。將軍王朝先、總兵蔡喬自海寧撤兵。封蔡乃漢武靖伯。王來聘復福清海口，死之。總兵顏榮等起兵寧洋，謀攻漳州，死之。

辛未，中書舍人陳世亨等起兵復瑞安，死之。林長友等起兵羅源，死之。侍郎林鉉起兵興化。林正亨户部尚書，林鉉兵部尚書。御史陳兆藩啟陳恢復機宜。大學士劉中藻復福安、羅源、寧德、福寧。將軍丁維岳、周魁軒攻張秋，郝振湯死之。丁周攻堂邑，保壽張陳家樓。謝遷復青城、長山、淄川。馬思理禮部尚書、東閣大學士，預機務。沈宸荃工部尚書，吴鍾巒通政使。汪佑起兵平陽。李向中兵部右侍郎，巡撫福寧；張寂惺兵部右侍郎，總督恢剿軍務；孫延齡僉都御史，巡撫福建邵、汀、温、台。吴鍾巒禮部尚書，啟請申明職掌。教諭吴鼎等自福寧至温州，被執死之。僧惠光被執興化，死之。

十一月丁酉朔，程煌入龍泉，不守。湯日旭起兵景寧。僉事王廷簡等起兵龍泉。洪舜攻嵩陽，死之。慶元陷，總兵葉司孔死之。將軍丁維岳復朝城。武靖伯蔡乃漢、將軍周魁軒等復平陰、茌平，諸生扈大文死之。李五起兵臨淄。將軍丁維岳復蒙陰。孫七起兵鉅野。王俊、周魁軒復嶧縣。劉師道起兵莘縣。將軍尤師魯，總兵周朝輔、汪佑攻平陽，死之。景寧陷，總兵湯日旭等死之。僉事王廷簡、總兵柯進春等攻嵩陽，死之。

十二月丁卯朔，王啟元起兵陵縣，死之。將軍丁維岳等復陽穀、開州，死之。將軍周魁軒攻范縣。舉人路伸等復堂邑，死之。威虜侯黄斌卿攻寧波不克，郎中華夏等死之。管江陷，諸生杜懋俊等死之。參將章有功戰東山，死之。侍郎嚴通以楚世子盛治事連，死之。清攻總兵夏三殷於潛山中，參將阮龍等死之，三殷與總兵陸懷、胡甲等畔降於清。俞國統起兵攻寧波，死之。總兵顧有成戰浙海，死之。總兵程煌等復龍泉，死之。總兵周以揚復縉雲。李能七攻嘗山。將軍陳天樞寨平岡，與總兵劉翼明復新昌。行人傅向魁起兵同安。黄春臺攻漳浦，死之。將軍滕大鳳起兵復泰安。張二幌子復德州，祁和尚等死之。

永曆二年戊子，春正月丁酉朔，王在閩安，稱監國魯二年。有傳紹宗在五指山潛遯者，議遣使迎訪；又議爲安宗發喪。張利民左僉都御史。將軍周瑞破清兵閩安，封閩安伯。御史顧之俊啟劾建國公鄭彩專政。趙立言等攻江山，死之。副總兵李讓等攻寧波，死之。鎮南伯金公玉、總兵史弘弼、田希成、毛濟宇等戰太湖，死之。楊十九起兵諸暨、東陽。總兵章欽臣戰偁山，死之。武靖伯蔡乃漢自汶上復東平，攻東昌。方端士兵部右侍郎，巡撫閩南。高鏐等散劄贛榆，死之。丁未，將軍高成吾起兵東昌。將軍孫玉亭起兵泰安。將軍周魁軒攻濟寧。祁和尚起兵德州。參將李化鯨等奉宗室鴻基起兵曹縣，復曹州、定陶、武城、東明，攻歸德。李雙槐起兵長清五峯山。陶成軒起兵平度，攻昌邑，死之。東明陷，總兵廖冠傑、周虎、張秀、王爾英、段主信等死之。

癸丑，建國公鄭彩殺大學士熊汝霖、義興侯鄭遵謙。尚書盧若騰，鴻臚陳達，侍讀崔相，給事中鄢正畿、陳希友、熊日繪、湯供，推官陳豸啟劾建國公鄭彩逆惡。湯芬兵部右侍郎，總督義師；周之夔兵部右侍郎，扼防三山。汪師臨起兵處州。主事沈時起兵蘭谿。羊吉起兵縉雲，湯明和等死之。將軍陳倉、張實孚復東陽。參將廖元戰浦門，死之。總兵王化龍等起兵通州觀音堂，死之。總兵淩士瑋等謀在青村應威虜侯黄斌卿，死之。

二月丙寅朔，錢肅樂吏部尚書、東閣大學士，預機務。知縣俞文淵等聲奉定王慈炯謀起兵於潛，死之。諸生陸方侯等起兵富陽，死之。泰順陷，林太師死之。

壬申，將軍王朝先破清兵舟山。虞仲紳寨虞村琴鴞，陳瑞、王化龍等寨宣家山。沈甲等起兵榆青嶺，死之。總兵鍾皂隸奉敕會稽山寨，死之。屠工沈八起兵蕭山，死之。將軍王士玉攻仙游不克。

戊寅，尚書黄毓祺等在如皋陷於清兵。總兵章憲謀起兵紹興，死之。前軍章有功戰上虞東山，死之。忠勤伯郭天才攻天興，李富仁等死之。軒開裔等謀起兵汶上，死之。曹縣陷，宗室鴻基、將軍李化鯨等死之。侍郎周之夔謀以天興響應，死之。

三月丙申朔，主事王翊、將軍王岳壽起兵復上虞，孫説死之。忠勤伯郭天才復建寧縣。癸卯，大學士朱繼祚、左都御史余颺、將軍王士玉起兵復興化，左都御史彭遇颽反正。

朱繼祚禮部尚書、東閣大學士，督師。顧世臣兵部右侍郎、僉都御史，總督閩海恢勦。

庚戌，巡撫方維新兵敗嘗、玉，詣金華，死之。吴懋修等屯慶元、龍泉，柳國柱等死之。舉人毛端戰海上，死之。武靖伯蔡乃漢戰黑龍潭，死之。

閏月，員外郎華允誠等被執至南京，死之。總兵田一鵬謀起兵支硎山，事洩死之。僧垂髫謀起兵東山，死之。總兵陳大年、徐斌等戰長樂，死之。

夏四月乙未朔，尚書黄毓祺猶在南京，誘降不屈死之。將軍何兆龍攻青田，江應雄等死之。伍昌篪等起兵宣平，死之。

五月，汪三傑等起兵天目山，死之。蘇成起兵通州，死之。總督湯芬爲將黄際盛殺於寧德。馮生舜等復泰順。謝爾功起兵冀州，死之。謝胡子復冀州。楊四海起兵西淀，死之。王禮等起兵三河，死之。張氏稱熹宗皇后，起兵天津，死之。李振宇起兵霸州，畔降於清。

六月甲午朔，將軍朱國禎等攻台州不克。

戊戌，大學士錢肅樂卒。新昌伯俞國望復杜嶴。總兵施邦炌戰□□死之。義武將軍戴爾惠起兵寧波，死之。

秋七月甲子朔，程萬占起兵曹縣。馮生舜再攻景寧，金龍死之。總兵高自生起兵臨安，畔降於清。陳思治等被執亳州，死之。懷慶王常濯被執杭州，薨。

乙亥，興化陷，大學士朱繼祚、侍郎黄中瑞、總督顧世臣、都御史彭遇颽等死之。大學士劉中藻再復壽寧、慶元、泰順。董林宇等起兵寧陵。任萬全等起兵靜海，死之。吴匏山等起兵宛山，攻羊尖，死之。封孫化庭蕩虜侯，李雙槐靖虜侯，李三帽簷子逐虜伯，周魁軒東昌伯，陳濟宇禦胡伯。

八月，武舉于樂吾起兵棲霞，蔣靜剛死之。李應祥等起兵海州，攻贛榆。將軍陳倉復金鄉衛。張光素起兵曹縣，總兵范甲、畢甲死之。總兵蕭次吾起兵東明娘子營。總兵范次吾起兵桃園。總兵劉三泉、楊興周起兵馬家樓，死之。總兵劉之炳攻蘭陽，死之。逐虜伯李三帽簷子等戰高唐，死之。常元輔起兵天津，死之。連江陷。

九月，永福陷，御史林逢經等死之。長樂陷，御史王恩及死之。東平侯劉澤清謀在北京響應曹縣義師，事洩死之。張七復清豐。

冬十月，大學士馬思理卒。沈宸荃工部尚書、東閣大學士；劉沂春兵部尚書、東閣大學士，預機務；吴鍾巒禮部尚書。福寧陷，馮生舜等戰龍泉西山，死之。定東伯田嵩山復蒙陰、郯城。張聞孝等□堂邑，死之。王奎光起兵冠縣。劉東坡起兵武清，攻東安，死之。劉安晋等起兵廣宗，死之。總兵章憲起兵徧山，死之。尚書盧若騰會將軍楊學皋佛潭橋。

十一月辛酉朔，尚書虞若騰、將軍楊學皋攻漳浦新亭寨，丘建曾死之。己卯，永春陷，提督郭符甲，將軍顏榮、鄭英達，總兵鄭岳、李錫燕、周天麟、鄭雲等死之。王次壺江。知縣吴懋修攻泰順，翁慎初死之。

十二月，吴匏山等起兵無錫，死之。命御史全□□上疏行在，並請師期。

永曆三年己丑，春正月庚申朔，王在沙埕，稱監國魯四年。將軍王朝先入扈。議駐福寧不果。朱之瑜給事中。王賢起兵縉雲，死之。任仲華戰玉山，死之。趙壽戰諸暨，死之。閩清、羅源陷。趙鳳閣起兵趙北口，死之。田東樓起兵寶山村，死之。李玉山等起兵獻、雄、任丘、寶坻，死之。徐青頭等起兵商河、臨清、長清，死之。

辛巳，長清五峯山陷，翼王議汸薨，總兵張福玉、段近川等死之。蕩虜侯孫化庭走桃花山。宫二麻起兵嘉祥。李更復新泰。王東日起兵濰縣。喬王李起兵棲霞。杜全起兵朝城。張文齊起兵濮州，死之。侍郎楊昌期起兵汀州楊坊寨。

二月庚寅朔，將軍俞書素起兵天台，死之。火龍王攻霑化，死之。王心茂攻武城。邢可觀攻定陶。將軍范慎行、范次吾復寧陵、歸德、考城、虞城、儀封、蘭陽、封丘、曹縣、東明、長垣，死之。馮翼之保曹縣黄堌集，總兵沈千斤等死之。張二幌子攻恩縣，死之。授王化龍、陳天樞、顧奇勳、金湯、吴奎明、袁應彪、金魁、謝旗牌、沈爾緒皆將軍。

三月，將軍曹良臣起兵復海州，死之。李二和尚復沭陽，死之。陳光魁攻青田，劉明華等死之。周君秀等起兵嵩陽。寧德陷。桃花山陷，蕩虜侯孫化庭死之。周自好攻廣平。段二攻廣宗，死之。主事王翊，總兵褚九如、沈調倫、鄒小南、黄中道再復上虞，屯大蘭山。副總兵連邦琪援福安，死之。

夏四月己丑朔，黄宗羲左副都御史。

辛丑，福安陷，大學士劉中藻，忠義大將軍董世上，總兵王公哲、盧甲以下闔城死之。萊陽窩樂寨陷，給事中沈迅等死之。張調甫攻曲周，王昌死之。副總兵羅光耀連絡義師，行至沂州事洩，與定東伯田嵩山，尚書陳弼，將軍鍾禮鼎，總兵郭德輔、汪大儒等死之。總兵常濬攻天興，死之。自王入閩，閩中遠及海州、高公、鶯遊、龍門諸島，所在響應，至是閩中所復興化三府一州二十七縣盡陷。

六月，定西伯張名振復健跳所，遣使迎王。建國公鄭彩回中左所。李魁選謀起兵龍泉，死之。李肖周攻高陽死之。

秋七月戊午朔，王俊再復嶧縣。

壬戌，王復入浙，次健跳所。所至試生童。封王朝先平西伯。杜嶴陷，將軍邵一梓等死之。

壬午，清攻健跳所，蕩胡伯阮進敗之。將軍何兆龍攻樂清不克，陳杜之死之。

是月，有星大如箕，隕舟山。

八月壬辰，世子弘梤生。將軍何兆龍復瑞安、泰順、金鄉，攻温州失利。王應舉起兵嵩陽。將軍金湯攻天台、奉化，至新昌，死之。馮京第兵部右侍郎，督師。將軍劉三攻夏鎮。

丁酉，平西伯王朝先殺威虜侯黄斌卿。

九月辛酉，汀州楊坊寨陷，侍郎楊昌期等死之。總兵茹光鼎自紹興山中畔降於清。

冬十月丙戌朔，陳君應起兵黄巖，諸生陳君鑑等内應，死之。樂陵王以泛薨。平夷伯周鶴芝、閩安伯周瑞屯三盤，振威伯涂覺屯梅山。

乙巳，王如舟山，以參將署爲行宫，建太廟。張肯堂吏户兵三部尚書、文淵閣大學士，預機務；李向中兵部尚書；董志寧都給事中，連絡山寨諸軍。副都御史黄宗羲啟請優御史王翊爵，臨諸寨以捍海上。張煌言、汪沐日、曹從龍、任穎眉、張沖符兵部右侍郎；徐孚遠、王翊左右僉都御史；李長祥兵部左侍郎；沈光文太僕卿；任廷貴、陳九徵太嘗卿。大學士劉沂春罷。

十一月丙辰朔，晋張名振定西侯。總兵谷爲卿屯巖頭。劉三奇起兵沛縣湖陵，死之。

侍郎馮京第、副都御史黄宗羲、太嘗卿任光復、御史俞師範、澄波將軍阮美再徵兵日本。十二月，副都御史黄宗羲罷。張守智再起兵太湖。主事林夢龍起兵福寧桐山，死之。將軍陳倉屯平陽牛石渡。百總楊天德等戰瑞安，死之。王茂之起兵縉雲，死之。

永曆四年庚寅，春正月乙卯朔，王在舟山，稱監國魯五年。謁太廟淚下，論大學士張肯堂等曰：「昔高皇帝起布衣建業，烈皇帝憂勤淪陷。閔余小子，播遷無地，不能保浙東數郡，以延廟食，是以痛心。」諸臣皆泣，頓首待罪。李長祥兵部尚書、東閣大學士，連絡沿海；李錫祚、李錫貢協蕩胡伯阮進守螺頭門。馬興等起兵景寧，死之。武舉于樂吾復寧海。梁敏等攻贛榆、海州。

二月，總兵谷爲卿戰白巖，總兵馮龍死之。

三月，將軍尹燦被執天台柘溪，死之。王翊兵部左侍郎、副都御史。

夏四月，徐浩起兵青田，死之。將軍柏襄甫自湖州，將軍顧虎臣自紹興，畔降於清。

五月，諸暨紫閬陷，定遠侯石仲芳，將軍柴日乾、馮三楚、瞿逢元、周震、施國英、朱定、沈安、宋晟、楊繼明、章文登、金甲、裘鎮之、金大定、徐彪、田得坤、沈乘龍、胡茂芳、陸鳴時、方賢賓、余志遠，總兵高明標，梅奇衡、金國寶、王孚嘉、仰國璋、王之珽，畔降於清；熊繼雄死之。杜沖入沂水。

六月，大旱，王布衣步禱，羣臣咸草具以從。王翊兵部尚書，督師。將軍柏襄甫、總兵朱弘宇反正湖州山中，欲入海，至顧山被執，死之。

秋七月，祭蛟門。夜，海中星大如斗，從西北隕，小星從之無算，落舟山。

八月，尚書王翊、新昌伯俞國望、將軍陳天樞復新昌，陳貴死之。將軍黄岳、盛貴、俞子久奉宗室尊湅至海寧。

九月，四明山寨陷，袁嘉彪死之。大皎山寨陷，御史張夢錫死之。

冬十月辛巳朔，蒙陰伯張明宇起兵歸德，死之。陸成之攻東臺場，死之。將軍陳倉、鐵羅漢圍福寧桐山，死之。將軍張實孚戰□□死之。

閏月，定西伯王朝先殺寧波伯徐鳴珂。

十二月，王十三子某與長史被執至杭州，死之。

永曆五年辛卯，春正月己卯朔，王在舟山，稱監國魯六年。徐福攻姑溪，徐應愷死之。沈可耀攻桐山，死之。將軍王化龍戰巍山，死之。江伯雅謀内應開化，死之。總督汪碩德等敗績太湖，死之。王俊復郯城。

二月乙卯，定西侯張名振殺平西伯王朝先，將軍張濟明等畔降於清。玉田王常湑謀起兵青州。謝公績起兵諸暨，錢千斤死之。王俊攻臺兒莊、徐州。張耀斗等謀起兵肥鄉，死之。宋伯光起兵曲周，周胤昌等死之。王設醮舟山，朱養時啟諫。

三月，尚書孫延齡，振威伯涂覺、章衞伯章雲飛，將軍尹文舉、蔡應選，自梅山畔降於清。沂州蒼山陷，劉遜等死之。

夏四月，張介石復樂安。黄鎮山等戰范縣、榆國，死之。

五月，陳文熹攻慶元，死之。

秋七月，侍郎葉廷秀與張七兵敗，被執至東昌，死之。將軍梁敏復沭陽，攻贛榆。清以降將張天禄出崇安分水關，馬進寶出台州，陳錦總督全師出定海。御史沈履祥被執台州，死之。

己亥，定西侯張名振奉王搗吴淞。

八月，朱在錤兵部尚書、東閣大學士，督師江北。

丙辰，尚書王翊等被執奉化北溪，死之。陳國寶起兵餘姚，死之。長頭公等起兵景寧，死之。郎中楊文琮謀起兵，被執至杭州，死之。

丙寅，清兵攻舟山，蕩胡伯阮進、義武將軍戴爾惠等戰螺頭門，死之；將軍張英，總兵阮玉、阮捷、魏賓、畔降於清。

九月丙子，舟山陷，陳妃薨；大學士張肯堂、尚書吴鍾巒、李向中、朱永祐、陳君平，侍郎吴明中、張明瑋，總督沈大成，安洋將軍劉世勳，都督張名揚，將軍蔡喬、焦文玉、楊復葵、顧大定、任鳳亭、朱鼎臣，總兵李向榮、朱起元、陸律、史文龍、屠應元、馬泰、張弘謨、李國珍、曹維則、吕金聲以下，闔城死之。定西侯張名振、侍郎張煌言、英義伯阮駿，遂扈王入閩。是日，衆星自西北隕於舟山，小星隨之者無數。

冬十月，趙慎寬起兵蒙陰水泉崮山，尋畔降於清。

十一月，侍郎馮京第、總兵張元爲下所殺。張陽謀起兵裕州，死之。知縣劉馨起兵扶溝，死之。

十二月甲辰朔，閻思勤起兵昌樂，死之。知縣俞文淵等謀奉定王慈烱號召起兵，事洩死之。

丁卯，有僧稱定王慈烱等，在蕪湖被執至南京，死之。楊萬科等起兵蕪湖鷺鷀湖，死之。新昌伯俞國望、將軍鄭國泰、總兵張汝明等戰新昌山中，死之。趙慎寬等謀反正昌樂，死之。

永曆六年壬辰，春正月甲戌朔，王次中左所，稱監國魯七年。廣平公鄭成功以宗人府宗正禮見王，贄千金、紬緞百端，安插從官，饋月餼；尋奉居金門。中書舍人沈之泰，將軍湯使聘、高守雲，總兵曹得功、袁守仁、黄斌、任進忠張□雲等謀起兵餘姚，死之。

二月，張日新起兵縉雲八仙巖，死之。

秋七月，大學士沈宸荃卒。有譖王於成功者，成功禮儀漸疏。

八月乙卯，唐起凡等奉邵陵王在鉞起兵湖州，在鉞薨。

永曆七年癸巳，春正月戊辰朔，王在金門，稱監國魯八年。

三月丁卯朔，自去監國號，上疏安龍。建國公鄭彩卒。

秋八月，浙中雨毛雨灰。

永曆八年甲午，春正月壬辰朔，王在金門。漳國公鄭成功命楊致扈王謁安龍，遇風回南澳。

永曆九年乙未，春正月丙戌朔，王在金門。昭宗手敕命王仍監國。

冬十一月丁未，定西侯張名振卒。張煌言代領其軍。

是年，延平王鄭成功以計力并諸鎮，王不免饑寒，出無輿導，至以名刺投謁。侍郎張煌言等避形跡，不敢入朝。王寄食成功，如家人而已。

永曆十年丙申春正月庚辰朔，王在金門。命總兵何達武上疏雲興，請會師出南直、湖廣。

永曆十一年丁酉，春三月，王在南澳。

永曆十二年戊戌，春正月戊戌朔，王在南澳。

永曆十三年己亥，春正月癸巳朔，王在南澳。夏五月，延平王鄭成功遷王於澎湖。

永曆十四年庚子，春正月丁巳朔，王在澎湖。

永曆十五年辛丑，春正月辛亥朔，王在澎湖。

夏四月，延平王鄭成功復奉王居金門。王與從臣遊鼓田巖，勒手書「漢影雲根」四字，從臣相率題詠，刻之石壁。

永曆十六年壬寅，春正月丙子朔，王在金門。夏四月戊午，昭宗崩於雲輿。五月庚辰，延平王鄭成功卒，子經嗣。大學士張煌言移軍沙埕，三啟上王，畧言：

去冬緬夷内變，導虜入緬，大行皇帝蒙塵，一時扈從宗室職官，無一得免，惟吉王自縊以殉，而晋王李定國入瀰，鞏昌王白文選亦遁深山。臣聞變之日，肝腸寸裂，猶謂狡虜詐傳，疑信參半。及四月中旬，聞宫眷竟從鎮江北轅矣。思惟我太祖高皇帝聖德神功，豈意大行皇帝禍等徽、欽，辱同懷、愍！或者剥極而復，天意有歸，故虜亦厚其毒而速之亡也。但中華正統，豈可久虛，只今虜亦以諸夏無君，徧張僞檄，熒惑視聽，四顧敷天，止瀰上尚留左袒。臣以爲延平王必當速定大計，以伸大義，亟誓大師，以執大仇，而至今寂寂，道路遠傳，又有可驚之事。

臣中夜旁皇，竊恐窮島孤軍，難以持久，况復加以他故，譬羸尫之夫，胸胃轉增雜疾，其能久乎！只今虜遣招撫於浙、閩、廣，每省二人，以解散瀰上。若不及早經營，則報韓之士氣漸衰，思漢之人情將輟，臣惟有致命遂志，以了生平。獨所惓惓者，主上旅羈島嶼，不獨與閩人休戚相關，亦且與閩瀕存亡相倚，萬一變生肘腋，進無所依，退無所往，有不忍言者矣。既恨臣力太綿，不敢輕爲迎駕，復顧臣心獨苦，又不敢輒行趨扈，計惟在閩勳鎮。正在危疑之際，不若急用收羅之術，以爲擁衛之資，然後速正大號，俾天下曉然，知本朝尚有真主，中國自有正統，在屯之稱建侯，在涣之言亨帝，正此義也。於是傳檄省直，刻期出師。雖强弱懸殊，利鈍莫必，而聲靈宣布，響應可期。倘皇天鑒憐明德，則興滅繼絶，端在主上。此非欲邀福也，免禍亦宜然；即未暇宣恥也，圖存亦宜然。

臣今擬上詔書一道，伏乞主上密與寧静王及諸搢紳謀之，發憤爲雄，以慰遐邇。

王優旨報之。煌言再啟言：

八月初八日，御史臣陳修奉綸音至臣營。臣焚香開讀，知主上薪膽憂危，較昔倍甚，臣南望倉皇，罔知所措。獨念臣違顔以來，忽經十載，百折千磨，雄心未已。臣非動念勳名，特以越國義旅，魯邸侍從，止臣一人尚在軍次，雖乖秦庭之志，尚圖掃境之功。苟良會可乘，則迎鑾豈遠；大命克集，則奠鼎非難。向以先帝當陽，故謳歌有缺；且以主上養晦，故潛躍有期。臣何敢妄思推戴，以啟嫌猜，區區之情，監之幽腑。

何期行間洊染胡氛，攀髯莫逮；而延平王忽捐賓客，秉鉞無人。論國勢，疑興漢益艱；察人心，幸尊周轉切。

近來虜中亦喧傳主上親征北發，故臣於七月中具有密啟，耑官馳奏。茲巽命渙頒，倍增感奮。但臣以孤軍孑處荒壞，虜艘星列，十倍於臣，而臣又無蟻子之援。臣日夜枕戈，與死爲鄰，亦以死爲誓。若輕爲移蹕，則風鶴頻驚，臣罪難諉；倘仍棲浯島，竊恐號召既遠，復與臣呼應不靈。伏乞主上與諸搢紳勳鎮熟籌之，或揚帆澥上，或保據沙關，結納忠義，聯合勳爵，俟羽翼既成，然後旌旗四出。仍乞斂鍔韜光，以絕敵人窺伺，臣亦得趨覲睿顏，稍將芹曝也。

猶有慮者，倘魏絳之策得行，則華戎錯雜，尤宜戒備不虞。主上必得勁旅數千，巨艦近百，長相擁衛，方爲萬全。鷺門牙纛，累累相望，就中豈無耿弇其人？伏乞主上并覽前啟，深惟臣言，臣愚幸甚。

王覽啟悲慟。夙嬰哮疾，至是增劇。

冬十一月辛卯，薨於金門，年四十五。諸臣禮葬之後埔。十八年甲辰秋九月乙未，大學士張煌言卒。

贊曰：史稱王白面劍眉，偉幹修髯長爪。能書，精聲律。行必步輦，見臣必冠服。朝循故體例，扆前無所裁決，悉憑票擬。制於悍帥，弗克遂鞭笞之志。自紹興失守，雖復郡邑，而陸處者惟舟山二年，餘則以澥島爲金湯，舟楫爲宮殿。澥舶艙僅容身，穴而下，仍復蓋之，其與處棺何異？王舟曰河艍，稍大，而頂即爲朝房，諸臣議事在焉。落日狂濤，君臣相向，亂礁窮島，衣冠聚謀，雖金鼇橘火，零丁飄絮，未足盡其形容也。然以孤軍厄守錢江，屏蔽福京者訖一年。其後昭宗僻居粵、滇，聲教不暨，賴澥上宣弧，猶繫東南義士之氣，故特進而紀焉。